A Concise History of World Population　　Massimo Livi-Bacci

世界人口简史

马西莫·利维-巴奇

王帅　束田　毕天宇　译

中国友谊出版公司

目录

前　言　001

第 1 章　人口增长的空间和策略

人类与动物　003

分裂与增殖　008

人口债务　011

生育与生存　014

人口增长的策略空间　024

环境约束　026

人口数据　032

注　释　037

拓展阅读　043

第 2 章　人口增长的历史：选择与约束

约束、选择、适应　047

从猎人到农民　050

黑死病和欧洲人口下降　058

美洲印第安人的悲剧　064

非洲、美洲和奴隶贸易　073

新世界的先驱　078

爱尔兰和日本：两个岛屿、两段历史　084

当代世界的开端　092

注　释　100

拓展阅读　117

第 3 章　土地、劳动力与人口

收益递减和人口增长　121

历史上的人口周期　126

人口压力和经济发展　133

人口增长：压力还是动力　137

空间、土地与发展　143

人口规模与经济繁荣　152

收益增加还是减少　157

注　释　159

拓展阅读　166

第 4 章　走向秩序和效率：欧洲和发达国家的人口

从浪费到节约　171

从无序到有序：生命的延长　177

从高生育率到低生育率　187

欧洲移民：一种独特的现象　195

人口转型的结果　203

人口与经济增长的关系　207

人口与经济增长之间关系的更多信息：经验观察　213

注　释　221

延伸阅读　232

第 5 章　贫穷国家的人口

非同寻常的阶段　235

生存条件　241

生育率的地理分布　252

生育率下降和人口政策　257

印度和中国　266

两种模式　279

解释一个悖论　283

注　释　293

延伸阅读　309

第 6 章　未　来

人口和自我调节　313

未来的人口数量　315

南北分界线与国际移民　325

寿命延长的可持续性　334

移民的极限　344

不可再生资源　350

人人有饭吃　356

地球是一颗小行星　362

计算和数值　370

注　释　374

前　言

　　为什么现在的世界人口是 70 亿,而不是大几个数量级或小几个数量级呢?在农业产生之前的几千年里,人类的数量也许只有现在的 1‰;也有人坚持认为,以现有资源来看,地球完全可以容纳比现在多 10 倍的人口。从古至今,哪些因素决定了人口的增长?资源与环境之间的平衡如何保持?这些都是古老的问题,而马尔萨斯首次以现代形式提出这些问题,并启发了达尔文的工作,这绝非偶然。

　　在这本"简明历史"里,我希望解决这些基本问题,并对一些潜在的假设、已经提出的解决方案,以及已被阐明的和仍待调查的观点进行讨论。读者将在本书中找到关于人口发展的一般性讨论,我也希望可以给他们了解长期以来决定人口增长、停滞或衰退的机制提供一些指导。

　　人类自从学会取火,就一直想要改造环境,获得更丰富的自然资源。从长期来看(数千年里),人类在人口数量上的增加与可利用的资源保持着相对和谐。当然,捕猎和采集的体系并不能保证上百万人的生存。工业革命前,欧洲的农业系统只能艰难地养活这片大陆上的约 1 亿居民。然而，从短期来看（几个世纪或几代人），人口与资源的这种平衡便不那么明显了。根本原因有两个：第一，流行病、气候或自然灾害等灾难性事件反复发生，从根本上改变了人口—资源平衡的条件；第二，人口机制决定了繁殖强度和人口增长，但是人口机制变化缓慢，不能迅速"适应"不断变化的环境条件。经常有人称，人类有着"自我调节"机制，可以快速重建人口和资源之间的平衡。但这并不完全正确，因为这些机制即使有效，也不是完美的，并且由于人口和时代的不同，它们起作用的效率也不同，甚至可能导致整个种群灭绝。这是一个很明显的调节失败的信号。

在本书中，我将重点关注在不同的环境和时期中，那些决定人口与资源之间不稳定平衡的机制是如何运作的。为此，我从经济学到生物学范畴提出了一些问题和话题，这都是以往的人口学研究很少涉及的，在这样的涉猎广度下研究可能会失去深度。但是，考虑到影响人口变化因素的复杂性，冒此风险是值得的。

第1章
人口增长的空间和策略

The Space and Strategy of Demographic Growth

人类与动物

纵观人类历史，人口已成为繁荣、稳定和安全的代名词。遍地是房屋、农场和村庄的山谷或平原，一直被视为幸福的象征。歌德从维罗纳游历到维琴察，兴致勃勃地评价道："连绵不断的山麓……点缀着村庄、城堡和屋舍……我们行驶在田间一条宽阔平直、养护良好的大道上，闯过肥沃的田野……路上满是各式各样的行人。"[1] 长期稳定良好的政府带来的影响显而易见，正如洛伦泽蒂（Lorenzetti）兄弟笔下的 14 世纪锡耶纳整齐有序的风景。同样，当科尔特斯（Cortés）凝视着墨西哥山谷，看见潟湖边上的村庄和湖中的小船，看到巨大的都市以及有萨拉曼卡城两倍大的集市——集市上"每天聚集了超过 6 万人，交易各种你能想象到的商品"[2]，他便抑制不住自己的热情。

这不足为奇。人口稠密是社会秩序稳定、人际关系和谐以及自然资源得到充分利用的含蓄证明。只有大量的人口才能满足建造房屋、城市、道路、桥梁、港口和运河所需的人力资源。历史上如果有什么能让旅行者感到沮丧的话，那就是废弃，而不是人潮涌动。

因此，人口可以被视为繁荣的一个粗略指标。旧石器时代的人口有 100 万，新石器时代有 1 000 万人，青铜时代为 1 亿人，工业革命养活了 10 亿人，到 21 世纪中叶，世界人口可能会达到 100 亿。这一趋势当然不仅仅代表简单的人口增长，从这几个数字，我们能看出人口在历史上的增长并不是均匀的，往往是阶段性的增长与停滞甚至衰减交替出现。我们也很难解释这种现象。我们必须回答一些看似简单而实则复杂的问题：为什么今天的人口不多不少，正好 70 亿人，而不是 1 亿或 1000 亿？从史前时代到现在，为什么人口增长遵循某一特定规律，而不是其他规律？这些问题很难回答但值得思考，因为决定或限制人口增长规律的有多种动力和阻力。我们可以将这些动力和阻力分为生物类和环境类，前者与死亡和繁殖规律相关，决定了人口增长率，后者决定了这些规律遇到的阻力，并进一步调节了人口增长率。生物因素和环境因素还会相互影响，它们不是彼此独立的。

每个生物集体都会形成特殊的生存和繁殖策略，不同策略的潜在和实际增长率千差万别。对这些策略进行简要分析是了解人类生存和繁殖策略的最好开端。生物学家识别了两种重要的生存繁殖策略，称为 r 型策略与 k 型策略，它们是对一个连续体的简化描述。[3] 昆虫、鱼类和一些小型哺乳动物采取 r 型策略：它们通常生活在不稳定的环境中，会利用有利的时期（年或季节性的）大量繁殖，但它们的后代存活率很低。正是由于环境的不稳定性，它们必须依赖数量众多的后代,因为"生活就像大乐透,多买几张是有道理的"。[4] 遵循 r 型策略的生物往往要经历大起大落的周期,数量剧增骤减。

哺乳动物,尤其是大中型哺乳动物,以及一些鸟类,则采取了截然不同的策略——k 型策略。它们栖居的环境相对稳定,虽然周围也有竞争者、掠食者和寄生虫存在。k 型策略的生物受自然选择和环境压力所迫,通过竞争谋求生存,为此它们需要投入大量时间和精力来抚育后代。只有在后代数量很少的情况下,这种投入才可能实现。

r 型策略	k 型策略
·与环境保持不稳定平衡	·与环境保持稳定平衡
·高增长率	·与环境相适应的增长率
·周期性增加和减少,有时剧烈波动	·周期缓慢且不规律

生物生产特性

·体型小	·体型大
·寿命短	·寿命长
·妊娠期短	·妊娠期长
·多产	·单产
·生育间隔短	·生育间隔长
·每代存活时间短	·每代存活时间长
·潜在增长率高	·潜在增长率低

r型策略和k型策略描绘了两种高度分化的生物种群特征（图1-1）。r型策略适合小型生物，它们寿命短，代际间隔短，妊娠期短，生育间隔短并且多产。而k型策略则适合较大型的生物，它们寿命较长，世代间隔、出生间隔都较长，并且单胎生产。

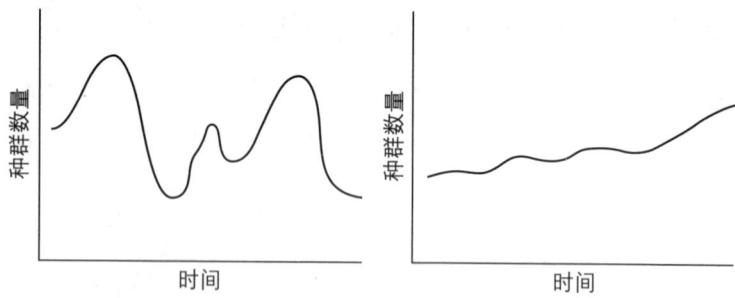

图1-1　r型策略与k型策略

　　图1-2记录了多种生物体型（体长）与连续代际生育间隔的关系：体型越大，生育间隔越长。同样，这也证明了物种（人类属于哺乳动物）数量增长速度或多或少与寿命呈负相关，与体型也呈负相关。[5] 在公认的宏观层面来概括，就是大体型动物的潜在增长率较低，这与它们较不易受环境波动的影响有关，也与它们较大的体型有关。因为生命并不是大乐透，它们的生存概率更高，大型动物不需要依赖高强度繁殖来确保种群延续。事实上，高强度繁殖减少了在保护和照料后代以及降低后代死亡率上的投入。

　　至少从自然选择理论的创始人达尔文和华莱士所处的时代开始，这些概念就已广为人知了。尽管如此，它们对于讨论人类增

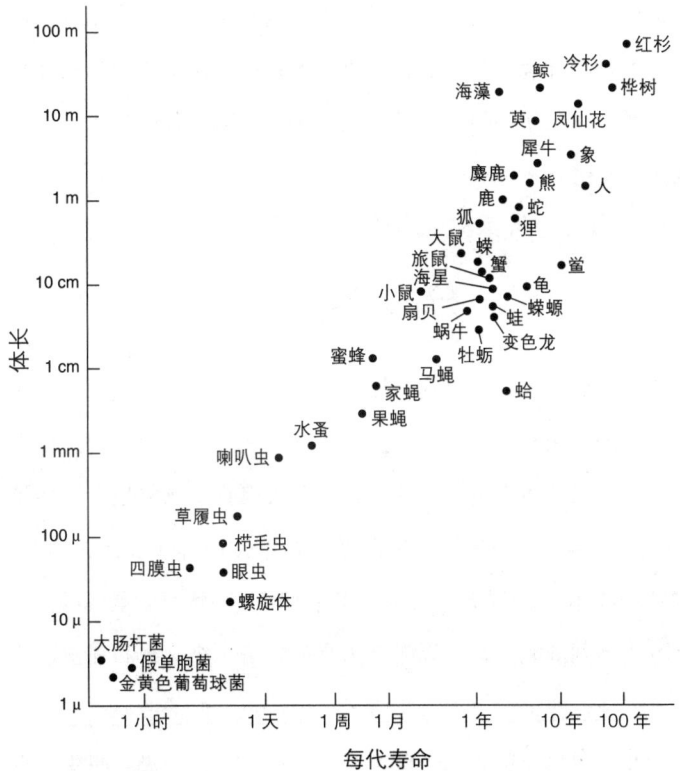

图 1-2 生物繁殖期的体长与每代寿命的关系，呈对数函数分布

资料来源：J. T. Bonner, *Size and Cycle: An Essay on the Structure of Biology*（Princeton University Press, Princeton, 1965), p.17 © 1965 Princeton University Press, 1993 renewed PUP, Reprinted by Permission of Princeton University Press.

长的因素起到了一定作用。人类明显采用的是 k 型策略，因为我们成功地控制了环境变化，并且投入大量精力培育后代。

在下面的讨论中，我们可以遵循两个原则：第一是关于人口与环境的关系,环境可以被宽泛地理解为包含所有决定生存的因素,比如物理环境、气候、食物供应等;第二是关于繁殖与死亡率的关系,死亡率与对后代的投入相关,而对后代的投入又与繁殖强度成反比。

分裂与增殖

许多物种都会经历迅速且剧烈的增减循环,它们的数量会在短期内增加或减少百倍、千倍、万倍甚至更多。众所周知,斯堪的纳维亚旅鼠的生命周期是4年,加拿大肉食动物的生命周期是10年,许多温带丛林的昆虫生命周期为4至12年。在澳大利亚,"某些特定年份,老鼠大量增殖,庄稼地和干草堆里老鼠成群,一晚上可以捉到满满一桶。以老鼠为食的老鹰、猫头鹰和猫也迅速增多,但是这些天敌也无法影响老鼠的数量。而鼠疫通常结束得非常突然,当地上躺满死老鼠,它们的数量就开始迅速减少,直至正常水平甚至低于正常水平"[6]。其他物种也维持着平衡。两个世纪前,吉尔伯特·怀特(Gilbert White)观察到8对燕子绕着塞尔伯恩村教堂的钟楼飞来飞去,情况和现在一样。[7] 种群数量迅速增减和数量保持相对稳定是共同存在的。

人类数量的变化相对缓慢。尽管如此,正如我们将在下面看到的那样,长增长周期与长衰退周期交替出现,后者甚至导致了某些群体的灭绝。例如,在被西班牙人征服(始于16世纪初)后的 1 个世纪内,中美洲的人口减少到原来的十几分之一,而征服者西班牙人的人口数量却增长了一半,还有一些其他族群几乎完全消失了——圣多明各人在哥伦布登陆后就消失了,塔斯马尼亚人与第一批探险者和定居者接触后也消失了。与此同时,周边其他族群的人口却继续繁荣增长。1750 年至 1900 年间,英格兰和威尔士的人口增长了 6 倍,而同期法国的人口增长了不到 50%。据预测,到 2031 年,刚果民主共和国的人口将比 1950 年增加 10 倍,而德国的人口仅能增加 13%。

这几个例子足以证明,即使在相似的情况下(法国和英国),长期中的人口增长速度也不同。同时值得注意的是,作为一门科学,人口统计学的核心在于测量增长、分析机制和理解原因。人口增长(无论正负、快慢)都可以通过简单计算进行描述。在任意时间内,人口(P)会由于出生(B)和移民迁入(I)而增加,因死亡(D)和移民迁出(E)而减少。不考虑移民的话(将整个地球的人口看作是"封闭"的),在任意时间区间 t 内(按照惯例以及出于方便考虑,人口统计使用年作为时间单位)人口的变化(dP):

$$dP=B-D \qquad [1.1]$$

所以,增长率 r(其中 $r=dP/P$)等于出生率 b($b=B/P$)与死亡率 d(其中 $d=D/P$)之差:

$$r=dP/P=b-d \qquad [1.2]$$

出生率和死亡率的变化幅度相当大。最小值为 5‰ 至 10‰(今天我们可以控制死亡率与生育率），最大值为 40‰ 至 50‰。由于死亡率和生育率不是独立的，因此不太可能同时存在相反的两个极端情况。长期以来，每年的增长率在 -1‰ 至 3‰ 之间变动。

在人类历史的大部分时间里，生育率和死亡率保持着基本平衡，因为人口增长率非常低。如果我们使用现代纪元初期（公元元年）的人口数量 2.52 亿和工业革命初期 1750 年的人口数量 7.71 亿（表 1-1）进行计算，可以得出年平均增长率为 0.06%。如果我们假设平均死亡率为 40‰，那么生育率一定是 40.6‰，只比死亡率高 1.5%。然而自 20 世纪 60 年代以来，情况已大不相同，生育率已超过死亡率 200%。

表 1-1　人口、总出生人数以及寿命（公元前 10000 年至公元 2000 年）

人口指数	公元前 10000 年	0	1750	1950	2000
人口（百万）	6	252	771	2 529	6 115
年增长率（%）	0.008	0.037	0.064	0.594	1.766
翻倍时间（年）	8 369	1 854	1 083	116	40
出生数（十亿）	9.29	33.6	22.64	10.42	5.97
出生率（%）	11.4	41.0	27.6	12.7	7.3
预期寿命（e_0）	20	22	27	35	56
寿命（十亿）	185.8	739.2	611.3	364.7	334.3
寿命（%）	8.3	33.1	27.3	16.3	18.0

注：出生数、预期寿命以及寿命的数据代表自该列表头日期至后一列表头日期之间的数据（第一列数据为假设的人类起源至公元前 10000 年）。

生育率和死亡率仅仅是数值计算，几乎没有概念性的内容，因此不适合用来描述人口增长所依赖的繁殖和生存现象。

人口债务

雅各布·比基是位于佛罗伦萨附近的菲埃索莱的佃农，1667年11月12日他与多梅尼卡·德尔·布诺结为夫妻。他们的婚姻很快就以雅各布的死亡告终，但他们育有3个孩子：安德烈、菲利普和玛丽亚·玛德莱娜。玛丽亚在几个月大时就夭折了，但安德烈和菲利普健康长大并成了家。从某种意义上说，雅各布和多梅尼卡偿还了他们的人口债务：即他们从父母那里受到的关照，加上他们的抵抗力和运气，成功长到了生育年龄。现在转而轮到他们生育并抚养两个孩子，孩子们同样成长到成熟期（婚姻和生育年龄），从某种意义上说，他们的两个孩子正好取代了他们在生命链中的位置。这个家庭的故事继续发展，安德烈与卡特琳娜·福斯结婚，生了4个孩子，其中两个孩子已经结婚。安德烈与卡特琳娜也偿还了他们的人口债务。而娶了玛德莱娜·盖里的菲利普却没有做到，玛德莱娜生下一女后不久便去世了，他们的女儿也夭折了。安德烈的两个儿子活了下来，构成了家族第三代：吉奥万·巴蒂斯塔与卡特琳娜·安吉奥拉成婚并生了6个孩子（有1个孩子没有结婚就去世了）；雅各布与罗莎成婚并生育8个孩子（其中4个结了婚）。我们先在这里暂停并总结一下这5起婚姻（10位夫妻）：

2对夫妇（雅各布和多梅尼卡、安德烈和卡特琳娜）偿还了人口债务，他们各抚养了2个子女到成婚。

1对夫妇（雅各布和罗莎）偿还了人口债务并且付了利息，他们养育了4个子女成婚。

1对夫妇（吉奥万·巴蒂斯塔和卡特琳娜·安吉奥拉）部分偿还了人口债务，他们虽然生了6个子女，但只有1个成婚。

1对夫妇（菲利普和玛德莱娜）完全没有偿还人口债务，因为他们没有子女存活并完婚。

在三代人中，5对夫妇（10位夫妻）共养育了9个子女并成婚。从生物学的角度来看，10个繁殖者生育培养了9个后代至繁殖阶段，下降了10%，如果该现象在一段时间内反复出现，将会导致家族的消亡。

然而，人口由许多各不相同的家庭和历史组成。在同一时期，用相同的逻辑计算，帕特雅克家族6对夫妇有15个孩子完婚，而5对帕拉吉夫妇有10个孩子完婚。帕特雅克家族连本带利还清人口债务，而帕拉吉家族仅履行了自己的义务。这些个体经历的组合，无论这个平衡是积极的还是消极的，都决定了长期人口的增长、衰退或停滞。

1608年，法国人来到魁北克，开始定居在圣劳伦斯河谷这块几乎被易洛魁人抛弃的土地上。[8] 接下来的一个世纪里，大约15 000名移民来到这片处女地，他们来自诺曼底、巴黎周边地区，以及法国中西部，其中2/3的人在停留或长或短的时间后又回到了法国。目前人口超 700 万的法裔加拿大人，绝大部分都是当初留下来的 5 000 名移民的后代，后续其他移民对人口增长的贡献很小。由一组加拿大学者进行的家谱—人口统计学重建的研究使得这一人口统计学事件的大量信息为人所知。例如，到 1730 年，两位开拓者让·居永和玛瑟琳·罗宾已留下了 2 150 位子嗣。当然，后来几代人中有来自其他谱系的妻子或丈夫，他们的子嗣也全部算在内，因此这项数据本身几乎没有人口统计学意义。另一位开拓者——著名探险家萨米埃尔·德·尚普兰（Samuel de Champlain）的命运则截然不同，他去世时未留下任何后代。这些来自加拿大的材料为人口统计学提供了很多重要数据。例如，905 名生于法国的开拓者（男性和女性），在 1660 年前移民加拿大，在加拿大结婚生活直至死亡，平均每对夫妇生育了 4.2 个完婚子女（图 1–3），生育率水平相对于原始人口翻了一倍（1 对父母生育 4 个完婚子女）。法裔加拿大定居者具有如此高的生育能力有其特殊成因：移民的身体素质、高生育率和低死亡率、充足的空间、低人口密度以及没有流行病。

我们在不知不觉中已经接触到人口增长机制的核心。正如我们所见，如果有生育机会的人（这里指的是结婚）成功养育了更多（或更少或相等）数目的子女进入婚姻，那么人口就会一代一代地增加（或减少或保持稳定）。无论结果如何，最终结果基本上取决于两个因素：每个人或每对夫妇成功生育的子女数（基于生理因素、欲望、结婚年龄、同居时间长度和其他因素），以及从出

014 | 世界人口简史

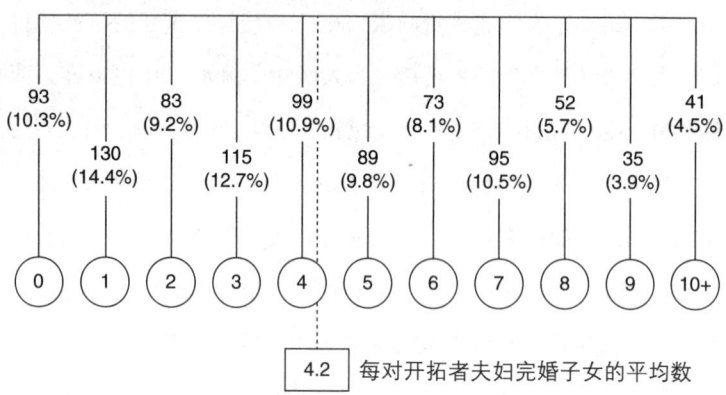

图 1-3　法裔加拿大人人口增长（17 世纪）：开拓者及其子女

生到生育期结束的死亡率。熟悉这些机制对于理解人口变化的因素必不可少，下文我们将讨论这些机制。

生育与生存

人口增长潜力可以表示为两项数据的函数:（1）每名妇女生育的子女数量;（2）平均预期寿命。这两项数据的重要性非常直观，它们分别代表繁殖和生存的综合数据。第一项数据描述了死亡率为零时，妇女在其生育期间所生子女的平均数量。[9] 在下文中，我们将思考决定该数据的生理、社会和文化因素。第二项数据平均预期寿命，描述了新生儿的平均寿命（或平均存活年限），它是不同年龄的死亡率的函数，而死亡率反过来又由物种的生物学特性及其与周围环境的关系决定。过去几个世纪以来，农村社会普遍缺乏现代节育和医学知识，因此这两项数据可能差异很大。每名妇女生育的子女数量最少不到 5 个，最多超过 8 个（在如今的一些高节育水平的西方社会中，每名妇女生育的子女数量已经下降到 1 个以下），平均预期寿命从 20 岁到 40 岁不等（今天的一些国家平均预期寿命已经超过 80 岁）。如上所述，每名妇女生育的子女数量取决于生理和社会因素，这些因素决定：（1）妇女生育期内的生产频率；（2）生育期内——青春期和更年期之间——用来生育的有效时间的比例。[10]

生产频率

生产频率是生产间隔的反函数。鉴于自然生育的条件（自然生育是人口统计学家使用的术语，用来描述那些没有为了控制生育数量或时间而进行有意避孕的前现代人群），生育间隔可分为四个部分：

1. 每次分娩后的不孕期。女性在生育后的几个月后才会重新开始排卵，这种不可能受孕的无排卵期会随着母乳喂养的时间增加而延长，通常会持续到孩子出生后的第二年，在某些情况下甚至是第三年。然而，在不同的文化中，母乳喂养的持续时间差异很大，不孕期的下限和上限为 3 个月和 24 个月。

2. 等待时间，即恢复正常排卵和受孕之间的平均月数。或偶然或自然，有些女性可能在第一次排卵周期中受孕，还有些女性，即使保持持续的性行为也可能在很多周期内都不会受孕。等待时间的下限和上限为5个月和10个月。

3. 平均怀孕时间，众所周知，大约为9个月。

4. 胎儿死亡率。每5个孕妇中就有1个因为流产无法顺利分娩。根据现有的少数研究，这项数据在各个族群之间差异不大。流产后，可在正常等待期（5至10个月）后重新进行受孕。由于5次怀孕中只有1次对生产间隙有影响，所以额外增加1至2个月。

将1、2、3、4的上限和下限分别累加，我们可以得出生产间隔范围为18至45个月（大约1.5至3.5年）。但是四项数据全是最大值或最小值组合是不可能的，因此生产间隔通常在2年至3年。上述分析适用于以不受控制的自然生育为特征的人口。当然，如果引入节育措施，可以随意扩大生产间隔。

生育期

决定生育年龄，或者说决定以生育为目的建立稳定联盟（婚姻）的主要因素是文化因素，而决定生育期结束年龄的主要因素是生理因素。

1. 结婚年龄下限与青春期年龄较为接近，比如说15岁；而结婚年龄上限在欧洲许多地方都超过了25岁。

2. 生育期结束的年龄可能高达50岁，但平均水平要低得多。

不执行避孕措施的情况下最后一个孩子出生时母亲的平均年龄是一个很好的指标，它稳定在 38 到 41 岁之间。

再次将下限和上限累加并取整，我们可以认为，忽略死亡和离婚，婚姻中以生育为目的平均时长可能在 15 到 25 年之间。

进一步简化，我们可以计算不受死亡率影响时生育的最低和最高水平如何。为了获得最小值，我们将最小生育期（15 年）与最大生育间隔（3.5 年）结合起来。

$$\frac{15\ 年生育期}{3.5\ 年生育间隔}=4.3\ 名子女$$

为了获得最大值，我们将最大生育期（25 年）与最小生育间隔（1.5 年）结合起来。

$$\frac{25\ 年生育期}{1.5\ 年生育间隔}=16.7\ 名子女$$

这样的极端组合（尤其是后者）当然是不可能的，因为各个组成部分并不是彼此独立的。例如，早婚后多次生育会造成生育能力下降或过早对性生活冷淡，从而增大生产间隔。在稳定的历史情况下，每名妇女平均生育 5 名以下或 8 名以上子女的情况是罕见的。

每名妇女生育的子女数主要取决于结婚年龄（决定生育期长短的主要因素）和母乳喂养的持续时间（决定生产间隔的主要因素）。图 1-4 参考了邦加茨（Bongaarts）和门肯（Menken）的文章，展示了每个女性的平均子女数量如何随各因素变化（上限和下限之间）而变化。我们通过组合各个因素的平均值，将生育7个子女作为标准值。将一个因素作为变量，其余因素保持不变。[11]

在图1–5中，上述模型被应用于几个历史（和理论）示例中。除了生理上限（1）之外，还有早婚（18岁）和短生产间隔（由于早期断奶）组合而产生的上限（2）；晚婚（25岁）和长时间母

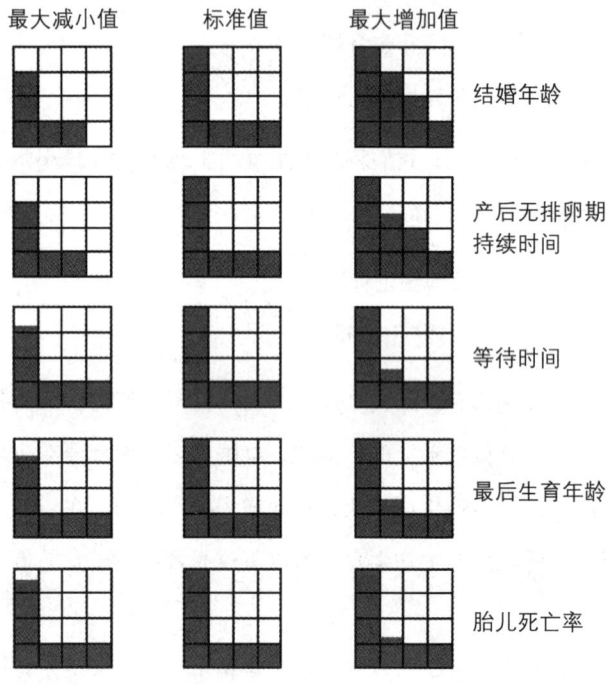

图1-4　生育因素高于或低于平均水平的最大差异对每名妇女平均子女数量的影响（1方块=1出生）

每位妇女子女数	使用的生殖空间	特性	人群	历史案例（人群）
(1) 16	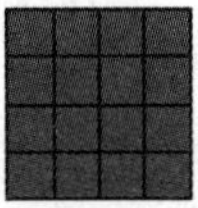	生物最大值	理论	无 只有个人案例
(2) 11.4	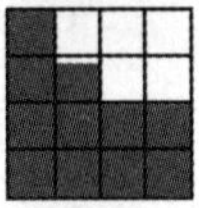	极早婚 最小间隔	特定人	1660年前出生的法国加拿大人
(3) 9	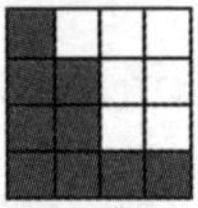	晚婚 最小间隔	特定人	加拿大赫特人 1926—1930=8.5
(4) 7.5	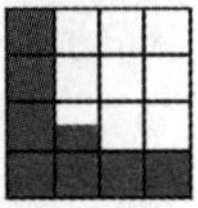	早婚 长间隔	许多发展中国家人群	埃及 1960—1965=7.1
(5) 7		标准		
(6) 5	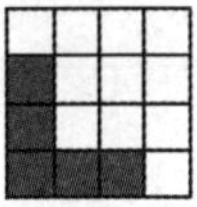	晚婚 长间隔	许多欧洲人群（18—19世纪）	英格兰 1751—1800=5.1
(7) 3	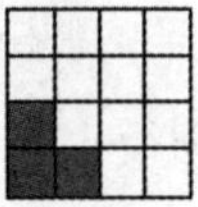	自愿控制生育（中等普及程度）	欧洲人群（20世纪前半叶）	意大利 1937=3.0
(8) 1	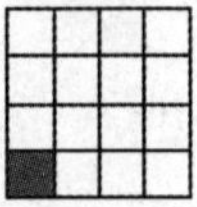	自愿控制生育（高普及程度）	现代一些欧洲人群	利古里亚（意大利）1990=1.0

图 1-5　生育率模型

乳喂养导致的避孕措施失效的下限（6）；三个中间水平值（3）、（4）和（5）；最后，还有中等和高水平节育的例子（7）和（8），分别生育3个和1个孩子。这些例子不应被视为代表了按时间顺序发生，也不能代表进化的过程，因为几乎所有例子都可以在生活于相同历史时期的人群中找到（除了最后两个，强生育控制可能只能在现代人群中找到）。

决定生育能力的除了社会生物因素，还有人类与死亡率进行的严酷斗争，而这一点迄今为止常常为我们所忽略。包括人类在内的所有生物，其生育能力和死亡率都不是相互独立的。后代数量非常大时，婴儿夭折的风险就会增加，家庭内部的资源竞争会降低各个年龄段的抵抗力。另一方面，考虑到人口的迅速增长，从长期来看，高生育率与低死亡率是不相容的。尽管如此，死亡率在很大程度上取决于人类的生物性，与生育水平无关。

生存函数 l_x 可以用来简单描述人类死亡率，该函数追踪人口为 10^n 的一代人从出生到最后一个成员死亡这一时间段内的人数减少过程。[12] 图1–6显示了3条生存曲线。最低的那条曲线对应平均预期寿命（e_0）为20年。这是一个非常低的数字，是某一人群能够延续下去的最低限度，生活在恶劣环境中的原始族群差不多就是这个水平。最高的那条曲线对应的 e_0 为83年，这是超发达国家（日本、意大利、法国、西班牙）的水平。中间的曲线（e_0=50）代表的是从有限的现代医疗进步中获益的国家。在图1–6中，我们假设100岁是人类寿命的极限，也是所有三种情况下的最大年龄。

这个假设与事实相差不远，因为第一代存活到这个年龄的人不到2%。[13] 假设每个人都正好在100岁的时候死亡，那么l_x的曲线将会是一个直角（它将与横坐标平行直到100岁，并在100岁处垂直降至0），e_0等于100。其他曲线描述的平均预期寿命与这些曲线下的面积成正比。生存曲线的形状取决于不同年龄段的死亡率。人类在婴幼儿时期的死亡率很高，因为这一时期人类非常脆弱，

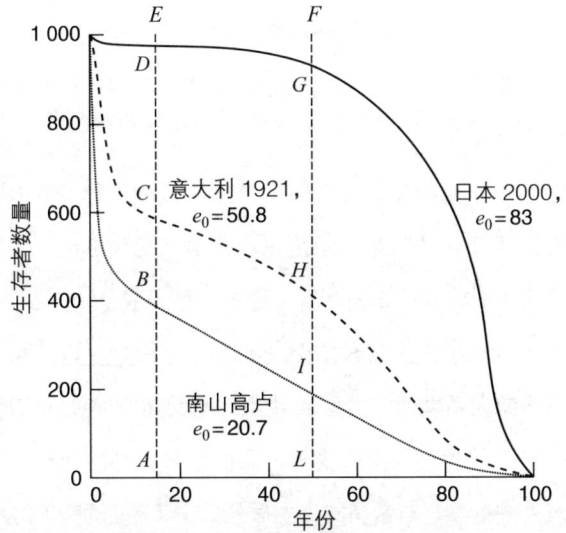

图1-6　三种女性生存曲线，特征分别对应出生时预期寿命低、中、高

注：生存曲线显示了随着年龄的增长，人口为1000的一代人的数量下降的过程。平均预期寿命与纵坐标、横坐标和生存曲线所界定的空间成正比。AEFL区域跨度为35年，描述了生育期的长度。ADGL、ACHL和ABIL区域描述了三个世代共1000名新生女童的平均有效生育期，分别相当于34.4年、24.8年和10.2年。ADGL/AEFL、ACHL/AEFL和ABIL/AEFL的比率分别为98.2%、70.8%和29.2%，代表三代人生育期的平均比例。

无法应对外部环境。但随着人类成长至青春期，死亡风险逐渐降到最低。从成熟期开始，随着人类身体机能衰退，死亡率又呈指数上升。在高死亡率的区域（参见 e_0=20 的曲线），曲线呈凹形。当死亡率整体降低，婴儿死亡率变得不那么重要，曲线变得越来越凸。从严格的遗传学角度，也就是性状的基因遗传来看，超过生育年龄的存活（简单地说，超过50岁）产生的影响很小。无论死亡率是高或低，50岁后的死亡率都不会影响人口的基因遗传。另一方面，死亡率在生育期前和在生育期期间越高，选择效应就越强，因为带有不利于生存特征的个体都被淘汰，这些特征也就不会遗传给后代。

尽管如此，寿命超过生育期会产生间接的生物学效应，因为老年人有助于知识的积累、系统化和传播，同时也促使父母对子女增加投入，因此有助于提高新一代人的存活率。

图1-7显示了其他物种的两种典型生存模型，以及高死亡率和低死亡率的人类模型。模型A代表那些受其他捕食性物种威胁，呈现相对稳定的死亡风险的物种，而模型B是那些典型的依赖于大量繁殖，并且具有非常高的出生后死亡率（r型策略）的物种。

让我们回到人类身上。为了了解其生育能力，我们必须了解其生育期结束前的生存规律，一个人在生育期后是否存活在理论上是不重要的。从图1-6我们可以看出，平均预期寿命为20年时，高死亡率造成大量人口死亡，一代人中只有29.2%的生育人群能够存活。[14] 随着预期寿命的增加（以及l_x曲线的升高），生育人群

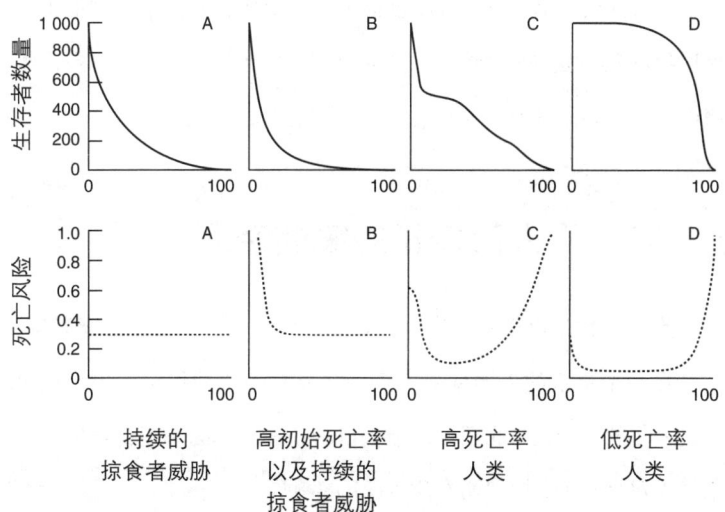

图 1-7 生存模型

的存活比例逐渐增加，当 e_0 等于 50 时，生育人群的存活比例为 70.8%，当 e_0 等于 83 时为 98.2%。

现在应该清楚的是，人口的成功繁育（及增长）取决于那些存活到生育年龄的女性所生子女的数量。如果我们设想在没有死亡率的情况下，每个女性生育 6 个孩子，那么在只使用 30% 的生殖空间（e_0=20）的情况下，每个女性生育的孩子数量是 $6 \times 0.3 = 1.8$；当使用 70% 的生殖空间（e_0=50）时，孩子数量为 $6 \times 0.7 = 4.2$；当使用 99%（e_0=83）时，每个女性生育孩子的数量为 $6 \times 0.99 = 5.94$。每个孩子对应两个成人（父母），如果我们上面的计算结果为 2，那么每对夫妇便偿清了其人口债务（并且父母和子女的数量大致相等）。后代数量大于 2 意味着人口增长。如果幸存后代的数量是 4，那么一代人后（约 30 年）人口将翻一番，年均增长率将达到 2.3%[15]。

人口增长的策略空间

生育率和死亡率同时作用，对人口增长模式施加了客观限制。假设在一个特定的人群中，生育率和死亡率长期稳定，那么通过一些简化的假设，[16] 我们可以把人口增长率表示为每名女性的子女数量（TFR）和平均预期寿命（e_0）的函数。

图 1-8 显示了一组"等增长"曲线，表示的是人口增长率 r 的轨迹，横坐标为预期寿命（TFR），纵坐标为每名女性的子女数（e_0）。图中包含与历史人口和当前人口相对应的点。历史上人口的平均预期寿命不低于 15 岁（低于这一数字与人口的延续不相容），也不高于 45 岁（历史上的平均预期寿命没有超过这一水平）。出于类似的原因，每名女性生育的子女数量在 4 个（没有实行节育）和 8 个（结构正常的人群几乎从未超过这个数字）之间。图 1-8 从左到右的 4 个策略空间，分别显示为 3 个椭圆和 1 个圆形，每一个策略空间都代表不同时期人口的轨迹。第一个椭圆是工业革命和现代生育控制之前的历史人口轨迹，人口增长率在 0 到 1% 之间，是典型的前现代时期的人口增长率。然而，在这个狭窄的空间内，尽管受到资源和知识匮乏的限制，生育率和死亡

率以各种不同的方式共同发生作用。例如，18世纪末的丹麦和一个世纪后的印度具有相似的增长率，但它们的途径却不相同：前者为高寿命（约40年）和较少的子女人数（略超过4个），而后者却是低预期寿命（约25岁）与大量子女（不到7个）。

尽管旧石器时代和新石器时代的增长率相似，但它们的人口数量相差甚远。根据一个广为接受的观点（见第2章），旧石器时代的人类以狩猎和采集为生，死亡率较低（因为人口密度低，传染病不易滋生和传播），生育能力适度（与游牧行为相适应）。新石器时代是定居农业时代，人口密度较高，流动性较低，死亡率和生育率均较高。

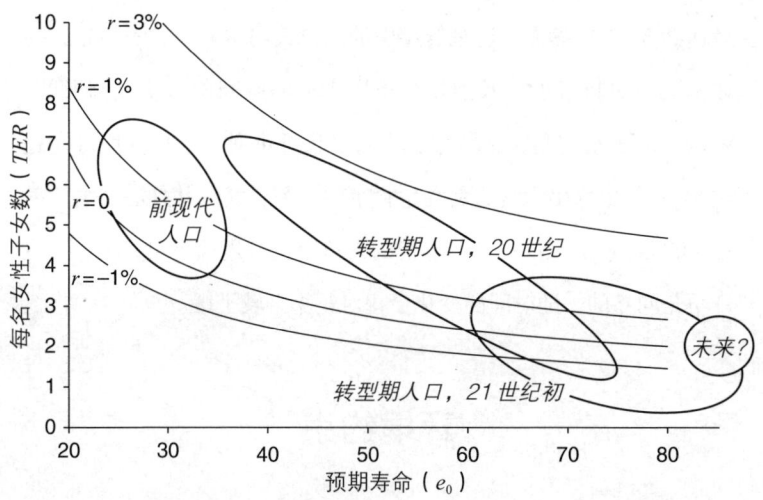

图1-8　历史上和当前人口中每名女性的平均子女数（TFR）与预期寿命（e_0）之间的关系

第二个椭圆包含 20 世纪人口转型过程中的人口轨迹。这个策略空间远远大于前一个时期的椭圆。医疗和卫生方面的进步使平均预期寿命的上限从约 40 岁提高到 80 岁以上，同时还实行节育措施，将生育率下限降低到每名女性约 1 个孩子。第三个椭圆概述了 21 世纪初的情况，生育率极高的国家（撒哈拉以南的许多非洲国家）与生育率异常低的国家（欧洲、南亚和东亚）共存，接近每名女性生育 1 个孩子。必须指出的是，在 20 世纪和 21 世纪这两个区域中，有些族群的人口隐性增长率为 4%，还有一些族群的增长率为 –2%。增长率为 4% 的人口会在 17 到 18 年后翻倍，而增长率为 –2% 的人口会在 35 年后减半。[17] 两个同等规模的族群在经过这一不同的增长速度之后，数值比将在 35 年（约一代人）后达到 8∶1！然而，这是转型中的人口策略空间，并不稳定，往往不具有可持续的增长速度。第四个策略空间的形状是圆形的，是假设的未来空间，在转型和收敛过程结束时，平均预期寿命超过 80 年，生育率为每名女性生育 1 到 3 个子女，并且潜在增长率在 –1% 到 +1% 之间。这些族群的人口会交替出现增长和减少，也许不是同步的，随时间的变化会相对较小且较平缓。

环境约束

尽管增长的策略空间很大，但只有一小部分可以被人口永久占据。持续衰减显然与人类群体的延续是不相容的，而人口持续增长从长远来看可能与现有资源不相容。因此，增长机制必须不断调整以适应环境条件（我们可以将其称为环境摩擦），这些条件与之相互作用，但也对增长构成障碍，这一点已经被过往历史证明，过去千年中人口增长率一直很低。眼下我的讨论将仅限于这些阻碍人口增长的因素的宏观方面，然后再对其运作进行更详细的讨论。

卡洛·奇波拉（Carlo Cipolla）有一篇相当著名的文章，他在其中写道："可以肯定地说，直到工业革命之前，人类还是主要依靠动植物来获取能源，其中以植物为食物和燃料，以动物为食物和机械能源。"[18] 这种对自然环境和资源的从属和依赖制约了人口增长，这种情况在狩猎和采集社会中尤为明显。想象一下，一个种群的栖息地范围仅限于一天步行可往返的地方，可获取的食物的丰富程度取决于该地区的生态、资源的可获得性以及相关的开采和利用成本，这些都制约着居民的人数。用最简单的术语来说，单位面积的植物生物数量（初级生产力）是降水的函数，而动物的生物数量（食草动物和食肉动物）又是植物生物数量的函数，因此降水是限制猎人和采集者可用资源及其数量增长的主要因素。[19] 图1-9显示了世界各地植物生物数量与降水之间的关系，而图1-10显示了澳大利亚土著人口密度对降雨强度的依赖性。

表1-2根据有关生物量和降水的某些假设，显示了不同生态系统中狩猎—采集社会的人口密度的可能值。这只是一个模型，但是可以有效描述人口增长的双重限制。第一种限制是植物和动物数量的自然限制，它决定了能够养活的最大人口数量。在直径

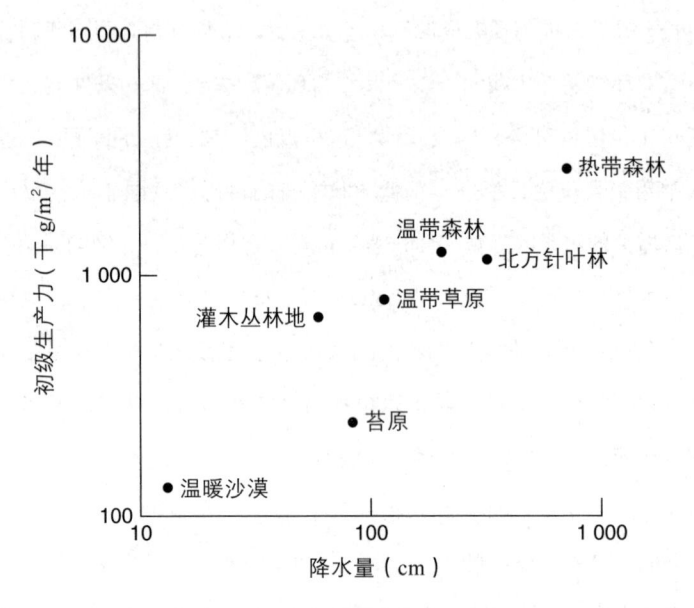

图 1-9　世界生物群落基本数量与降雨之间的关系

资料来源：F. A. Hassan, *Demographic Archaeology* (Academic Press, New York, 1981), p. 12. Reprinted with permission of Elsevier UK。

10公里的区域中可承受的人口数量，在北极地区为3人，在亚热带稀树草原为136人。第二种限制是由于低人口密度（例如北极和半沙漠地区）与稳定的人口群体的生存不兼容。为了确保理性选择配偶以及在大灾难中存活，人类群体的规模一定不能太小。

考古学和当代的调查研究已经发现，狩猎—采集社会的人口密度在每平方公里0.1到1之间。[20] 海洋、湖泊和溪流附近的人口密度可能会更高，因为捕鱼可以有效补充土地产品。显然，在这一文明水平上，限制因素主要是降水以及土地的可利用性和可用性。

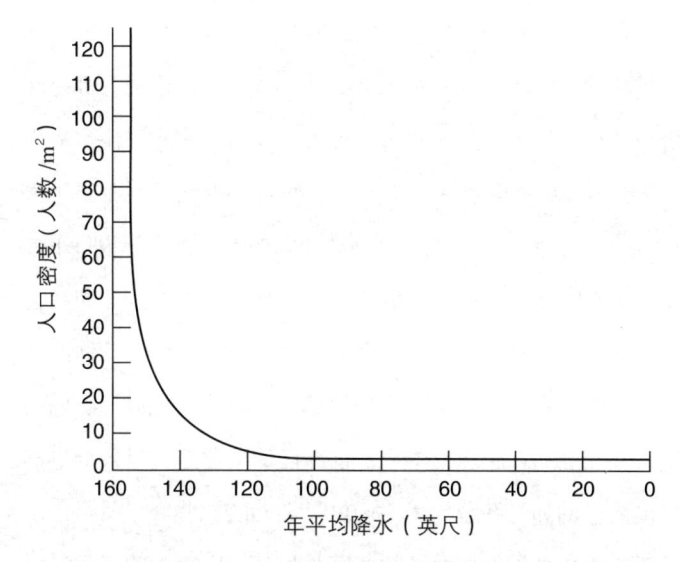

图1-10 年降水量与人口密度（澳大利亚土著居民）之间的关系

表1-2 不同世界生物群落中314平方公里集水区的预计人口密度和规模

生物群落	生物量（kg/km²）	人口密度（人/km²）	人数
北极	200	0.0086	3
亚热带稀树草原	10 000	0.43	136
草原	4 000	0.17	54
半沙漠地区	800	0.035	11

资料来源：F. A. Hassan, *Demographic Archaeology* (Academic Press, New York, 1981), p. 57. Reprinted with permission of Elsevier UK。

从新石器时代过渡到稳定的土地耕种和牲畜饲养无疑代表了生产能力的显著提升。这些演进被许多人称为"革命"，它们在数千年里以各种形式慢慢发展和传播。耕作技术的进步,从刀耕火种到三年轮种(在不同文化中共存,直至今日);选种;驯化新的植物和动物;畜力、风力和水力极大地提高了食物和能源的供应量。[21] 于是人口密度也有所增加。18世纪中叶,欧洲主要国家(法国、意大利、德国、英国和低地国家)的人口密度约为每平方公里40—60人,是狩猎—采集社会的100倍。随着技术和社会发展的变化,不同时期的生产能力差异很大。比较波河流域或低地国家的农业与欧洲大陆某些使用原始生产方法的地区,我们很容易证明这一点。在全球范围内,创新已使单位能源投入的生产率显著提高。例如,在公元前3000年至公元前2000年间,由于引进了新的玉米品种,墨西哥特奥蒂瓦坎每公顷玉米的产量是原来的3倍;[22] 在近代欧洲各个地区,由于新谷物的出现,农产品与种子的比率也提高了。[23]

但是,控制环境的成功与否始终取决于能源的可得性。正如奇波拉所言:"事实上,除了人力,主要的能源来源基本上仍然是植物和动物,这一定程度上限制了农业社会中能源供应的扩张。在这方面,最终的限制因素是土地的供应。"[24] 在工业化前的欧洲,人口增长似乎接近环境和技术的极限所允许的频率。奇波拉接着表示,这些限制用人均可用能源来表示,低于15 000卡路里/天,甚至是10 000卡路里/天(今天最富有的国家超过这一水平20至30倍),其中大部分被用于营养和取暖。[25]

到18世纪下半叶,由于工业和技术革命以及将无生命物质转化为能量的高效机器的发明，可用的能源大量增加，限制人口增长的环境极限再次被突破。从1820年至1860年，世界煤炭产量增长了10倍，而从1860年至1950年，煤炭产量又增长了10倍。据计算，从1800年至1900年，全球初级能源消费增至原来的3倍，又在1900年至2000年之间增长了9倍，在过去的两个世纪中，人均能源消费增长了4倍，从贫困状态转变为相对富裕状态。[26] 能源供应对土地供应的依赖性再次被打破（这也许是决定性的），人口数量增长的主要障碍被消除。厄尔·库克（Earl Cook）对这种复杂的发展进行了总结：狩猎者和采集者每人每天需要约5 000卡路里的热量；农业社会中人对热量的消费量可能从未超过12 000卡路里；在工业革命之前，即使是最发达和最有组织的人群，其能源消费量仍低于26 000卡路里。在工业革命的初期，人均能源消费量——主要来自化石燃料——约为70 000卡路里，而在现代社会中，人均能源消费量超过20万卡路里。[27]

摘自迪维（Deevey）[28]的图1-11简略地描述了人口的演变（呈双对数坐标，极大地简化了历史的复杂性），它是上述三个主要的技术—文化阶段的函数：狩猎—采集时代（旧石器时代）、农业时代（开始于新石器时代）和工业时代（开始于工业革命）。在这三个阶段（我们处于最后一个阶段中），人口增长逐渐接近极限，因此人口的增长速度逐渐减缓。这个概述是对动物生物学和马尔萨斯人口论的一般概念的简单应用，根据该概念，物种（昆虫、老鼠、人类或大象）在受限制环境中的增长与其密度成反比。因

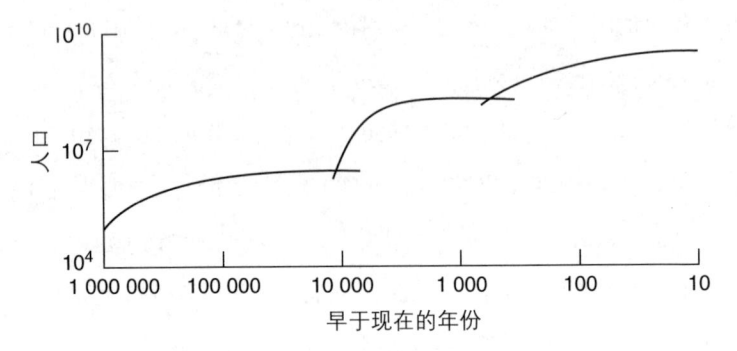

图 1-11　人口增长周期

为可用资源被认为是固定的，人口增长会产生自我制约因素。当然，对于人类而言，环境以及可用资源并非固定不变的，而是随着技术创新而不断扩展。在迪维的概述中，在人类历史的第一个阶段中，人口增长受可用于营养和取暖的生物数量的限制，每人每天大约只能消费几千卡路里，这一阶段一直持续到 10 000 年前。在第二阶段中，从新石器时代到工业革命，土地的可利用性以及植物、动物、水和风提供的有限能源制约着人口增长。现阶段，对增长的限制还没有很好的界定，但可能与不利环境影响以及随之而来的文化选择有关，而不利的环境影响又与人口增长和技术进步相关。

人口数据

2010 年 11 月 1 日，中华人民共和国进行了第六次人口普查。

在 1 000 万经过精心培训的人口普查人员的努力下，统计了 13.4 亿居民。这是有史以来规模最大的社会调查。直到 20 世纪中叶，欠发达国家中仍然有相当多的地区只有支离破碎和不完整的人口统计。在西方国家，虽然在 19 世纪以前有零星的人口普查，但直到 19 世纪，定期人口普查才成为普遍做法，也开启了现代统计时代。1787 年夏，西班牙王国查尔斯三世的总理弗洛里达夫兰卡（Floridablanca）下令统计人口，最终统计的人口总数为 1 040 万；1790 年，根据 1787 年在费城通过的第一部宪法的规定，美国要进行人口普查，最终统计了 390 万人。这是大国进行现代人口普查的最早例子。[29] 当然，在过去的几个世纪中，人口普查统计和评估通常是出于财政目的，覆盖范围和区域有限。中国从汉朝到清朝都记录了户籍名册（一直到上个世纪末，涵盖了近 2 000 年）。[30] 为了评定这些材料，统计学家必须与历史学家合作，后者能够评估、整合和解释资料。在 21 世纪之前的世界许多地区，如中世纪晚期之前的欧洲或现代之前的中国，人们只能根据定性信息（城市、村庄或其他定居点的存在或扩张、耕地的扩张）来估计人口规模，或是根据与生态系统、技术水平或社会组织有关的可能人口密度来进行计算。因此，我们需要同时参考古生物学家、考古学家和人类学家的研究成果。

如表 1-1 和表 1-3 所示，关于世界人口增长的数据主要基于非量化信息的推测和推论。表 1-1 总结了这些趋势的综合走向。当然，长期的人口增长率是一个抽象的概念，它暗示了每个时期

表 1-3　各大陆人口（公元前 400 年到公元 2050 年，单位：百万）

年份	亚洲	欧洲	非洲	美洲	大洋洲	世界
400BCE	97	30	17	8	1	153
0	172	41	26	12	1	252
200	160	55	30	11	1	257
600	136	31	24	16	1	208
1000	154	41	39	18	1	253
1200	260	64	48	26	2	400
1340	240	88	80	32	2	442
1400	203	63	68	39	2	375
1500	247	82	87	42	3	461
1600	341	108	113	13	3	578
1700	437	121	107	12	3	680
1750	505	141	104	18	3	771
1800	638	188	102	24	2	954
1850	801	277	102	59	2	1 241
1900	921	404	138	165	6	1 634
1950	1 403	547	224	332	13	2 529
2000	3 714	726	814	841	31	6 127
2050	5 267	707	2 448	1 217	57	9 725
增长率（%）						
0—1750	0.06	0.07	0.08	0.02	0.06	0.06
1750—1950	0.51	0.68	0.38	1.46	0.73	0.59
1950—2000	1.95	0.57	2.58	1.86	1.74	1.77
2000—2050	0.70	−0.05	2.20	0.74	1.22	0.92

资料来源：J. N. Biraben, "Essai sur l'Évolution du Nombre des Hommes [Essay on the Evolution of the Population]," *Population* 34 (1979), p.16. For 1950 and 2000: United Nations, *World Population Prospects: The 2015 Revision* (New York, 2015)。

的人口是不断变化的，而实际上人口是呈周期性变化的。根据比拉本（Biraben）的假说，旧石器时代以前（前35000—前30000）的人口不超过几十万，从旧石器时代到新石器时代的3万年间，人口的年平均增长率不到0.1‰，相当于人口翻倍需要8 000年到9 000年，这一水平几乎可以忽略。[31] 在基督诞生前的1万年中，新石器时代的文明从近东和埃及传播开来，人口增长率上升到了0.4‰（这意味着人口在不到2 000年的时间里翻了一番），人口从几百万增长到约2.5亿。尽管有重要的增长和衰减周期，但这种增长速度在随后的17个半世纪中得到加强。在工业革命前夕，人口增长了两倍，达到约7.5亿（总体增长率为0.6‰）。然而，正是工业革命引发了决定性的持续增长时期。在随后的两个世纪中，人口增长了约10倍，年增长率为6‰（以118年翻一番的速度）。这一增长过程是资源迅速积累、环境控制和死亡率下降的共同结果，并在20世纪下半叶达到顶峰。自1950年以来的40多年中，人口再次翻了一番，增长率是以前的3倍，达到18‰。尽管有迹象表明增长正在放缓，但目前的势头肯定会使世界人口在2023年左右达到80亿，到21世纪末达到110亿。人口增长速度的加快和倍增时间缩短（工业革命之前的数千年和如今数十年所表现的），在一定程度上表明了人口增长的历史限制已经缓和了。

表1-1回答了另一个问题——这个问题初看似乎只是出于统计上的好奇——有多少人曾在地球上生活过？回答这个问题需要计算每个时期的总出生人数。遵循布儒瓦-皮沙（Bourgeois-

Pichat）的大胆假设，[32] 我们可以估计，从人类起源到2000年的总出生人数为820亿，其中60亿是19世纪50年代以来出生的，在新石器时代之前的几十万年里只有不到30亿人出生。2000年，全球60亿人口占人类出生总人数的7.3%。换一个角度看，我们今天正在表达我们祖先积累的经验，这些经验是经过选择、思考、修改并遗留给我们的，我们必须牢记，其中11%的经验是在新石器时代之前累积的，超过80%的经验是在1750年工业技术革命之前积累的。

如果我们为每个时代的个体估算平均预期寿命（这些估算值仅针对近期的统计，以前阶段的数据是基于一些零散的证据，更早阶段只能出于纯粹的猜想），我们便可以计算出每个群体的总寿命。1950年至2000年之间出生的人（直到死亡为止）总共生存了约3 340亿年，几乎是新石器时代前出生的所有人的寿命总和的两倍。据推测，自2000年以来，人类总共活了约4 200亿年（在他们整个一生中），略小于人类起源以来所有人类存活年数的1/5。最后粗略估计一下，我们可以说，在过去的约13年里，人类的能源消耗量约等于公元元年到工业革命的能源消耗量。[33] 我举出这些数字并不是为了使人震惊，而是为了证明与早期农业社会相比，当今人类可利用的资源有了惊人的增长。

当然，人口并不是持续不断地增长，而是经历了增长和衰减的周期，长期的趋势在表1–3和图1–11中有过总结。从耶稣诞生到18世纪，欧洲的人口增长了3倍，但增长的过程不是连续的，而是人口膨胀和人口危机波浪式出现的结果：罗马帝国晚期和东罗马帝国时期由于野蛮人入侵和疾病造成的人口危机；12 到 13 世纪的人口扩张；从 14 世纪中叶开始，鼠疫反复出现再次造成的人口危机；从 15 世纪中叶到 16 世纪末期人口恢复增长；接着人口又陷入停滞，一直到 18 世纪初现代人口扩张的力量出现。不同地区的周期不同，因此人口的比重会随着时间而变化：1500 年至 1900 年之间，欧洲人口在世界人口中所占的比例从 17.8% 增长到 24.7%，在 2000 年再次下降到 11.9%。在 17 世纪初，整个美洲大陆约占世界人口的 2%，而今天这一数字为 13.3%。

注　释

1. J. W. Goethe, *Italian Journey*, trans. W. H. Auden and E. Mayer (North Point Press, San Francisco, 1982), p. 46.

2. H. Cortés, *Cartas de relación* (Editorial Porrúa, Mexico, 1976), p. 62.

3. 以下讨论思路来自 R. M. May, D. I. Rubinstein, "Reproductive Strategies", in C. R. Austin, R. V. Short, eds., *Reproductive Fitness* (Cambridge University Press, London, 1984), pp. 1–23; 另见 R. V. Short, "Species Differences in Reproductive Mechanisms", in the same volume, pp. 24–61; 讨论范围更广的文章见 S. C. Stearns, "Life History Tactics: a Review of the Ideas", *Quarterly Review of Biology* 51 (1976)。r 型和 k 型策略与人口统计学的相关性见 A. J. Coale and S. Cotts Watkins, eds., *The Decline of Fertility in Europe* (Princeton University Press, Princeton, NJ, 1986), p. 7。

4. May and Rubinstein, "Reproductive Strategies", p. 2.

5. May and Rubinstein, "Reproductive Strategies"。哺乳动物的体重与性成熟年龄之间存在密切的关系。正如我们将在下面看到的那样,人口增长率可以由洛特卡方程得出:$r=\ln R_0/T$,其中 T 是每代的平均存活长度,R_0 是雌性在生命中的平均子女数量(净繁殖率)。由此可见,r 对 T 的变化(与性成熟年龄密切相关)相当敏感,而对 R_0 的变化较不敏感,因为它直接与 $\ln R_0$ 相关。另外,每个物种 T 值的变化对 r 值有很大的影响。

6. F. MacFarlane Burnet, *Natural History of Infectious Diseases* (Cambridge University Press, London, 1962), p. 14.

7. May and Rubinstein, "Reproductive Strategies", p. 1.

8. H. Charbonneau, Réal Bates and Mario Boleda, *Naissance d'une Population. Les Français Établis au Canada au XVIIe Siècle* [*The Birth of a Population: The French Settlement in Canada in the XVIIth Century*] (Presses de l'Université de Montréal, Montréal, 1987).

9. 每名妇女的平均子女数或总生育率(*TFR*)是最小和最大生育年龄之间妇女按年龄划分的生育率之和,$f_x=B_x/P_x$,B_x 是年龄为 x 的妇女的分娩数,P_x 是女性人口年龄 x。

10. J. Bongaarts and J. Menken, "The Supply of Children: A Critical Essay", in R. A. Bulatao and R. D. Lee, eds., *Determinants of Fertility in Developing Countries* (Academic Press, New York, 1983), vol. 1, pp. 27–60. 对生育能力组成部分的评估基于以下假设:所有出生都是稳定婚姻的产物,这一假设接近许多文化和时期的真实情况。

11. 这些假设均符合邦加茨和门肯模型。实际上,孩子的数量(*TFR*,忽略死亡率)是由生育期的长度(最后一个孩子出生时的年龄减去平均结婚年龄）除以生育间隔得出的。该模型中结婚年龄在15至27.5岁之间（标准模型中为22.5岁），最后一个孩子出生的平均年龄在38.5至41岁之间（标准模型中为40岁）。为了计算出生间隔，组成部分的最小、最大和标准值（单位：年）分别为产后不孕期（0.25，2.0，1.0）、等待期（0.4，0.85，0.6）以及胎儿死亡率（0.1，0.2，0.15）。

12. 我将经常参考生命表，因此在这里简要地说明生命表，读者可自行阅读专业出版物以进行更深入研究。生命表描述了随着时间的流逝，一代新生儿（或假设同生群）逐渐消失的情况。同生群通常由 10^n 个人组成；我们在此使用1 000人为例。l_x 的值（其中 x 代表年龄）描述了每年生日这一天，1 000名新生儿仍然存活的数量，直到该世代完全灭绝为止。生命表的另一个基本函数是 q_x（通常以每1 000或10的幂次方表示），表示 x 岁生日存活的人在 $x+1$ 岁生日之前死亡的概率。这些概率可能涉及比一年稍长的时期，并且前缀1、4和5（或其他值）表示该概率所指的年龄间隔。另一个经常使用的函数是预期寿命，或 e_x（其中 x 也表示某个特定年龄），它表示在生命表列示的死亡率水平下，活到 x 岁的人（l_x）的平均剩余寿命。e_0 表示"平均预期寿命"。这里有一个明显的悖论：在历史人口规律死亡率高的寿命表中，预期寿命在出生后几年增加（$e_0 < e_1 < \cdots\cdots < e_5$，甚至继续增加）。这是由于在生命的头几年中，大量婴儿死亡，这些婴儿对这一代人的生存年数贡献很小，因此降低了预期寿命所代表的平均值。一旦这种作用停止，几年后，根据死亡率，预期寿命会随着年龄的增长而自然下降。请记住，在高死亡率的情况下，例如 e_{20} 仍可能高于 e_0。

13. 自20世纪70年代以来，低死亡率国家的超高龄人口（80岁以上）的死亡率下降速度加快了（每年1%—2%）。如果这种趋势继续下去，存活到100岁的比例可能会变得更大，并且随着 l_x 曲线逐渐向右移动，生存曲线"矩形化"的假设将变得不太可能。见 V. Kannisto, J. Lauritsen, A. R. Thatcher, and J. W. Vaupel, "Reductions in Mortality at Advanced Ages: Several Decades of Evidence from 27 Countries", *Population and Development Review* 20: 4 (1994)。同见 J. R. Wilmoth, "The Future of Human Longevity: a Demographer's Perspective", *Science* 280 (1998); Vaupel, "Biodemography of Human Ageing", *Nature*, vol. 464, March 25, 2010。

14. 这是理论性的,因为尽管一个人在生育期之后继续存活可能不会直接促进生育,但仍可能改善孩子的生存机会。

15. 前面的讨论简要包括了几个基本的人口统计关系,这可能有助于更全面地进行解释。在稳定的人群中(死亡率和生育水平随时间变化而变化),年龄结构和增长率也根据以下方程式确定:

$$R_0 = e^{rT}$$

其中 R_0 是净生育率,或每个妇女在生育期平均生育的女孩数量。它也可以表示为:

$$R_0 = \sum f_x l_x$$

其中 f_x 是特定年龄的生育率,或每个女性在 x 岁时所生的女孩数量,l_x 是残存函数(x 岁的残存者与这一代人口出生规模之比)。回到第一个方程式,T 是平均世代长度,可以通过平均生育年龄近似得出,并且在小范围内(27—33 岁)因人而异;r 是稳定人口的增长率。在这个理想的稳定人口中,增长率 r 与每个女性的女儿数 R_0 直接相关,而与 T 成反比。应当补充的是,净生殖率与总生育率 R 密切相关,后者是 f_x 的总和,描述了没有死亡的情况下每个妇女的女儿数量。R_0 和 r 之间的关系可以近似用方程 $R_0 = R l_a$ 表示,其中 l_a 是从出生到平均生育年龄 a 的存活概率。初始方程式可改写为：

$$Rl_a = e^{rT}$$

如果我们假设 T 是恒定的（实际上它的变化很小），那么增长率 r 可以表示为死亡率的指标 l_a 和生育率的指标 R 的函数。可以证明，对于所利用的生育期的百分比，l_a 非常接近于图 1-6 中计算的值。此外，l_a 与出生时的预期寿命 e_0 密切相关，因此 r 可以表示为 R 和 e_0 的函数。最后，R 和 TFR（无死亡率的情况下每名妇女的平均子女数）之间存在密切的关系：只需将 R 乘以 2.06（代表总出生人数与女性出生人数之比的常数）即可获得 TFR。在图 1-8 中，r 被表示为 TFR 和 e_0 的函数，使用的 T 值为 29 年。

16. 见注释 15。

17. 使用记忆法来计算人口倍增时间会很有用。可以将 70 除以年增长率（以百分比表示）来近似得出：1% 的增长率意味着 70 年倍增，2% 为 35 年倍增，3% 为 23 年倍增。同样，如果增长率为负，则通过相同的方法获得减半时间：如果人口每年减少 1%，则将在 70 年内减半；如果减少 2%，则将在 35 年内减半，以此类推。

18. C. M. Cipolla, *The Economic History of World Population*（Penguin, Harmondsworth, 1962), pp. 45–46.

19. F. A. Hassan, *Demographic Archaeology*（Academic Press, New York, 1981), pp. 7–12.

20. Hassan, *Demographic Archaeology*, p. 7.

21. V. G. Childe, *Man Makes Himself*（Mentor, New York, 1951).

22. Hassan, *Demographic Archaeology*, p. 42.

23. B. H. Slicher van Bath, *The Agrarian History of Western Europe*, A.D.

500—1850（Edward Arnold, London, 1963）, appendix.

24. Cipolla, *Economic History*, p. 46.

25. Cipolla, *Economic History*, p. 47；在本书中，食物卡路里被更精确地用千卡定义；1 卡路里 = 4 184 千焦。

26. W. S. Woytinsky and E. S. Woytinsky, *World Population and Production. Trends and Outlook*（Twentieth Century Fund, New York, 1953）, pp. 924–30; J. H. Gibbons, P. D. Blair and H. L. Gwin, "Strategies for Energy Use", *Scientific American*（September 1988）, p. 86; M. Höök, W. Zittel, J. Schindler and K. Aleklett, "Global Coal Production Outlooks Based on a Logistic Model", *Fuel* 89: 11（November 2010）; A. Grubler, "Energy Transitions", in *Encyclopedia of Earth*, http://www.eoearth.org/article/Energy_transitions [Retrieved March 17, 2011].

27. E. Cook, "Energy Flow in Industrial Societies", *Scientific American* 225（September 1971）, p. 135. J. H. Bodley, *Anthropology and Contemporary Human Problems*（AltaMira Press, Lanham, MD, 2008）, pp. 91–2.

28. E. S. Deevey, Jr., "The Human Population", *Scientific American*（September 1960）, pp. 194–204.

29. M. Livi-Bacci, "Il Censimento di Floridablanca nel Contesto dei Censimenti Europei", *Genus* 43: 3/4（1987）.

30. J. Lee, C. Campbell and Wang Feng, "The Last Emperors: an Introduction to the Demography of the Qing Imperial Lineage", in R. Schofield and D. Reher, eds., *Old and New Methods in Historical Demography*（Oxford University Press, Oxford, 1993）.

31. 表 1–1 和表 1–3 中的估计数取自 J. N. Biraben, "Essai sur l'Évolution

du Nombre des Hommes [Essay on the Evolution of the Population]", *Population* 34（1979）, pp. 13–25; 同时见 J. D. Durand, "Historical Estimates of World Population", *Population and Development Review* 3（1977）; A. J. Coale, "The History of Human Population", *Scientific American*（September 1974）, pp. 40–51。

32. J. Bourgeois-Pichat, "Du XXe au XXIe Siècle: l'Europe et sa Population Après l'An 2000 [The twentieth and twenty-first centuries. Europe and its population after the year 2000]", *Population* 43（1988）, pp. 9–42; J. E. Cohen, "Is the Fraction of People Ever Born Who Are Now Alive Rising or Falling?", *Demographic Research* 30（article 56）, 1561—1570（2014）。

33. IEA 估计 2013 年的最终能源总消费量为 93.01 亿吨油当量，相当于人均 1.295 吨油当量。在工业化前社会中，我们假设（根据奇波拉说法）日人均能耗 10 000 大卡，即每年人均消耗 0.1895 吨油当量。因此，当今世界人口（人均）能耗是工业化前人口（人均）能耗的 6.8 倍。在美国，人均能耗约为 7 吨油当量，是撒哈拉以南非洲最贫穷国家的 20 或 30 倍。从公元元年到 1750 年，人类的总存活年数是 6 110 亿（见表 1–1），总能耗为 0.1895×611=1 158 亿吨油当量。这与 2003 年至 2015 年的 13 年中，世界人口 894 亿总存活年数中的能耗相等。

拓展阅读

F. Macfarlane Burnet and D. O. White, *Natural History of Infectious Disease*（Cambridge University Press, Cambridge, 1972）.

C. M. Cipolla, *The Economic History of World Population*（Penguin,

Harmondsworth, 1978).

P. Demeny and G. McNicoll, eds., *Encyclopaedia of Population* (Macmillan, New York, 2003).

J. D. Durand, "Historical Estimates of World Population", *Population and Development Review* 3, 253–296 (1977).

F. A. Hassan, *Demographic Archaeology* (Academic Press, New York, 1981).

M. P. Hassell and R. M. May, eds., *Population Regulation and Dynamics* (Royal Society, London, 1990).

H. Léridon, *Human Fertility: The Basic Components* (University of Chicago Press, Chicago, 1977).

A. Maddison, *Contours of the World Economy, 1—2030 AD: Essays in Macro-Economic History* (Oxford University Press, Oxford, 2007).

C. McEvedy and R. Jones, *Atlas of World Population History* (Penguin, Harmondsworth, 1985).

B. Slicher van Bath, *The Agrarian History of Western Europe, A.D.500—1850* (Edward Arnold, London, 1963).

E. A. Wrigley, *Population and History* (New York, McGraw-Hill, 1969).

第2章

人口增长的历史:
选择与约束

Demographic Growth:
Between Choice and Constraint

约束、选择、适应

我们从第 1 章已经了解了几个观点：人口增长的强度各不相同，且增长发生在相当大的策略空间中，大到足以使增长率或下降率导致人口迅速膨胀或灭绝。这一策略空间的上限是由生育能力和生存能力以及人类物种的生物学特性所确定的。从长期来看，人口增长与可用资源的增长是同步的，后者对前者施加了无法逾越的限制。当然，这些资源不是静态的，而是随着人类不断的活动而扩展的。新的土地被开发利用，知识不断增长，新技术不断发展。在后面的章节中，我们将讨论资源和人口哪个是引擎，哪个是守车——也就是说，是前者的发展推动了后者，还是反过来？追加一单位的食物和能量是否就能多养活一个人，或者相反，多养活一个人是否能够增加一双手多生产一单位的产品？抑或是，根据历史条件的不同，它们是否兼有引擎和守车的功能。

现在，我们把注意力转向第 1 章中提到的另一个问题。我们已经确定了三个大的人口周期：从人类出现到新石器时代早期，从新石器时代到工业革命，从工业革命到今天。它们之间的过渡是随着人口和资源的脆弱平衡被打破。然而，正如我们所了解的，欧洲人口增长在这些周期内不规律地进行着。增长期与停滞、衰退期交替出现。原因是什么呢？

为了在理论上描述这一图景，我们可以设想人口增长是在两大力量系统的作用下发生的：一种是约束力量，另一种是选择力量。约束力量包括气候、疾病、土地、能源、食物、空间和定居模式。这些力量在不同程度上相互依赖，但它们有两个共同的特点：它们对人口变化具有重要影响，以及它们自身的变化非常缓慢。人口变化的机制非常直观，也得到印证。人类定居模式（密度和流动性）取决于地理空间，土地的可用性也是如此。粮食、原材料和能源都来自土地，它们都是人类生存的重要决定因素。气候则决定了土壤的肥力，对人类定居产生限制，并与疾病的模式相联系。疾病又与营养有关，直接影响生育和生存。空间和居住模式与人口密度和疾病的传播能力有关。这几点已经清楚地表明，与人口增长联系在一起时，各类约束力量的交织非常复杂。

约束力量的第二个共同特征是其持久性（空间和气候），或者说是与人口分析的时间框架（一代人或平均寿命）相比变化缓慢（土地、能源、粮食、疾病、定居模式）。这些力量是相对固定的，只能通过人类干预缓慢改变。显然，新的耕作和新的技术可以增加粮食和能源供应；改善衣服和住房可以淡化气候的影响；预防感染病、防止疾病传播的措施可以限制疾病影响。然而，开垦未耕种的荒地，开发和传播新技术，普及更好的住房形式，以及控制疾病的方法不是一两天发展起来的，而是经过了很长的时间。在短期和中期（以及长期）中，人口必须适应和忍受各种约束力量。

适应的过程需要一定程度的行为灵活性，以便人口根据上述约束力量调整其规模和增长率。这些行为变化部分是自动的，部分是社会决定的，部分是外在选择的结果。例如，面对食物短缺，身体发育（身高和体重）放缓，使成年人营养需求减少，但效率不变。例如，安第斯山脉印第安人体型较小，原因就是为了适应可用资源的匮乏。当然，如果这种短缺变成严重的短缺，死亡率就会上升，人口就会减少或消失，也就无法进行适应调节。另一种类型的适应是永久或半永久的免疫力，这几乎是自动的，而且独立于人类行为，在那些感染了某些病原体（如天花和麻疹）的人身上形成。

然而，适应首先通过我们在第1章中详细讨论的那些机制发挥作用。在人类历史的大部分时间里，生育（婚姻）年龄和进入生育状态的人口比例一直是控制人口增长的主要手段。18世纪开始，自愿限制生育已经成为主要的人口控制手段，而在此之前，影响生育能力和新生儿存活率的还有一些其他因素：性禁忌，母乳喂养的时间，堕胎和杀婴的频率，直接或间接的遗弃。最后，还有一种适应环境和资源的方式是移民，无论在哪个时代哪种气候条件下，人类为了逃避现有的环境或为了寻找新的居住地都可能选择移民这一适应方式。

因此，环境通过约束力量制约人口增长。从长远来看，这些制约可以通过人类的行动来缓解，而它们的效果在中短期内会减弱。重建平衡的机制部分是自动的，但大部分是选择的产物（婚姻、生育、移民）。这一点不同于人们经常轻率的断言——人口具有天生的调节机制，能够在与现有资源相适应的范围内维持人口规模和增长。实际上，许多人类种群已经消失，还有些种群不断膨胀，无法恢复平衡。

从猎人到农民

公元前10000年，人类开启了新石器时代，"这场变革改变了人类经济，人类开始控制粮食供应，通过种植、培育和改良可食用的草、根和树木。他们成功地驯服了某些动物，使它们依附于人类，作为回报，人类给这些动物提供饲料"。[1] 简而言之，猎人和采集者变成了农民，随着时间的推移，人类从游牧生活方式转向定居生活方式。这种转变是渐进和不规则的，以狩猎和采集为生的孤立群体今天仍然存在。这一转变在时间上贯穿数千年，在地域上横跨数千公里，它独立地出现在近东、中国和中美洲。[2] 其中的原因非常复杂，我们将在下文讨论它们在人口学层面的因素。即使难以进行定量评估，但是从人口的扩散和人口密度的增加可以看出人口必然增加了。[3] 比拉本估计，在农业出现之前，人类有约600万人口，到21世纪初，这一数字约为2.5亿。[4] 对应的增长率为0.37‰，虽然低于许多发展中国家近年来的增长率1%，但比公元前10000年左右出现的第一批人类的增长率高出许多倍。[5] 然而，有一点是毋庸置疑的（尽管对它的解释存在争议）：随着农业的发展，人口稳步增长，并且增长了好几个数量级，生态系统对狩猎—采集者施加的上限显著提高。

尽管人们对史前人口增长的定量性质达成了普遍共识，但长期以来人类学家和人口学家对人口增长的原因和机制争论不休。其中一种解释更多地集中在加速方式上，而不是人口增长的原因。显然，谈论旧石器时代的世界人口或大面积地理区域内的人口是毫无意义的。相反，我们面对的是一群规模较小、相对自治和高度脆弱的群体，每一个群体的人数可能只有几百人，与环境的平衡岌岌可危。对于这类群体来说，规模下降到一定水平以下（比如100—200名成员），不管原因是什么，都会影响集体的再生产和生存。而人口数量的增长则可能导致群体分裂，形成新的群体。因此，人口的总增加或总减少是这些核心群体的"出生"和"死亡"的函数。在完满的时期，出生和死亡之间的合力是正向的，人口增加；在不完满的例子中，合力是负向的，人口减少。图2–1（a）（x轴代表成功程度，y轴代表核心群体的人口主梁）包括三个可能的模型：曲线A描述了圆满发展的情况；曲线C描述的情况与之相反；曲线B描述的是平衡状态。相应的总增长率分别为正、负和零。气候、环境或疾病的变化将使曲线向左或向右移动。图2–1（b）显示了旧石器时代向新石器时代过渡时可能发生的情况：生存条件越稳定，人口增长速度越快，曲线也从左向右移动。[6]

除了这一"技术性"假设,至少还有两种截然相反的理论试图解释人口加速增长背后的原因。"古典"理论认为由于生存条件的改善,农业系统能够提供更多更好的营养,从而加快了人口增长。[7] 最近的一项理论则认为,对谷物的长期依赖降低了营养质量,定居和较高的人口密度增加了传染病的传播风险,因此增加了传染病传播的频率,而养育孩子的"成本"降低导致了更高的生育率。换句话说,农业的出现提高了死亡率,但也更大幅度地提高了生育率,其结果是增长速度加快。[8] 两种理论所依据的基本

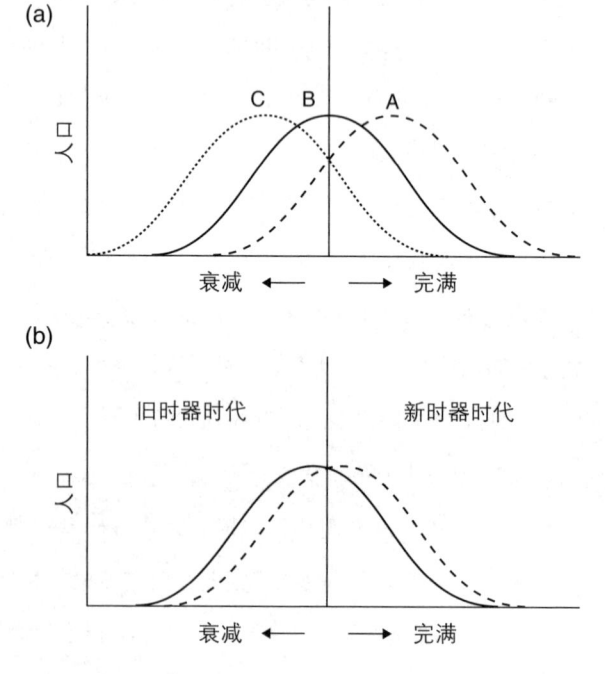

图 2-1 单个种群的成功失败模型

假设都以极为综合的形式出现,我们有必要简要地考虑一下支持这两种观点的论据。

古典理论的基础是一个简单但令人信服的论点。定居以及农业耕作和动物驯化使人类的食物供应更加稳定,依靠生态系统的产品为生的人们于是可以免受气候不稳定和季节变化带来的营养压力。种植小麦、大麦、谷子、玉米或大米——容易储存的高营养谷物——大大增加了粮食的供应,并帮助人们度过粮食匮乏时期。[9]健康和生存条件得到改善,死亡率下降,人口增长潜力增加并趋于稳定。

近几十年来,这一理论受到了质疑,这个问题也被重新定义为:在定居的农业人口中,死亡率和生育率都有所上升,但生育率的增长幅度超过了死亡率,这解释了人口增长的原因。[10]有些人同意这一假设,但认为其对人口增长的影响很小。[11]然而,根据图2-1的模型所示,即使是轻微的人口增长加速也有可能使定居的群体更加稳定,更不容易灭绝。然而,为什么农民的死亡率要高于狩猎者呢?在回答这个问题时,通常会提到两个原因。第一个是基于这样一种论断,即营养水平——从定性(有些还包括定量)的观点来看——随着人类向农业定居转型而恶化。狩猎—采集者的饮食包括根茎、绿色植物、浆果、水果和野味,营养比定居农民的饮食结构更完善。[12]对骨骼遗骸的研究发现了相关证据:当狩猎—采集者定居并成为农民后,他们的体型、身高和骨骼厚度似乎都有所下降。[13]阿梅拉戈斯(Armelagos)和他的同事得出的结论是:

生存模式的转变对史前努比亚人的生物适应性产生了重大影响。农业的发展使面部尺寸缩小和颅骨形态改变。此外，农业的集约化导致了营养的匮乏。骨骼生长发育的形态、缺铁性贫血的发生（以多孔性骨质增生为证）、牙列的微缺陷、青少年和年轻成年女性过早的骨质疏松都表明从事集约化农业生产的努比亚人正在经历营养不良。[14]

我引用这一段不是因为努比亚人的经验适用于所有其他类型的转变（假设各个时代的遗迹具有代表性，没有移民的影响，对这些遗迹的评估也没有出错），而是为了说明支持营养假说的证据。

支持这一理论的第二个观点性质不同，但也许更有说服力。人口的稳定定居为寄生虫和传染病的发生、传播和生存创造了必要的条件，而寄生虫和传染病在流动人口和低密度人口中是罕见的。[15] 更高的人口密度是病原体的"蓄水池"，这些病原体处于潜伏状态，等待合适的时机再度出现。人口密度的增加促进了通过身体接触进行传播的疾病的蔓延，而这种密度反过来又增加了土壤和水的污染，造成反复感染。游牧者的流动和临时住所改为永久性住所，增加了与寄生虫和其他传染病携带者的接触。此外，定居增加了携带者所带来的传染率，否则携带者的生命周期会因频繁的人类活动而中断，例如跳蚤，它的幼虫生长在巢穴、床或住处，而不是动物或人类的身体上。随着人类定居，许多动物，无论驯养与否，都在人类生态位中占据了一个稳定的位置，增加了特定动物病原体感染的可能性，增加了寄生的发生率。农业技术也可能是某些疾病传播的原因，例如疟疾，灌溉和人工污浊水塘使疟疾更易于传播。[16] 为了证实农业前社会的人口中急性传染病的发病率较低，人们常常引用对澳大利亚土著的研究，他们长期以来与白人隔离。[17] 总的来说，当今狩猎—采集群体的规模小、流动性强，似乎可以抵御寄生虫，就像它们的相对隔离似乎可以遏制传染病的传播一样。[18] 然而，应该指出的是，许多学者坚持认为生态系统的生物复杂性（热带地区复杂、沙漠或北极地区简单）与影响人口的传染病的种类和发病率直接相关。[19]

总体而言，相对于猎人祖先，农民的死亡率更高这一假设似乎是正确的，因为他们的饮食更差更单一，所处的环境更有利于传染病滋生。[20] 如果农民的死亡率较高，那么人口增长较快只能是生育率较高的结果。后一种假设在从狩猎到农耕的社会变迁中得到了支持。狩猎—采集者的高度流动性，不断地在广阔的狩猎区域中迁移，使得抚养孩子对母亲来说既繁重又危险。由于这个原因，生育间隔一定很长，所以只有前一个孩子能够照顾好自己时，母亲才会再次生育孩子。在定居社会里，这种必要性变得不那么紧迫了，父母在孩子投资方面的"成本"下降了，而孩子在家务、农活和动物饲养方面的经济贡献增加了。对欧洲、北非和北美墓地中人类骨骼的古生物学分析发现，向农业转移的人口年龄结构发生了系统性变化，这些变化与生育能力的提高相一致。[21]

从狩猎到农业的过渡，生育率会提高，这一假设不仅仅是一种猜测。事实上，当前的人口研究已经证实了这一点。1963年至1973年间，由李（R. B. Lee）领导的一群学者研究了布希曼族，这是一个生活在博茨瓦纳北部（非洲南部）的游牧民族，以狩猎和采集为生，正逐渐开始定居生活。[22] 李的研究小组观察到，大约一半的布希曼族可食用蔬菜是由妇女采集的，她们在一年的时间里走了几千公里。在她们的大部分活动中，这些妇女都带着4岁以下的孩子。布希曼妇女的青春期发育年龄较晚，在15至17岁之间，随后是一段较长的青春期后不育期，第一次生育年龄在18至22岁之间，生育间隔为3至5年。对于不实行现代节育的人口来说，这是很长一段生育间隔，[23] 是哺乳期持续到第三年或第四年的结果。布希曼族的孩子身体生长缓慢，这是一个显著的适应优势，因为它使母亲在每天长时间的活动中更容易地携带孩子。因此，每个妇女的平均子女数相当低（4.7个）。这种由狩猎—采集者的习惯造成的低生育率也是其他群体的特征，如非洲俾格米人。[24] 事实上，定居妇女的生育间隔（36个月）明显短于狩猎—采集的妇女（44个月），[25] 这一理论的支持者假定生育率随着狩猎—采集向农业的转变而增加。历史人口和当前人口的对照得出了类似的结果。最近的两项研究揭示了狩猎—采集者（5.7和5.6）和农业工作者（6.3和6.6）的总生育率（*TFR*）之间的差异。[26]

图2-2总结了这两种理论的假设。他们支持的证据大部分是推测性的，数据收集缓慢且经常是矛盾的。两种理论都认为营养水平发生了变化，但模式却是相反的。即使狩猎—采集者的饮食

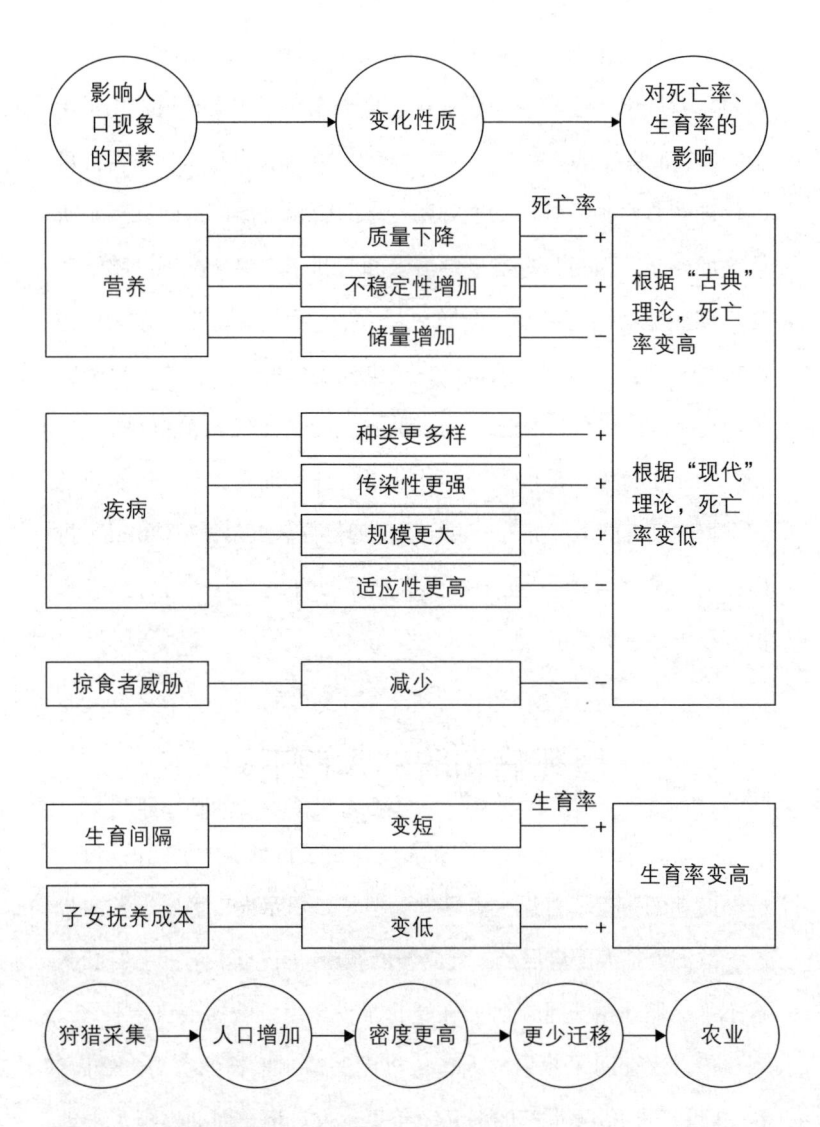

```
┌─────────┐      ┌─────────┐      ┌─────────┐
│ 影响人   │      │         │      │ 对死亡率、│
│ 口现象   │─────▶│ 变化性质 │─────▶│ 生育率的 │
│ 的因素   │      │         │      │ 影响    │
└─────────┘      └─────────┘      └─────────┘
```

                                        死亡率
┌──────┐   ┌──────────────┐ +   ┌──────────┐
│   │────│ 质量下降   │───────│   │
│   │   └──────────────┘   │ 根据"古典"│
│ 营养 │────│ 不稳定性增加 │───+───│ 理论,死亡 │
│   │   └──────────────┘   │ 率变高   │
│   │────│ 储量增加   │───−───│   │
└──────┘   └──────────────┘   └──────────┘

┌──────┐   ┌──────────────┐ +   ┌──────────┐
│   │────│ 种类更多样   │───────│   │
│   │   └──────────────┘   │   │
│   │────│ 传染性更强   │───+───│ 根据"现代"│
│ 疾病 │   └──────────────┘   │ 理论,死亡 │
│   │────│ 规模更大   │───+───│ 率变低   │
│   │   └──────────────┘   │   │
│   │────│ 适应性更高   │───−───│   │
└──────┘   └──────────────┘   └──────────┘

┌──────────┐   ┌──────────┐ −   │   │
│ 掠食者威胁│────│ 减少   │───────│   │
└──────────┘   └──────────┘   └──────────┘

                                        生育率
┌──────────┐   ┌──────────┐ +   ┌──────────┐
│ 生育间隔 │────│ 变短   │───────│   │
└──────────┘   └──────────┘   │生育率变高 │
┌──────────┐   ┌──────────┐ +   │   │
│子女抚养成本│───│ 变低   │───────│   │
└──────────┘   └──────────┘   └──────────┘

```
┌────────┐   ┌──────┐   ┌────────┐   ┌────────┐   ┌────┐
│狩猎采集│──▶│人口增加│──▶│密度更高│──▶│更少迁移│──▶│农业│
└────────┘   └──────┘   └────────┘   └────────┘   └────┘
```

图 2-2　从狩猎采集向农业过渡的人口统计效应

确实更多样化（当今的狩猎—采集者似乎很少营养不良），也很难想象营养水平会随着向农业的转变而下降。扩大种植、积累储备、通过渔猎补充土地产品、改进食品制备和保存技术，这些都可以保证营养水平。营养水平对死亡率的影响可能比这两种理论所认为的要小，因为只有在极端需求和营养不良的情况下，感染和死于某些传染病的风险才会增加。[27] 有一种假说认为，在人口密度较高和常住人口较多的地区，传染性疾病的发生和传播更为频繁。这种假说有充分根据，不过问题过于复杂，不能简单判定。[28]

关于生育率，从前农业群体获得的证据证明，向定居农业转变会提高生育能力。此外，古典理论的倡导者蔡尔德（Childe）指出，在农业社会中，"孩子在经济上变得有用，但是对狩猎者来说，孩子是一个负担"[29]。

黑死病和欧洲人口下降

在公元 1000 年左右，欧洲人口开始了持续 3 个世纪的增长。这一时期的数据非常罕见且零散，但足以揭示人口稳定增长的状态。欧洲人扩大了定居点，建立新的城市，开垦原本荒芜的地区，在不那么肥沃的土地耕种。在这几个世纪里，欧洲人口增长了 2 到 3 倍，这证明了频繁的人口危机无法抑制增长的潜力。然而，在 13 世纪末和 14 世纪的头几十年里，人口增长周期逐渐失去动力：人口危机变得更加频繁，定居点停止扩大，各地人口出现停滞。人口增长放缓是各种复杂原因的结果，可能是由于肥沃土地的枯竭和技术进步的停滞使农业经济的活力减弱，以及由于气候条件不利而更经常地出现粮食短缺现象。[30] 在此阶段，人口寻求与资源之间更有利的平衡，是一个调整期，随后会是另一个增长周期。但是情况恰好相反，到了14世纪中叶，欧洲出现了毁灭性的长期大灾难，根据表1-3的估计，1340年至1400年之间，该地区的人口几乎减少了1/3，人口下降一直持续到16世纪的前半叶。直到16世纪中叶，人口复苏才使人口数量恢复到危机前的水平。

这次大灾难就是鼠疫，它在1347年首次出现在西西里岛，1352年扩散到俄罗斯，横跨整个欧洲大陆。它的扩散路线是这样的：1348年底，它扩散到意大利、伊比利亚半岛、法国的一部分和英格兰南部；1349年底，抵达挪威、法国其余地区、莱茵河流域、瑞士、奥地利和达尔马提亚海岸；从1350年到1352年，它向东移动，从德国到波兰继而扩散到俄罗斯。当时欧洲人口约8 000万，死于鼠疫的人数占了相当大的比例。关于鼠疫已经有很多著述，详述了它的首次出现和随后的几波反复。[31] 我在这里只讨论鼠疫的性质、强度和年表的要点，以便触及问题的核心，而不是评价鼠疫对人口增长的长期影响，也不是鉴定这种极端灾难对人口增长的猛烈抑制或是这场灾难所激活的反应机制和补偿机制的独特性。

造成鼠疫的细菌是耶尔森氏鼠疫杆菌（1894年由耶尔森［Yersin］在香港发现）。它通常由大鼠和小鼠身上携带的跳蚤传播。[32] 该细菌不能杀死跳蚤，但跳蚤会叮咬并感染它的宿主（老鼠）。老鼠死后，跳蚤必定会找一个新的宿主（另一只老鼠或一个人），就会传播这种传染病。鼠疫通过表皮传播，潜伏期为1至6天。跳蚤叮咬会导致颈部、腋下、腹股沟淋巴结肿胀。这种疾病的症状包括高烧、昏迷、心力衰竭和内脏炎症。通常2/3到4/5的感染者会死亡。[33] 鼠疫与携带受感染的老鼠或跳蚤（衣服、个人物品、食物）的货物一起运输，很容易造成远距离扩散。

没有人天生对鼠疫免疫。那些感染了这种疾病并存活下来的人获得了短期免疫。尽管如此，反复出现的鼠疫会逐渐选定那些由于某种原因不那么容易感染这种疾病的人，尽管这一过程必须经过长时间的演变才能产生明显的效果。

1347年在欧洲暴发的瘟疫，虽然不是一个新现象，但自东罗马帝国以来，瘟疫已经消失了六七个世纪。较近的一次瘟疫于541—544年蔓延至东地中海，并在558—561年和599—600年期间反复侵袭意大利和地中海地区。在8世纪中叶以前，这种疾病一直停留在东方，并反复引发时疫，虽然只是局部的，但它仍继续影响着欧洲。[34]

1347年9月，几艘热那亚大帆船在墨西拿卸货打断了几个世纪以来细菌世界的平静。这些船只来自黑海的港口，带来了东方的瘟疫。如上文所述，在4到5年的时间里，疾病席卷了整个欧洲大陆，这只是一系列流行病浪潮的第一波。在意大利（过程和在欧洲其他地区没有什么不同），这些浪潮出现在1360—1363年、

1371—1374 年、1381—1384 年、1388—1390 年和 1398—1400 年。在 15 世纪，瘟疫仍然频繁发生，但已经较少同步发生，也没那么严重。[35] 由于缺乏精确的数据，我们无法对真实的死亡率进行度量。尽管如此，许多地区保留了一系列年度死亡清单，从中我们可以看出正常年份和瘟疫年份的死亡率水平。例如，在锡耶纳，1348 年的瘟疫造成的死亡人数是正常死亡人数的 11 倍。在同一世纪的其他五次流行病中，死亡总数的增长幅度是正常水平的 5—10 倍。假设正常死亡率约为 35‰，那么 11 倍的增长意味着约为 420‰，即每 10 人中有 4 人以上死亡。10 倍的增长意味着大约 1/3 的人口被消灭，5 倍的增长则意味着 1/6 的人口被消灭。

1340 年至 1400 年间，托斯卡纳地区的一些地方平均每 11 年就会发生一次严重的死亡危机，平均死亡人数至少增加到 7 倍，一般的死亡危机中死亡人数是正常水平的 3 倍。在 1400—1450 年间，这些危机平均每 13 年发生一次，死亡人数增加到 5 倍。在随后的半个世纪（1450—1500 年）中，死亡危机发生的频率下降到每 37 年一次，平均死亡人数增加到 4 倍。[36] 随着时间的推移，危机发生的频率和强度都下降了，其发生的地理同步性也下降了。请记住，托斯卡纳是一个特殊案例，因为那里有丰富的历史资料。

接下来的两个世纪，欧洲仍未能幸免于瘟疫的蹂躏，从 1522—1530 年（由于查尔斯八世倒台，战争频发，情况变得更糟）到 1575—1577 年（尤其是北部）、1630—1631 年（中部和北部）和 1656—1657 年（尤其是中部和南部）。[37] 虽然这些瘟疫的暴发非常可怕（根据奇波拉的计算，1630—1631年的瘟疫袭击中北部消灭了超过1/4的人口），[38] 但瘟疫已不再像前几个世纪一样是造成人口危机的主要灾难，此时有了斑疹伤寒等灾难性疾病。意大利的例子虽然具有独特性，但总体上适用于描述整个欧洲的情形。1663—1670年的瘟疫袭击了英国（笛福［Defoe］描述的1664年的伦敦瘟疫）、法国北部、低地国家和莱茵河流域，此后除1720—1722年在普罗旺斯和其他几个有限的地区出现外，鼠疫作为一种普遍的地理事件从欧洲消失了。[39]

回到我们关注的核心问题，1348年黑死病之后的一个世纪里，欧洲人口减少一方面是因为第一次最著名（这一说法有修辞上的夸大）的瘟疫暴发，另一方面是因为随之而来的残酷的瘟疫周期。一直到16世纪，欧洲人口才再次达到1340年的水平，而鼠疫继续发挥抑制人口增长的作用，直到17世纪下半叶几乎消失。从1348年瘟疫发生之前到15世纪上半叶人口降至最低点，我们没有确切的数据来计算人口下降幅度，但皮埃蒙特和托斯卡纳的本土研究证实了下降幅度为30%—40%。[40] 法国、西班牙、英国和德国的研究也证实了这一点。大城市空空荡荡，村庄废弃农田荒芜，劳动力短缺导致工资上涨，丰富的可用土地降低了粮食价格。

瘟疫在很大程度上对社会人口系统构成了外生或外部的人口约束。它独立于社会组织形式、发展水平、聚落密度等因素而起作用。瘟疫感染和致死的能力与一个人的健康状况、年龄或营养水平无关。它以同样的强度袭击城市和农村人口，除少数孤立地区外，人口密度水平对其传播没有什么影响，人口和货物的流动足以把它从大陆的一端运到另一端。当然，从长期来看，社会采取了自我保护措施。对感染者或疑似病人或物品进行隔离检疫，封闭患者的住所，以及采取一些公共卫生措施，这些都可能是鼠疫从欧洲大陆消失的原因。[41] 尽管如此，鼠疫在欧洲流行了三个多世纪。

与许多其他疾病不同，感染鼠疫并存活下来的少数人没有获得长期免疫。因此，我们不能把瘟疫的逐渐减少完全归功于人口中有大量免疫人群。根据调查，"不太容易受感染的人幸存下来，经过几代人的繁衍，寄生虫和宿主之间的关系逐渐稳定"，[42] 这一过程可能会产生一些影响；而且"如果这种疾病延续下去，不断出现，并袭击大部分新生人群，它可能会逐渐变成一种区域性的零星发生的疾病，死亡率相对较低"[43]。

如此凶残的一种疾病，反复流行之后可以完全消灭它所感染的人群。但这种情况并没有发生，随着时间的推移，人口危机发生的频率（如果不是一直如此的话）有所下降。以上讨论的具体解释（社会适应、免疫、选择）和其他解释（社会或生态转变）都不足以解释这一现象。我们尚不完全清楚，是什么原因促成鼠疫从病原体（耶尔森氏鼠疫杆菌）、载体（跳蚤）到宿主受害者（人类）的相互适应过程。

其他类型的死亡危机（短期和中长期）发生时，社会人口同样会适应调整，对瘟疫做出反应。在短期内，死亡率突然大幅度提高会造成双重影响。疾病的传播降低了怀孕、生育（出于选择、必要性和心理生物学原因）和婚姻的频率。出生率的下降加重了该流行病在人口方面的消极作用。此外，高死亡率导致婚姻终结、家庭破裂。在危机结束时，会有一个反弹效应，虽然不足以弥补人口损失，却削弱了人口减少带来的负面影响。危机期间被推迟的婚礼重新举行，丧偶人群再婚率提高。在某些记录中，夫妇生育能力也有所提高。这几个因素结合在一起，造成了总体生育率的暂时上升。由于婴幼儿死亡率下降以及与传染病有关的选择性效应，危机之后的死亡率往往低于正常水平。出生和死亡之间的平衡有所改善，之前损失的人口在几年内就得到了弥补。当然，一场新的危机可能很快就会重新开始循环，像1348年之后的那100年一样，也可能像16世纪和17世纪那样在更长的时间间隔后重新开始。[44]

长期来看，还有其他因素。鼠疫在欧洲导致的人口减少，造成了可用土地的增多和劳动力的短缺。新的家庭单位可以更容易地获得他们需要的资源，建立家庭。对婚姻的束缚普遍放松，结婚率上升，刺激了人口增长。例如，这些情况都可以用来解释15世纪早期托斯卡纳的早婚。[45] 长期和短期的反应都倾向于把耶尔森氏鼠疫杆菌、跳蚤和老鼠对社会及人口造成的损害降到最低。

美洲印第安人的悲剧

"非常幸运的是，海洋中有一些尚未被发现的岛屿，上面的人类从未与白人有过污染性接触。"[46] 年轻的梅尔维尔（Melville）在1845年从马克萨斯群岛回来时这样写道。征服者、殖民者、探险家以及水手，这些欧洲白人与新大陆、太平洋和大洋洲的土著居民之间的接触都产生了悲剧性影响，这从最早的探险时代就已显而易见。历史文献非常丰富，我们只要选择需要的例子。

众所周知，哥伦布于1492年登陆海地（当时被称为伊斯帕尼奥拉岛）。当时的居民数量是未知的，但对第一批游客来说，海地似乎人口稠密，"就像科尔多瓦的乡村一样"。[47] 大约1/4个世纪后，有位作家发表了一份报告，称原始人口为100万或更多，这是1495年或1496年，哥伦布或他的兄弟巴托洛梅（Bartolomé）试图让土著居民进贡黄金时"统计"的数字。拉斯卡萨斯（Las Casas）——后来成为多明我修士和印第安人坚定捍卫者的殖民者——推测当地人口为300万或400万。自20世纪50年代以来，现代学者们给出的估计相差甚远，有人说6万人，也有人说800万人。根据不同的策略（例如该岛的承载能力、黄金产量和当地劳动力的潜在生产力——1/3的劳动力被派往矿山、社区的数量和村庄的分布），海地人口似乎在20万至30万之间，细分为数百个社区，每个社区由一位领袖领导。1514年，分配制——编派土著居民为殖民者提供个人服务、耕种田地、养牛和开采金矿——仅统计出男女老少共26 000名。[48] 在1518年至1519年的天花流行之后，只剩下几千人，当地人口正走向灭绝。到21世纪中叶，这个社区已经彻底消失了，作为西班牙人的仆人的当地人幸存下来，他们与西班牙人、从非洲带来的黑奴和从其他岛屿或大陆带来的印第安人的通婚率很高。

是什么导致了泰诺人在被征服后的30年间人口急剧下降，又是什么导致他们在20年后实际上的灭绝？正如我们将要讨论的，新大陆的人口下降有一个主要原因，那就是土著居民对许多疾病缺乏免疫力，这些疾病在美洲不为人知，在欧亚大陆却很常见，欧洲定居者对这些疾病已经免疫。于是在欧洲相对无害的疾病对当地人来说就是致命的，这被称为"处女地"效应。"处女地"人口以及当地人对新疾病的脆弱性，提供了一个明显有效和令人信服的答案，但伊斯帕尼奥拉岛的例子有两个缺点。首先，在1518—1519年的天花暴发之前，岛上没有重大流行病的历史证据，而当时岛上的人口已经减少到1万人甚至更少。同期的证据经常提到普遍的生存状况：不稳定的环境、人口脆弱、死亡率持续升高，但没有提到大规模致命流行病。其次是"处女地"模式往往掩盖了人口下降的其他因素，例如由严重的社会混乱造成的生育限制。

从16世纪第二个10年开始，当地人口下降对该岛经济的负面影响日益显著，越来越多的人开始探讨接连不断的人口灾难的原因：拉斯卡萨斯和多明我修士会是这类讨论中的活跃分子，还有其他教派的宗教人士、高级行政人员和官员，以及居住在岛上的能干的历史学家奥维多（Oviedo）也参与到讨论中。对黄金的贪婪和监护征赋制（将土著人分配给殖民者作为契约劳工的做法）被认为是主要原因。对黄金的贪欲：有太多的当地土著在矿井中长时间劳作（每年最多10个月），忽视其他生产活动，过度劳累，食物匮乏，矿井中的恶劣环境，虐待，与家人分离。这些原因导致殖民地的高死亡率和低生育率。监护征赋制使土著人从一个地方迁移到另一个地方，频繁地从一个主人转给另一个主人，公共生活被打乱，殖民者害怕失去他们的土著奴隶，残酷剥削他们，使他们超负荷工作，虐待他们。在这种情况下，土著人经常逃到荒野，在恶劣的环境中生活，离开他们正常的生活资源，生存面临极大的困难。他们或自杀，或公开造反，往往成为暴力的牺牲品。

有能力的目击者提出的这些解释——虽然有时有偏见——可以总结如下：西班牙的征服造成了严重的经济和社会混乱，造成了高死亡率和低生育率的条件。经济混乱是由对西班牙统治者有利的"采购"决定的，从正常的生存活动中减去本地劳动力，用于为新来者生产食物、商品和服务，后来也用于生产黄金。在矿山工作的劳工，反过来又要由在田里工作的当地劳工来养活。这种对传统生产和消费方式的双重"攻击"，对一个以自给自足为基础的经济和不习惯积累为基础的社会来说是致命的。这意味着增加工作，减少消费，生活条件急剧恶化，更容易受到物资匮乏的影响。虽然直到16世纪初，只有几百名西班牙人居住在这个岛上，但他们对食物、劳动力和服务的需求对相对较小的泰诺社会来说，是一个非常沉重的负担。

由监护征赋制引发的社会错位：土著人从一个地方转移到另一个地方，从一个主人转移到另一个主人，传统生活体系——包括社会安全体系——被打破，一些女性被引入征服者的生殖系统中（1514年，土著社区成年男性与成年女性的比例为100∶83），社区、宗族、家庭、夫妻被拆散或分开。

这些综合原因对泰诺人的人口构成产生了深远的影响，婚姻变得更加困难、不稳定，生育率下降。1514年，14岁以下的儿童只占总人口的10%，这与人口迅速减少的情况相一致。生活条件恶化、生存状况恶化以及新的疾病出现（天花之前），这些虽然不是造成流行病的主要原因，但肯定增加了岛上微生物的复杂性，使死亡率上升。随着经济和社会制度的崩溃，泰诺人的人口制度也崩溃了。古巴、波多黎各、牙买加，这些相对于伊斯帕尼奥拉岛来说人口更稀少的地区也遭受了同样的灾难。

在美洲大陆的其他地方，欧洲入侵者与土著居民的接触同样带来了灾难性的后果，但土著人并没有被消灭。征服前的人口估计是根据推测得出的，因此专家们对整个大陆的人口数字提出了迥然不同的估计，最低为800万，最高为1.13亿。对这种区域性评估结果进行系统性修订后，人口数量大概为5 400万。以墨西哥中部为例——阿兹特克人控制的地区，也是该大陆人口最多的地区，库克（Cook）和博拉（Borah）估计1532年有1 700万印第安人，1548年下降到630万，1580年下降到190万，1605年下降到100万（表2–1）。[49] 基于有限的文献证据，对16世纪三四十年代的人口数量估计可能过高，但即使将分析限制在有充分文献记载的后期，这场人口灾难也是显而易见的。亚马孙河流域发生了毁灭性的人口衰减。16 世纪第一批航行到亚马孙河的欧洲人发现了河流附近的许多定居点，这些定居点在随后的几个世纪里逐渐消失。疾病、殖民者的奴役和内陆地区不太利于移民生存的环境是人口减少的主要因素。当地人口在初接触欧洲人时估计有几百万人，到 20 世纪中期下降到至少 10 万以下。[50] 印加秘鲁是该大陆另一个重要的人口集中地区，根据 1572 年托莱多总督（the Viceroy Toledo）的数据估计及后来的更新，有 130 万印第安人须向其进贡；到 1620 年，印第安人的数量减少到 60 万[51]。在加拿大北部，根据沙博诺（Charbonneau）的计算，17 世纪初，印第安人的数量不少于 30 万；两个世纪后，这个数字减少到不足 1/3。桑顿（Thornton）声称，在 1500 年后的 300 年里，美国的印第安人从 500 万人减少到了 6 万人。[52] 达尔文提到塔斯马尼亚岛居民的消失。[53] 从库克船长航海到下个世纪末，毛利人经历了人口的迅速减少；[54] 澳大利亚土著人大概也遭受了类似的命运。1871 年，火地岛的土著居民有 7 000—9 000 人，现在几乎灭绝了。[55] 在亚马孙河流域，有一些群体由于极度孤立，直到 20 世纪才与殖民者或探险家接触，但是在当代观察家观测之前他们就灭绝了。[56]

上面的例子应该足够了，土著居民由于与欧洲殖民者群体接触而造成人口崩溃，这是一种在美洲和大洋洲广泛存在并得到充分证明的现象。当然，人口崩溃的时间、规模和持续时间因历史

表 2-1　墨西哥中部人口

年份	人口（单位：千） 高原	沿海	总共	年度人口变化百分比 [a] 高原	沿海	总共
1532	11 226	5 645	16 871	—	—	—
1548	4 765	1 535	6 300	-5.4	-8.1	-6.2
1568	2 231	418	2 649	-3.8	-6.5	-4.3
1580	1 631	260	1 891	-2.6	-4.0	-2.8
1595	1 125	247	1 372	-2.5	-0.3	-2.1
1608	852	217	1 069	-2.1	-1.0	-1.9
1532—1608	—	—	—	-3.4	-4.3	-3.6
1548—1608	—	—	—	-2.9	-3.3	-3.0

注释：a. 从上一年份开始。
资料来源：S. F. Cook and W. Borah, *Essays in Population History. Mexico and the Caribbean*, 3 vols. (University of California Press, Berkeley, 1971), vol. 1, p. 82。

情况而异，但其中发挥作用的基本机制是类同且简单的。可以说，土著居民对于很多传染病来说都是未曾到过的"处女地"。研究欧洲殖民者与土著人的接触造成的反作用，或者说研究土著疾病对欧洲殖民者的影响是一件有趣的事情，但这一课题却很少受到关注。[57]

征服的最初阶段是非常残酷的，殖民者用土著劳动力淘金、种植农作物、提供个人服务，殖民者因此致富。征服者的回报是对土著居民进行分配，相当于强迫土著居民劳动。在伊斯帕尼奥拉岛，1/3 的成年土著居民被分配劳动，在远离他们故土的河床上淘金（他们的故土常常四分五裂，分配给不同的主人）。同样的情况也发生在其他黄金产区，如中美洲和安第斯地区。在其他没有黄金的地区，第一批殖民者的繁荣是因为有丰富的土著劳动力来建设城市基础设施，他们奴役土著居民铺设道路、建造住宅和宗教建筑、运送货物，为越来越多的西班牙行政人员、神职人员、商人和工匠生产食物，为军事远征做保障，以及将复杂的伊比利亚社会的一般功能移植到美洲。在非洲大陆的许多地区，征服意味着战争以及随之而来的破坏和饥荒。秘鲁被征服战争和西班牙各派系之间的内战蹂躏了 20 年，这些征服者的军队规模很小，只有几百人，最多也不过一两千名士兵，但他们的土著盟友很多，是他们的好几倍。[58] 西班牙和葡萄牙殖民者所到之处都把当地妇女作为妻妾引入到他们的圈子，这些妻妾于是从当地人的生育池中消除，他们还强迫土著居民移民，由此引发的社会和经济的混乱破坏了当地社会的平衡。欧洲人对殖民地的影响远远超出了新疾病的传播，而新疾病并不是人口下降的唯一因素。在本章前半部分，我们看到，欧洲遭受了六波最致命的流行病——瘟疫，比袭击美洲的新疾病更致命——可能失去了原来人口的 1/3，但在每一次流行病暴发后，人口都很快复苏，于是避免了人口灾难。然而，在殖民地社会，新的疾病和社会破坏使确保人口恢复的力量陷于瘫痪，生育能力受损，出生率下降的消极影响和高死亡率的影响交织在一起。

征服的不同背景意味着当地社会的不同命运。正如我们早些时候所观察到的,当1518—1519年第一次流行天花时,大安的列斯群岛的泰诺人已经濒临灭绝。征服者带来的残酷影响——暴力、社区迁移、强迫劳动、当地妇女的减少——比疾病的影响更大。在南半球,当时被称为巴拉圭的广阔地区——位于巴拉那河和乌拉圭河的盆地中,瓜拉尼人聚集在30个耶稣会传教地中,在17世纪和18世纪上半叶经历了人口膨胀。耶稣会的神父保护他们免受来自圣保罗地区的巴西人组织的寻找奴隶的远征以及西班牙殖民者的剥削。神父鼓励瓜拉尼人放弃半游牧和滥交的生活,强迫他们在适婚年龄实行一夫一妻制婚姻,从而使他们的生育能力最大化。尽管一再发生具有破坏性的流行病(平均每15年一次),瓜拉尼人口总能在危机后恢复并增长。[59] 泰诺人和瓜拉尼人截然不同的命运由各种各样的背景造成:在安第斯地区的印加帝国(厄瓜多尔、秘鲁、玻利维亚),战争和冲突的影响在印加帝国灭亡后的头几十年决定了人口衰减;在墨西哥,征服者在阿兹特克人灭亡后很快采取"绥靖"政策,征服者造成的经济和社会影响没有秘鲁那么沉重,流行病是决定高死亡率的主要因素。墨西哥中部的放射状构造可能加速了新疾病的传播,通信线路从泰克诺提兰(后来的墨西哥城)出发可以通往帝国的四个角落;印加帝国分布在安第斯山脉的脊梁和垂直于海面的深谷中,这种梳状结构不利于新疾病传播。

最后,不论是在墨西哥还是在秘鲁,由于流行病学和社会原因，低洼沿海地区的人口崩溃比高地地区更为严重。炎热的气候加剧了新疾病的影响，比如墨西哥湾发生的疟疾，而在秘鲁，西班牙人的聚集和冲突破坏了脆弱的栖息地，驱逐或消灭了当地的土著居民。在任何地方，人口更密集、结构更严密的社会都比结构不那么复杂的社会有更多的生存机会，因为不那么复杂的社会往往是自给自足的经济，无法产生盈余和投资。[60] 总之，新的微生物只能解释部分灾难，我们必须探索不断变化的征服过程，在被征服的土著社会的社会、文化和地理特性中，寻找其他影响因素。

非洲、美洲和奴隶贸易

据可靠估计，在1500年至1870年间（贸易最终被废除），有950万非洲人作为奴隶被贩卖到美国，其中有大量（数百万人）妇女、男子和儿童，他们从自己的村庄被绑架，其中许多人在被转移到海岸、等待登上奴隶船或在漫长的海上航行中死亡。在幸存者中，大约有150万人在1700年前被带到美国，550万人在1700年至1800年间被带到美国，还有250万人在那之后被带到美国。[61] 这种人口流失主要影响西非，并且这种影响与奴隶贸易的影响交织——奴隶贸易使更多非洲人沿着阿拉伯商人的贸易路线向北和向东迁移。这种人口流失的后果尚未得到研究，但人们普遍认为，它可能对西非的人口产生了令人沮丧的影响。一种不同的、几乎是自相矛盾的解释认为，这种引人注目的人力资源的强行细分可能会改善原籍人口的生活条件和生存前景。然而，有证据表明，奴隶贸易所影响的这部分人口即使没有衰减，也是停滞不前。在18世纪奴隶贸易最鼎盛的时期，西非人口中处于生育年龄的年轻群体枯竭，且男性多于女性。

尽管奴隶贸易对原籍人口的影响仍然需要深入研究，但人们对新世界非洲社区的人口制度却有更多的了解。通过比较1800年前的3个世纪中奴隶累计流入量和1800年非洲裔人口的存量，我们可以全面了解美国非洲裔人口的结构。这个种群包括：在1800年被带到美国并幸存下来的非洲人以及他们的后代，还有其他死去的奴隶的后代。如果存量与累计流入量之比低于1，则明确表明人口无法自我繁殖。现在让我们思考表2–2，其中显示了1800年非洲裔人口的数量以及1500年至1800年期间非洲被迫移民美国的累计人数：就整个大陆而言，前者（560万人）低于后者（700万人），比率为0.8∶1。在加勒比群岛，非洲人口有170万，这个数字还不到奴隶累计流入量390万的一半（比例为0.43∶1）。在巴西，非洲裔人口为200万，但接收的奴隶总数为230万（比率为0.87∶1）。还有100万奴隶被带到西班牙殖民的美洲，并被带到后来的美国，那里有更好的生存和生育条件。

巴西，以及加勒比群岛，吸收了迄今为止最大数量的奴隶，非洲裔人口系统中不断涌入被贩卖而来的奴隶，填补了高死亡率的巨大缺口，这一人口系统只是部分地受到弱出生率的补偿。因此，存量和流量比率低于1，在加勒比地区最低为0.3。在美国，

表 2-2 运至美洲的奴隶 (1500—1800) 以及美洲的非洲裔人口（1800）
（单位：千）

国家或地区	运至美洲的奴隶数 (1500—1800)（千）(1)	美洲的非洲裔人口（1800）（千）(2)	美洲的非洲裔人口与运至美洲的奴隶数比率 (2):(1)
美国	348	1 002	2.9
西班牙本土	750	920	1.2
巴西	2 261	1 988	0.9
加勒比	3 889	1 692	0.4
英国荷兰属岛屿	2 060	570	0.3
法属岛屿	1 415	732	0.5
西班牙属岛屿（古巴）	414	390	0.9
总计	7 248	5 602	0.8

资料来源：奴隶贸易的估计数据来自 Philip Curtin, *The Atlantic Slave Trade: A Census* (University of Wisconsin Press, Madison, 1969), p. 268。1800 年非洲裔人口的估计数据，见 M. Livi-Bacci, "500 anos de demografia Brasileira: uma resenha [500 years of Brazilian demographics: a review]", in *Revista Brasileira de Estudos de Poblaçaoa* 19:1 (2002), pp. 146–147。

这一比例远远高于 1：奴隶人口的生育率很高（*TFR* 为 8 个孩子），首次生育的平均年龄低于 20 岁，母乳喂养时间和生育间隔比非洲短。奴隶制度并没有过度干涉婚姻，尽管它造成了一些事实上的障碍。另一方面，黑人奴隶的死亡率虽然比白人高，但远低于巴西和加勒比群岛的奴隶。从总体上看，北美的人口结构与高自然增长是一致的。

加勒比和巴西地区是奴隶船的主要目的地，非洲人在这些地方经历悲惨，因为失去了自由的生活条件，被残酷捕获和运送到这些地方，在甘蔗种植园中受到无情的劳动剥削，不得不去适应新的环境、气候和饮食。有确凿的证据表明，加勒比岛屿上的非洲奴隶的生育率远远低于美国的非洲奴隶，结婚率也较低，生育间隔较长，生育期较短。也有证据表明，加勒比和巴西地区的非洲奴隶死亡率高得惊人，特别是在适应期间——新到的奴隶中有1/5至1/3会在3年内死亡。[62] 在巴西，当时的普遍看法是，一名年轻奴隶的活跃寿命在7年至15年之间，大量年轻奴隶的存活时间证明了这一数字具有无可辩驳的真实性。1872年的人口普查是在奴隶时代结束时进行的，数据反映的情况与过去非常相似。据普查估计，奴隶的预期寿命为18岁，而巴西人口总体的预期寿命为27岁，这些数字可以与19世纪中叶美国奴隶人口的35岁（e_0）做比较。[63]

如果奴隶人口的高死亡率是天方夜谭，关于其具体决定因素的辩论却是公开的。大量文献记录了甘蔗种植园中繁重的劳动制度（直到18世纪末，甘蔗还是主要的作物），奴隶在严苛和无情的监管下劳动。种植，除草，切割、运输和粉碎藤条，糖蜜蒸馏，切割和搬运大量的木材到很远的地方（给坩埚提供燃料），这些都需要大量劳动力投入。整个生产周期为9个月，意味着男人和女人一同在磨坊和坩埚持续劳作，从日出到日落，在高峰时期通宵达旦。[64] 尽管浪费宝贵的人力资本不符合奴隶主的利益，但据观察，购买奴隶投入的资本只需要奴隶劳作2年就可以偿还，劳作5年就翻了一番。[65] 奴隶主当然要设法从奴隶的最低工作年限中实现利益最大化。虽然饮食充足，但奴隶的住所（被称为森泽拉，是男女分开的长方形大卧室）的卫生水平令人震惊，奴隶主也不关心残疾的奴隶或病入膏肓的奴隶。

奴隶的低出生率无法弥补高死亡率，低出生率是因为非洲奴隶的性别比例不平衡（每两名男性对应一名女性）。大师们、牧师、旅行者和观察者的证词是一致的：他们都为奴隶的低出生率感到惋惜。生存和生育受到损害不仅是因为艰苦的劳动制度，还因为婚姻方面的障碍，尤其是在巴西和加勒比地区的甘蔗种植园。意大利血统的耶稣会教徒乔瓦尼·安东尼奥·安德烈奥尼（Giovanni Antonio Andreoni）或许是18世纪早期巴西最敏锐的观察者。他写道："奴隶主反对奴隶结婚，却不反对他们的非法结合，甚至会对他们说'你，若昂，到时候会娶玛丽亚'，从那一刻起，就让他们像夫妻一样待在一起……另一些奴隶主在奴隶结婚之后就把他们分开，让他们长期独居，这种做法有违我们的良心。"[66] 奴隶主虽然同意自由结合，甚至临时结合，却不鼓励（而且经常劝阻）奴隶结婚，这就危害奴隶夫妇的稳定和生育，而不稳定的婚姻和生育造成了出生和死亡之间的负平衡。在接下来的一个世纪里，圣希莱尔（Saint-Hilaire）观察到：

支持废除奴隶贸易的运动在巴西发起时，政府曾建议坎波斯的奴隶主让他们的奴隶结婚，一些奴隶主听从了这一建议，但另一些奴隶主却认为没有必要给不能抚养孩子的非洲妇女一个丈夫。这些妇女在生下孩子后必须在炎炎烈日下的甘蔗种植园工作，她们白天与孩子分离了一段时间后，只有很短的时间被允许与孩子团聚，她们的乳汁不足，这些可怜的孩子如何能在奴隶主的贪婪与充满残酷和痛苦的摇篮里存活下来？[67]

只要市场上有足够的奴隶供应，而且价格低廉，那么购买奴隶就比维持生育和抚养孩子的成本更低。其他因素也起了作用，比如奴隶主侵犯女奴隶的性生活（以及黑白混血儿出生但仍然保留奴隶身份），这些女奴隶离开了奴隶的婚姻和生育池；以及禁止或阻碍不同主人的奴隶之间的接触，也限制了奴隶的交配选择。还有人认为，非洲传统不强调一夫一妻制也鼓励了奴隶的临时结合，造成了不稳定。

新世界的先驱

在叙述了两起与传染病有关的灾难性死亡案例——鼠疫和印第安人实际上的灭绝——之后，让我们谈谈人口统计上获得的成功。17世纪，几千名拓荒者来到如今的加拿大魁北克省地区，该地区以圣劳伦斯盆地为中心，面积是意大利的5倍。目前魁北克省有730万法裔加拿大人（2011年人口普查以母语区分法裔加拿大人），大多数人的祖先就是这些拓荒者。其中少数人很快适应了当地恶劣且不适宜居住的气候条件，得益于丰富的自然资源和可用的土地，他们迅速繁衍生息。1776年，亚当·斯密写道：

> 要看一个国家是否繁荣，最具决定性的标志是居民数量是否增加……在北美英属殖民地，人口在20年或25年内翻了一番。当今时代，这种增长主要不是由于新的移民，而是由于物种的大量繁殖。据说，活到老年的移民有50到100个后代，甚至更多。[68]

从本杰明·富兰克林到托马斯·马尔萨斯，很多人都有类似观察。我们将看到，他们的主张基本上是正确的，并在很大程度上解释了北美殖民者的人口增长，殖民地人口从18世纪到19世纪末增长到了8 000万。

除了拓荒者和殖民者的旺盛生命力，移民的不断流动也促进了北美和大洋洲的欧洲裔人口增长。据计算，在1840年到1940年间，移民净流入占阿根廷人口增加的近40%，占美国人口增加的近30%，占巴西和加拿大人口增加的15%强，[69] 而法属加拿大的人口却是净流出。[70]

我们选择法属加拿大作为例子有两个原因。首先，从18世纪开始，移民对人口增长几乎没有什么影响；其次，有关加拿大移民的资料非常丰富，而且得到了巧妙的利用，使我们可以分析法国人在美洲取得成功的人口原因。

雅克·卡蒂埃（Jacques Cartier）于1534年探索了圣劳伦斯河流域，在接下来的100年里，法国人在那里建立了殖民地，魁北克建立于1608年。1627年，法国为了殖民的目的，成立了100个协会的集团；1663年，皇家政府接管了殖民进程的方向。[71] 到1680年，圣劳伦斯河岸上已经建立了殖民地，10 000人分布在14个教区。[72] 在接下来的100年里，核心人口增长了11倍（从1684年的1.2万增长到1784年的13.2万，年均增长率为2.4%），这几乎完全是自然增长的结果。

从1608年魁北克建立开始到1700年，移民总数约15 000，占法国人口的一小部分（每100万名居民中只有8个人移民），而临近的英格兰在1630和1700之间有1/3的居民移民到新大陆，总计380 000人。[73] 仔细研究发现，1700年前的法国移民只有大约1/3（总计4 997人）在殖民地成功建立了家庭，其他人要么回到法国，要么在结婚前去世，要么（在极少数情况下）终生未婚。如果1680年以前建立家庭的那些移民才算真正的生物学意义上的"先驱"（其中一些人在移民前结婚，大多数人在移民后结婚），那么这一人群只有3 380人（其中有1 425名女性）。如前所述，他们的后代构成了绝大多数法裔加拿大人。对这群先驱者及其后代的分析（见第1章）可以了解法裔加拿大人的人口特征，从而了解他们成功的原因。这主要有三方面:(1)高结婚率(特别是由于早婚);(2)高自然生育率;(3)低死亡率。

表2-3记录了先驱者和同一时期留在法国的人口的若干人口统计数据。来到新大陆的女性平均比她们的法国姐妹早两年结婚。此外,移民的再婚行为更为频繁,而且由于那个时期的死亡率很高,年轻时丧偶并不少见。由于怀孕间隔较短(法国为29个月,加拿大为25个月),加拿大妇女在早婚和更频繁的婚姻中生育能力较强,生育的子女更多。最后,法裔加拿大先驱的预期寿命(20岁时计算)明显高于法国(近5年)。

表2-3 法裔加拿大先驱与同期法国人的人口行为比较

人口指数	开拓者	法国人	开拓者/法国人比率
平均初婚年龄(男)	28.8	25.0	1.15
平均初婚年龄(女)	20.9	23.0	0.91
再婚百分比(男)[a]	70.0	67.8	1.03
再婚百分比(女)[a]	70.4	48.8	1.44
完全生育率[b]	6.88	6.39	1.08
20岁时预期寿命	38.8	34.2	1.13

注释:a. 50岁前再婚的寡妇或鳏夫百分比。
b. 25岁前结婚的妇女在25岁至50岁之间的合法生育率的总和。
资料来源:H. Charbonneau, Réal Bates and Mario Boleda, *Naissance d'une Population. Les Français Établis au Canada au XVII[e] Siècle* [*The Birth of a Population: The French Settlement in Canada in the 17th Century*]. (Presses de l'Université de Montréal, Montréal, 1987).

虽然我们还不能完全解释这种情况，但这些行为差异根源于一些选择力量。那些经过长途跋涉前往荒凉土地的人无疑拥有勇气、主动性和强健的体质，而跨越大西洋的漫长艰苦的航行对这些人做了进一步的选择，因为船上死亡率很高。许多无法适应的人返回了家乡。这种选择伴随着整个移民行动，也解释了加拿大人较低的死亡率，或许也解释了加拿大人较高的生育率。至少在早期阶段，低人口密度有利于控制感染和流行疾病的传播，也因此使移民人口保持了低死亡率。早婚（女性初婚年龄最初低至15或16岁）[74]和再婚频率在很大程度上是由于男性移民更多造成的性别失衡。亚当·斯密也注意到：

> 在欧洲属于中下阶层，带着四五个孩子的年轻寡妇几乎没有机会再找第二个丈夫，而在北美，她们仍有很多追求者，孩子的价值是婚姻的最大动力。[75]

法裔加拿大先驱者的这些有利条件使每对夫妇平均生育6.3个孩子，其中又有4.2个婚配，于是在不到30年的时间里人口翻了一番。[76]先驱者生育的这4个走入婚姻的孩子又生育了28个子女，因此每个先驱者的儿辈和孙辈平均有34人。大约1/3的先驱者有50个以上的子女和孙子女，正如在前文斯密的文章中所写的那样。[77]

接下来的一代人继续维持高水平的生育率和人口的快速增长。

随着社会的日益成熟，妇女的结婚年龄开始慢慢上升。[78] 与此同时，先驱者的女儿的生育能力比他们的母亲更高（她们的母亲比留在法国的妇女要高），例如在法国西北部（大多数先驱者从这一地区移出），15 岁至 19 岁之间结婚的妇女的平均子女数为 9.5 个，而先驱者是 10.1 个，在加拿大出生的女性则为 11.4 个。在 20 岁至 24 岁结婚的女性中，这个数字分别为 7.6 个、8.1 个和 9.5 个；而在 25 岁至 29 岁之间结婚的女性的平均后代数分别为 5.6 个、5.7 个和 6.3 个。[79] 加拿大人的生育率在整个 18 世纪都保持较高的水平，也是历史最高期之一。[80] 关于死亡率，17 世纪的情况似乎比 18 世纪好，这也许是由于人口密度增加和选择力量的影响下降的结果。尽管如此，加拿大的死亡率似乎仍然比法国西北部略好一些。[81]

最初的选择机制、社会凝聚力和良好的环境因素是法国去往加拿大的移民人口兴旺的基础。17 世纪初来到加拿大的几千名拓荒者在半个世纪的时间里增长到 50 000 人，[82] 开始了人口增长，如表 2-4 所示。令人感兴趣的是，虽然法裔加拿大人的人口增长迅速，但法国的人口（比加拿大人口多许多倍）却增长缓慢或停滞不前，土著印第安人因疾病和殖民扩张流离失所而人口减少。这些人口结构的调整与动物种群的调整有相似之处，不能用机械的方法加以解释，动物种群从一个饱和地区移出，在一个新的环境中定居，代价是与之竞争的其他物种受到损害。土著居民和殖民地居民的不同命运——土著人的人口危机与殖民者的人口兴旺——不仅是新疾病作用的结果，而且是不同水平的社会和技术

表 2-4　法裔加拿大移民和人口（1608—1949）

时期	定居移民	平均人口（单位：千）	移民占平均人口的比例（%）	时期末开拓者比例(%)[a]
1608—1679	3 380	—	—	100
1680—1699	1 289	13	10.0	86
1700—1729	1 477	24	6.0	80
1730—1759	4 000	53	7.5	72
1760—1799	4 000	137	3.0	70
1800—1899	10 000	925	1.0	69
1900—1949	25 000	2 450	1.0	68

注释：a. 本专栏中的数据应被理解为每个时期末，先驱者占整个法裔加拿大人基因库比例的估计。
资料来源：H. Charbonneau, Réal Bates and Mario Boleda, *Naissance d'une Population. Les Français Établis au Canada au XVIIe Siècle* [*The Birth of a Population: The French Settlement in Canada in the 17th Century*] (Presses de l'Université de Montréal, Montréal, 1987), p. 1。

组织的作用。欧洲人控制的能源（马、畜力和土壤）和技术（铁器、武器、轮轴、炸药）远远胜过土著居民。他们穿得更好，住得更好，而且很快就能适应或寒冷或温和的气候。此外，他们带来的动物（马、牛、绵羊、山羊）也能轻松适应新环境，迅速繁殖，他们的庄稼（和杂草）也是如此。[83]

爱尔兰和日本：两个岛屿、两段历史

长期来看，人口和资源的发展或多或少是平行的。然而，如果我们把时间框架从几百年切换到更短的时期，这种并行性并不总是那么容易被识别。之所以会出现这种情况，是因为人类具有极强的适应能力，既能经受住匮乏时期，又能积累大量的资源。人口统计（足以反映因果关系的一段时期内）上的差异也并非总能反映可用资源的变化（为了方便起见，这里的变化是指不受人类干预的变化）。此外，影响人口变化的因素，尤其是死亡率，与资源的可得性无关。然而，在某些情况下，资源与人口之间的相互关系非常明显。如果我们接受权威解释，17世纪至19世纪的爱尔兰和日本就很好地反映了这种关系，而这两个岛屿在文化和空间上都相距甚远。

长期以来，爱尔兰都是西欧最贫穷的国家之一。它的人民被英国人征服，被剥夺了独立和自治，受制于地主统治的农业附属经济，过着落后的生活，而这些地主往往也不在爱尔兰定居。尽管贫穷，但爱尔兰的人口增长却很迅速，甚至比邻近的英格兰还要快，而英格兰是欧洲大国中人口最活跃的国家。从17世纪末到1841年人口普查的这段时间内，也就是在彻底改变爱尔兰人口的大饥荒之前的这段时期中，爱尔兰人口从200多万增长到800多万（表2-5）。日本虽然闭关锁国与世隔绝，但是从17世纪早期德川时代开始经历了意义重大的内部复兴，人口在120年里增长了2倍，然后进入了一段漫长的停滞期，直到19世纪后半叶。这两个国家人口快速增长的原因是什么？随后人口停滞的原因又是什么？

康奈尔（Connell）[84]在60多年前就研究过爱尔兰的案例，他的分析也很好地经受住了后续研究的检验。康奈尔的主要论点是，

表 2-5　爱尔兰和日本人口（17 至 19 世纪）

年份	人口（百万）	年增长率 (%)
爱尔兰		
1687	2.167	—
1712	2.791	1.01
1754	3.191	0.32
1791	4.753	1.08
1821	6.882	1.19
1831	7.767	1.33
1841	8.175	0.51
1687—1754		0.58
1754—1841		1.08
日本		
1600	10—18	—
1720	30	0.92–0.43
1875	35	0.10

资料来源：爱尔兰的数据见 K. H. Connell, *The Population of Ireland (1750–1845)* (Clarendon Press, Oxford, 1950); 1687 年至 1791 年期间为估计数；1821 年至 1841 年期间为人口普查数据。日本的数据见 A. Hayami, "Mouvements de Longue Durée et Structures Japonaises de la Population à l'Époque Tokugawa [Long-term Movements and the Japanese Population Structures of in the Tokugawa Era]," *Annales de Démographie Historique 1971* (Mouton, Paris, 1972)。

爱尔兰人的早婚传统由于难以获得土地来建造房屋和组建家庭而被抑制。到 18 世纪下半叶，这一障碍被一系列复杂的因素消除了，其中马铃薯的巨大成功，使农田得以扩展和分割。于是结婚率随之上升，加上高水平的自然生育率和较低的死亡率，导致了人口的高增长。人口均衡由于过度增长而变得不稳定，直到1846—1847年的大饥荒永久性地打乱了原先的人口秩序。

表2–5中的数据显示了爱尔兰人口的快速增长：在1845年之前的一个世纪里，爱尔兰人口以每年1.3%的速度增长，而英国的人口增长率仅为1%。这些数据是康奈尔立论的基础。它们来自1821年至1841年间可靠的人口普查；更早时期的评估则是基于"炉捐"（一种家庭税）收税人的报告。康奈尔写道：

> 在18世纪末和19世纪初，很明显，爱尔兰人迫切地倾向于早婚。这也许是因为他们生活条件悲惨又绝望，也许是因为他们鲁莽急躁的性格，对于保持单身的厌恶，也可能是由于他们精神领袖的劝说。这些因素都造成了爱尔兰人倾向于早婚。[85]

但是，物质条件允许早婚吗？欧洲大部分人都会为了积累财富和获得更好的生活水平而推迟结婚，但是爱尔兰岛上贫穷的农村人口却没有这样的想法。[86]大地主通过调整租金，使得佃户仅能维持生存，他们很难提高生活水平，而结婚的花费很小，在朋友和家人的帮助下，几天之内就能盖好一个新的住处，通常只有棚屋那么大，家具简单又简陋。[87]佃农社会的真正问题是能否获得一块土地来建立新的家庭。如果获得土地很困难（例如，依赖父亲的遗产），婚姻就会受到限制。然而，到18世纪末，情况发生了变化。由于爱尔兰议会的改革以及英国对粮食需求的推动（当时英国与法国处于战争状态），牧场被改为耕地，新的土地得到开垦（重新开垦的沼泽和山脉），消除了对土地的限制。[88] 由于马铃薯的引进和传播，土地进一步细分，马铃薯迅速成为主要且几乎是唯一的食物。[89] 马铃薯可能是由沃尔特·罗利爵士（Sir Walter Raleigh）在 16 世纪末引入并逐渐被采用，有两个原因决定了其特殊的影响。首先马铃薯非常高产。当马铃薯成为主要食物，"以前只够一个家庭生计的土地可以分给儿子或其他分租户"[90]，因为"种植 1 英亩（1 英亩≈4046.85 平方米）马铃薯足以养活一个六口之家和牲畜"。[91] 第二个原因是马铃薯的高营养价值，和牛奶一道成为饮食的主要构成。[92] 曾在国王郡旅行的阿瑟·扬（Arthur Young）观察到："一年里，他们有 10 个月里是吃马铃薯和牛奶，其余两个月吃马铃薯和盐。"[93] 127 千克的马铃薯可以供应一家五口一个星期的食物，包括婴儿和儿童，每人每天平均消费 3.6 千克。根据康奈尔的估计，从 1780 年到大饥荒期间，人们每天的消费量为 10 磅（1 磅≈0.4536 千克），而萨拉曼（Salaman）则认为，到 18 世纪末，每个成年人的消费量为 12 磅。[94] 每天 4 千克的马铃薯和半升牛奶所含的热量和营养价值对于一名成年男性来说已经绰绰有余。[95] 因此，尽管人们可以指责马铃薯使爱尔兰农民一贫如洗，但不能将他们面临的更高的死亡率归咎于马铃薯。新开垦的土地的可用性和已有土地的分割提高了马铃薯的产量，也使爱尔兰人的早婚和高结婚率成为可能。[96] 这些因素，加上高自然生育率和适中的死亡率，导致了大饥荒前的这段时间里产生了人口的高增长率。[97]

尽管土地由于引进马铃薯而变得更高产，但是在一个农业社会中，土地仍然是限制生产的因素，人口持续的增长（人口在1781年至1841年之间翻了一番）不可能无限期地继续。早在1841年之前的10年间，有证据表明结婚年龄在逐渐上升，移民也在增加。然而，这些发展并没有避免灾难：1845年，一种名为疫霉菌的真菌严重破坏了马铃薯的收成；1846年马铃薯被它彻底摧毁。[98] 于是在1846年至1847年的冬天发生了饥荒，随之而来的是贫困、绝望和大规模移民，发烧和斑疹伤寒流行。据估计，大饥荒以及相关的流行病造成的死亡人数比正常情况多110万至150万。[99] 移民造成人口外流，在1847年至1854年间，每年有20万人离开爱尔兰。[100]

大饥荒标志着人口制度终结。马铃薯促进了人口的迅速增长，但也使仅靠马铃薯满足营养需求的人口的饮食变得不稳定。在接下来的几十年里，由大地主和神职人员支持的土地使用和所有权的新制度和新的婚姻秩序（晚婚和未婚女子增多，独身生活增加）逐渐形成，与大规模移民一起导致了人口的逐步下降。人们的初婚平均年龄从1831年到1841年间的23—24岁上升到19世纪末的27—28岁。从1841年到19世纪末，育龄妇女结婚率急剧下降，[101] 当时50岁人口中约有1/5从未结过婚。爱尔兰的人口从1841年的820万迅速下降到1901年的450万。

根据日本最权威的一位人口与社会历史学学者的解释,[102] 日本的情况在初期类似于爱尔兰,尽管背景非常不同。德川幕府从1603年到1867年持续了两个半世纪,随后开始了明治维新,德川幕府统治时期日本的特点是国内和平、闭关锁国、基督教渗透、儒学复兴和政治稳定。然而,在这一漫长的时期内:

> 社会为现代化做好了准备,……出于经济动机的行为逐渐改变了人们的生活方式……最初用来支付财产税和满足个人需求的生产不可避免地伴随着贫穷,……但是当生产的主要目的变成了销售时,苦难就变成了一项工作,使人们得以兴旺和改善自己的生活质量。[103]

耕地面积翻番,农业技术由粗放型向集约型转变。传统的社会结构发生了变化:以往的大家族包含了许多亲戚和不能结婚的仆人,这种大家族被打破,变成许多独立的小家庭。在诹访,家庭的平均规模从1671—1700年间的7人减少到1751—1800年间的4.9人。[104] 家庭仆人只有一小部分人结婚,转变成具有正常人口行为特征的佃农。[105]

经济资源(新土地、新农业技术)的丰富带动了人口的持续增长。速水(Hayami)估计人口从17世纪之初的不超过1 000万,迅速增长到1720年的3 000万(资料的不确定性促使他采用正负500万的安全界限),在18世纪的一个多世纪里,日本的人口保持了0.8%到1%的年均增长率。[106] 在接下来的一个半世纪里，人口的飞速增长放缓了：1870年，德川幕府倒台后不久，日本人口约为3 500万，自1720年以来一直在以每年0.2%的速度下降。人口停滞不前的原因和机制值得思考。有明确的证据表明，这一时期人们有意地控制孩子的"生产"，包括推迟结婚，以及堕胎和杀婴，还有城市（江户，也就是今天的东京，在19世纪初是世界上最大的城市之一。）在农村人口过剩问题上所起的"破坏性"作用。对德川幕府时期乡村的一些详细研究提供了大量的文献资料，可以作为文学和法律报告的补充，证明所有社会阶层普遍存在堕胎和杀婴行为。[107] 例如，在横内的乡村，1700年以前出生并在20岁时结婚的妇女平均生育5.5个孩子，而在1750年至1800年间出生并在20岁结婚的妇女，平均生育3.2个孩子。[108] 除了杀婴和堕胎，德川晚期和随后的明治时期人口增长缓慢的另一个有趣的解释是，有大量文献记载的农业转型，导致了农耕方式的日益集约化。这种转变改善了农村生活的基本条件，但也使男子以及妇女的工作量显著增加。这一趋势"必然对婚姻生育以及婴儿和产妇的生存产生不利影响，从而抵消了长期农业发展对人口的一些有利影响"。[109] 无论人口停滞的原因如何，当耕种的扩张遇到了自然的和不可逾越的限制，日本社会逐渐显现出限制人口增长的机制。

在对可用资源逐渐受到压力的反应上，日本的人口机制不同于爱尔兰。在爱尔兰，人口机制随着大饥荒和大移民而崩溃，双重冲击为婚姻制度的变革（晚婚和大量未婚人口）开辟了道路；

而在日本，这种反应是渐进的，并非创伤性事件的结果。

当代世界的开端

　　18世纪开始，世界大部分地区似乎进入了人口加速增长的阶段。我们用"似乎"一词，因为除了欧洲和美国，其他地方几乎都缺乏定量信息；然而，如果我们相信表1-3的估计，世界人口在1700年至1800年间增长了40%；在1700年以前的两个世纪中，世界人口也有类似增长。据估计，非洲人口增长停滞不前，但美国的人口翻了一番，欧洲（增长54%）和亚洲（增长46%）的人口也有了实质性的增长。是什么决定了人口增长的速度？人口机制是如何、出于什么原因发生了变化？

　　我将在此探讨欧洲和中国的类似案例。文献中有一种共识，即18世纪中国人口数量经历了相当大的增长——从1700年的1.6亿左右增加到1800年的约3.3亿，增长了一倍多，但在接下来的一个世纪，特别是1850年之后，中国的人口增长势头丧失活力。[110] 许多人把18世纪中国的人口增长归因于经济扩张的有利影响，它反映在土地价值和农业生产的增加上，并受益于人口财政压力的减轻。于是，人们的生活水平普遍提高，刺激了人口的增加。无可否认，这是一种相当普遍的解释，它意味着人口行为完全是由物质生活条件决定的。

　　一些当代作者强调中国人口系统的可塑性，即通过各种机制适应外部约束的能力。[111] 首先，杀婴行为在家庭层面对后代的数量和性别构成进行了调节。在大多数情况下，被杀害的都是女婴；皇族妇女所生的孩子发病率很高，达到10%，但地位较低的妇女所生的孩子发病率要高得多。在1774年至1873年间出生的农民样本中，估计有1/5到1/4的女婴死于杀婴行为。有人解释，杀婴是对生活条件变动的一种反应。[112]

选择性杀婴，以及幸存下来的女婴由于被忽视而死亡率较高，导致婚姻市场因为缺乏合格的妇女而扭曲；而普遍的一夫多妻制和年轻寡妇再婚率较低使女性更加稀缺。结果导致女性普遍早婚，而男性的结婚时间要晚得多，未婚比例也很高。15岁至50岁的已婚女性比例远高于欧洲，通常为90%，而欧洲为60%或更低。这种几乎普遍适用的妇女婚姻制度本身以各种不同的制度形式适应不同的情况：除了主要占主导地位的从父居（新婚夫妇与丈夫的家庭同住）之外，还有其他形式，如招赘、收继婚（对极贫者）、一夫多妻制（对富人）和童养媳。

妇女的高结婚率与婚姻内的生育率水平相平衡，后者低于欧洲。女性在20岁结婚（并且婚姻持续到50岁）所生的孩子总数约为6个，而欧洲女性的这一数字为7.5个或更多。[113] 中国妇女的生育间隔比欧洲妇女更长，生育最后一个孩子时的年龄更低。低生育率也可能来自思想和宗教传统中规定的性节制。最后，领养在中国的家庭制度中也很重要，很大一部分孩子（高达10%）是由领养家庭抚养长大的。有些领养的孩子甚至是少年或成人：

因此，中国人口系统具有多重选择的特征，是浪漫与包办婚姻的平衡，婚姻激情与婚姻约束的平衡，也是父母的爱与杀死或放弃孩子的决定的平衡，以及收养其他孩子……个体不断根据集体情况调整人口行为，促成集体效用最大化。[114]

在19世纪的前半叶，中国人口持续增长（从3.3亿到4.3亿），但增速比较平缓。1851年和1864年之间的太平天国运动和饥荒造成了严重倒退，导致19世纪中后期人口的迅速衰减，以及缓慢的连续复苏。在整个19世纪，由于土地的限制、农业收益的减少、缺乏创新以及在采用技术革命成果方面的拖延，贫困人口对人口增长起到了预防性和压制性的抑制作用。[115] 对一些作者来说，中国人口系统的可塑性在18世纪成为人口增长的"加速器"和19世纪的"制动器"。但是，有些人并不接受这种解释，他们认为19世纪下半叶人口的衰减主要是由于生存危机的破坏性影响和随之而来的高死亡率所造成的，他们认为人口内生的、自我调节的行为只起了很小的作用。19世纪末的中国，似乎离现代化还很远，即使在人口统计上看也是如此。

欧洲人口在18世纪迅速增长，并在19世纪持续加速增长，原因与同期的中国不同。在人口增长的约束力仍然很强势的时期，除了法国等少数个例，避孕几乎是不为人知的，医疗和卫生措施仍然无法挽救高死亡率。随后，从1750年到1850年，欧洲人口增长加速。1600年至1750年，欧洲人口的年增长率仅为0.15%，而1750年至1850年的年增长率已经达到0.63%（见表1–3）。虽然有些国家（如英国）的人口增长速度比其他国家（法国）更快，但所有主要国家的人口都经历了快速增长（见表2–6）。然而，尽管鼠疫消失了，对天花治疗也取得了成功（爱德华·詹纳于1797年发现了牛痘疫苗），但18世纪中期至19世纪中期并不是一帆风顺的。法国大革命和拿破仑战争摧毁了欧洲20年；1816年至1817年的饥荒伴随着斑疹伤寒的暴发席卷了整个欧洲；[116] 一种以前不为人知的瘟疫——霍乱，肆虐了欧洲大陆。尽管如此，欧洲人口仍然迅速增长并扩散，开启了向美洲大规模跨洋移民。

关于18世纪中叶以来人口加速增长的原因，研究者展开了旷日持久的辩论，一直延续至今。之所以迟迟没有定论，部分是因为人口机制本身尚未被完全理解。在某些情况下，人口增长是由于婚姻率提高所导致的生育率增加，而在大多数情况下，死亡率下降是人口增长的主要因素。

以英国为例，它在18世纪中叶以来经历了最大规模的人口增长，最近的研究[117] 将18世纪下半叶英国人口的加速增长归因于生育率的上升（得益于结婚率的提高），而不是死亡率的下降。显然，工业革命引起了对劳动力需求的显著增长，这反过来刺激了婚姻和生育（后者在婚姻中尚未得到控制）。然而，死亡率也下降了，各因素的综合影响导致人口持续增长，使英国的人口在一个世纪内增长了2倍。我将在第3章分析人口和经济制度的关系时

表2-6 一些欧洲国家人口增长（1600—1850）

国家	人口（百万）			增长			密度（每平方千米）	分布（%）		
	1600	1750	1850	1750 (1600=100)	1850 (1600=100)	1850 (1750=100)	1750	1600	1750	1850
英格兰	4.1	5.8	16.6	141	405	286	48	7	8	14
荷兰	1.5	1.9	3.1	127	207	163	63	3	3	2
德国	12.0	15.0	27.0	125	225	180	42	21	21	22
法国	19.6	24.6	36.3	126	185	148	45	34	34	30
意大利	13.5	15.8	24.7	117	183	156	52	23	22	20
西班牙	6.7	8.6	14.8	128	221	172	17	12	12	12
六国总计	57.4	71.7	122.5	125	213	171		100	100	100

注释：Estimates are for present-day borders. For France, Italy, and Spain, the estimates for the given dates are the author's and are based on estimates for nearby dates given in the works cited。

资料来源：Data derived or based on the following works: England: E. A. Wrigley and R. Schofield, *The Population History of England 1541–1871* (Edward Arnold, London, 1981, reissued Cambridge University Press, 1987), pp. 532-4; Netherlands: B. H. Slicher van Bath, "Historical Demography and the Social and Economic Development of the Netherlands", *Daedalus* (Spring, 1968), p. 609; Germany: C. McEvedy and R. Jones, *Atlas of World Population History* (Penguin, London, 1978), pp. 67–70; France: J. Dupâquier and B. Lepetit, "La Pueplade", in J. Dupâquier, ed., *Histoire de la population Française, vol. 2: de la Renaissance à 1789* [*The History of the French Population from the Renaissance to 1789*] (PUF, Paris, 1988); Italy: L. Del Panta, M. Livi-Bacci, G. Pinto, and E. Sonnino, *La popolazione Italiana dal Medioevo a oggi* [*The Italian Population from the Middle Ages to Today*] (Laterza, Roma-Bari, 1996); Spain: J. Nadal, *La población Española* [*The Spanish Population*] (Ariel, Barcelona, 1984)。

继续以英国为例。

从18世纪到19世纪，欧洲大部分地区的死亡率都经历了下降。这种改善首先表现在由传染病导致的死亡危机频率的降低，以及发生饥荒和粮食匮乏的次数减少。例如，在英国404个教区中，18世纪上半叶出现重大死亡的月份的频率为1.3%，下半叶为0.9%，19世纪的第一个季度为0.6%，[118] 这是危机频率显著下降的标志。在法国，严重危机的发生率在18世纪上半叶和下半叶之间急剧下降，以至于有人认为这是旧体制危机的结束，这些危机包括1709年的严冬（导致的死亡人数比正常情况多100万），以及同样严重的1693—1694年和1739—1741年的危机。[119] 在欧洲其他地区——德国、意大利、西班牙，危机的频率下降发生得稍晚一些，也不那么突然。

重大危机的减弱既有生物学上的原因，也有经济和社会方面的原因。病原体和宿主之间相互适应的生物学效应由于人口密度和流动性的增加而进一步加强，我们也不能排除某些疾病毒性降低。社会原因包括个人和公共卫生改善降低了传染病的传播能力。最后，经济原因不仅与农业进步有关，而且与运输系统的改善有关，富裕地区和贫困地区之间的货物得到了良好分配。

危机年份的消失并不能完全解释欧洲死亡率的下降。例如，1740—1749至1840—1849年间，英格兰的平均预期寿命增加了33至40年，法国增加了25至40年，瑞典增加了37至45年（1750—1759年至1840—1849年），丹麦增加了35至44年（1780—1789

年至1840—1849年）。[120] 显然，无论是在"危机"年份还是"正常"年份，死亡率下降都是人口增长加速的原因。近年来颇受欢迎的理论之一是麦基翁（McKeown）所倡导的营养理论，[121] 根据该理论，18世纪人口增长是由于死亡率下降。然而，死亡率的下降不能用医学进步（直到19世纪末，除了天花疫苗之外，没有其他进展）、公共或私人卫生的变化（在某些情况下，大城市的卫生状况可能恶化了）或其他原因来解释。麦基翁认为，真正的原因是人口营养水平的提高，这增加了机体对感染的抵抗力。这一改善是由于从玉米到马铃薯等更为丰富的新作物的引进使农业生产力提高的结果。

与这一理论相矛盾的一些考虑因素使我们把目光转向其他原因。首先，营养和对感染的抵抗力之间的联系主要存在于严重营养不良的情况下，虽然这在经济困难时期很常见，但在正常年份，欧洲人的饮食似乎是充足的。[122] 其次，18世纪后半叶和19世纪头10年，也就是死亡率开始降低的时期，似乎并不是一个那么幸运的时期。新作物确实得到推广。18世纪下半叶，由于1770—1722年的严重饥荒，马铃薯的推广进一步扩大，征服了欧洲最强烈的怀疑论者，很快得到广泛种植。同样一块土地，种植马铃薯可以养活的人口是种植谷物的两到三倍。如果冬季作物歉收，多用途荞麦可以在季末种植。17世纪，玉米在西班牙普及，然后传到法国西南部、意大利北部的波河河谷和巴尔干半岛。与马铃薯一样，由于1816年至1817年的生存危机，[123] 玉米的种植得以推广。但在许多情况下，新作物的引进并没有提高人均消费量。通常情况下，就像在爱尔兰种植马铃薯一样，这种新作物可以养活更多的人口，但会导致人们放弃谷物等更有价值的食物，从而导致人们的饮食单调。科贝特（Cobbett）在爱尔兰旅行时曾抨击道："我愿意，并且这也是我的责任，尽我所能阻止这些令人厌恶的根茎作物，我确信它对人类造成的伤害比刀剑和瘟疫加起来还要大。"[124] 在英格兰和佛兰德斯，有迹象表明，随着马铃薯消费量的增加，谷物的消费量在下降。在玉米获得最大成功的那些地区，尤其是意大利，玉米成了主要的粮食，并导致了糙皮病的恶性传播。[125]

其他间接的意见也使人们对营养假说提出了质疑。首先，整个欧洲的实际工资在 18 世纪和 19 世纪头几十年普遍下降。[126] 实际工资的下降表明受薪工人（也许还有其他群体）的购买力下降，他们在这段时期把工资的 4/5 花在了食物上。另一个迹象是平均身高的变化，在同一时期，英国、哈布斯堡王朝和瑞典的平均身高似乎都有所下降。身高对营养水平的变化相当敏感，身高的下降或停滞显然不是营养改善的征兆。[127] 最后，死亡率的改善主要使年轻人和婴儿受益（因为死亡率下降是由传染病死亡率下降造成的，而传染病死亡率不是老年人死亡的重要原因）。断奶发生得相当晚，通常是在婴儿 1—2 岁之间，在断奶之前，婴儿由母乳喂养，婴儿的营养水平一般与农业生产和消费水平无关。但是婴儿死亡率也下降了，这不是因为更好的营养，而是因为更好的育儿方法和所处环境的改善。

死亡率下降肯定是由许多原因造成的，而且也许没有一个原因占主导地位。然而，即使给出一个宽泛的解读，营养假说也不比其他假说更经得起推敲。尽管如此，即使营养水平没有明显改善，农业产品的增加也伴随着欧洲人口的增长（人口在一个世纪内几乎翻了一番）。尽管开垦新土地的可能性——曾经的草原、沼泽或荒地——加上技术改进和新作物推广可能并不是导致死亡率下降的原因，但这些因素确实使农业人口扩大，形成新定居中心，并提高了结婚率。工业化、城市化以及对非农业人口需求的普遍增加，更促进了这一进程，并为农村人口创造了一个出路。

注　释

1. V. G. Childe，*Man Makes Himself*（Mentor，New York，1951），p. 51. L. Cavalli Sforza and F. Cavalli Sforza，"Moderni da Centomila Anni"，*Il Sole 24 Ore*（July 9，2000）.

2. J. R. Harlan，"Agricultural Origins: Centers and Noncenters"，*Science* 174（1971）.

3. 在公元前 8000 年左右，人类向东北迁移的浪潮间接证明了人口增长与同时期近东的动植物驯化，而这反过来又可能是农业技术扩张的主要原因。"当然，农业推广的后果之一是某个地区人口数量增加了。这样的人口增长往往伴随着一轮扩张浪潮：早期农业本身就需要频繁从旧田地向新田地迁移。"平均每年扩张约 1 千米。这是卡瓦利-斯福尔扎（Cavalli-Sforza）和阿默曼（Ammerman）提出的理论，他们通过测定最古老的栽培植物遗迹的碳 14 的年代，确定了欧洲各个地区农业的开始。见 L. L. Cavalli Sforza, "The Genetics of Human Population", *Scientific American*（September 1974）, pp. 80–89, 上述引用来自此文献。也见 A. J. Ammerman and L. L. Cavalli Sforza, "A Population Model for the Diffusion of Early Farming in Europe", in C. Renfrew, ed., *The Explanation of Culture Change*（Duckworth, London, 1973）。

4. J. N. Biraben, "Essai sur l'Évolution du Nombre des Hommes [Essay on the Evolution of the Population]", *Population* 34（1979）, 本卷表 1.1。

5. 这种增长率之间的比较所依据的数据并不确定，涉及很长的时期和广阔的区域，其意义纯粹是抽象的。较快的人口增长可能是从最早群体分裂和迁移而来的人群的灭绝频率下降的结果，而不是由于正常增长率的增大。

6. 类似的讨论见 A. J. Ammerman, "Late Pleistocene Population Dynamics: An Alternative View", *Human Ecology* 3（1975）。也见 E. A. Hammel and N. Howell, "Research in Population and Culture: An Evolutionary Framework", *Current Anthropology* 28（1987）。

7. 科恩（Cohen）对此理论亦有贡献，我不恰当地将"古典"理论归因于蔡尔德：Childe, *Man Makes Himself*。见 M. N. Cohen, "An Introduction to the Symposium", in G. J. Armelagos and M. N. Cohen, eds., *Paleopathology and the Origin of Agriculture*（Academic Press, Orlando, FL, 1984）。

8. 这一新理论的阐述见 B. Spooner, ed., *Population Growth: Anthropological Implications*（MIT Press, Cambridge, MA, 1972）。也见 Cohen, "An Introduction"。有关人口统计方面的公式见 A. J. Coale, "The History of Human Population", *Scientific American*（September 1974）, pp. 40–51。

9. Childe, *Man Makes Himself*, p. 66.

10. 显然我是以极其简明扼要的方式来阐述这场辩论。农业的转型必须是渐进的，长期以来，旧的和新的方法并存。例如，乡村社会似乎同时具有两个阶段的许多特点。

11. M. N. Cohen, "Introduction: Rethinking the Origins of Agriculture", *Current Anthropology* 50（2009）, p. 594.

12. Spooner, *Population Growth*, see pp. xxiv–xxv of his introduction.

13. G. J. Armelagos and M. N. Cohen, "Editors' Summation", in G. J. Armelagos and M. N. Cohen, eds., *Paleopathology*. 然而，对骨学发现的解释还没有定论。见 J. W. Wood, G. R. Milner, H. C. Harpending, and K. M. Weiss, "The Osteological Paradox", *Current Anthropology* 33（1992）。

14. G. J. Armelagos, D. P. van Gerven, D. L. Martin, and R. Huss Hushmore, "Effects of Nutritional Change on the Skeletal Biology of Northeast African（Sudanese Nubian）Populations", in J. D. Clark and S. A. Brandt, eds., *From Hunters to Farmers*（University of California Press, Berkeley, 1984）, p. 146.

15. 对于传染病的一般理论，见 F. Macfarlane Burnet, *Natural History of Infectious Disease*（Cambridge University Press, London, 1962）; T. A. Cockburn, *Infectious Diseases: Their Evolution and Eradication*（C. G. Thomas, Springfield, IL, 1967）。关于史前时期的传染病，见 T. A. Cockburn, "Infectious Diseases in Ancient Populations", *Current Anthropology* 12（1971）。对于理论和数据的完美总结，见 M. N. Cohen, *Health and the Rise of Civilization*（Yale University Press, New Haven, CT, and London, 1989）。

16. Cockburn, "Infectious Diseases", p. 49.

17. Cockburn, "Infectious Diseases", p. 50.

18. Cohen, *Health*, p. 104.

19. F. L. Dunn, "Epidemiological Factors: Health and Disease in Hunter-Gatherers", in R. B. Lee and I. De Vore, eds., *Man the Hunter*（Aldine, Chicago, 1968）.

20. 关于这个理论的最新评估见 Cohen, *Health*。科恩谨慎的综合分析如下:"狩猎—采集者和后来生活在同一地区的农民之间的比较表明,农民通常会遭遇更高的感染和寄生,而且营养更差……尽管如此,数据还表明,狩猎—采集者将他们的孩子抚养成人的比例很高,这个比例通常等于或大于后来的史前人口比例。数据还表明,史前狩猎—采集者的成人平均死亡年龄按历史标准来看较低,但往往高于早期农民的平均死亡年龄。此外,我们还可以看出,从旧石器时代到新石器时代,狩猎者和采集者之间也有类似的倾向,当时大型猎物的灭绝导致人们饮食结构中肉类的减少。"（Cohen, *Health*, p. 113）

21. R. B. Lee, "Lactation, Ovulation, Infanticide and Women's Work: A Study of Hunter-Gatherer Population Regulations", in M. N. Cohen, R. S. Malpass and H. G. Klein, eds., *Biosocial Mechanisms of Population Regulation*（Yale University Press, New Haven, CT, 1980）.对布希曼人（*!Kung*）的详细分析见 N. Howell, *The Demography of the Dobe !Kung*（Academic Press, New York, 1979）。Coale, "History of Human Population", J.-P. Bocquet-Appel, "Paleopathological Traces of a Neolithic Demographic Transition", *Current Anthropology* 43（2002）; J.-P. Bocquet-Appel and S. Naji, "Testing the Hypothesis of a Worldwide Neolithic Demographic Transition", *Current Anthropology* 47（2006）; M. N. Cohen, "Implications of the Neolithic

Demographic Transition for World-Wide Health and Mortality Pre-History", in J.-P. Bocquet-Appel and O. Bar-Yosef, eds., *The Neolithic Demographic Transition and its Consequences*（Springer, New York, 2008）.

22. 以下是基于 Lee, "Lactation, Ovulation, Infanticide"。

23. 关于出生间隔见第 1 章。

24. L. L. Cavalli Sforza, "The Transition to Agriculture and Some of its Consequences", in D. J. Ortner, ed., *How Humans Adapt*（Smithsonian Institution Press, Washington, DC, 1983）.

25. Lee, "Lactation, Ovulation, Infanticide"。不过，我们也应该提一提罗塞·弗里施（Rose Frisch）的假设，根据这个假设，布希曼人女性的低生育率是营养极度不良的结果。

26. 见 K. L. Campbell and J. W. Wood, "Fertility in Traditional Societies", in P. Diggory, S. Teper and M. Potts, eds., *Natural Human Fertility: Social and Biological Mechanisms*（Macmillan, London, 1988）; G. R. Bentley, G. Jasienska and T. Goldberg, "Is the Fertility of Agriculturalists Higher than That of Nonagriculturalists?", *Current Anthropology* 34（1993）。

27. 有关这一立场，我主张 M. Livi-Bacci, *Population and Nutrition*（Cambridge University Press, Cambridge, 1991）。这将在第 2 章中讨论。

28. 谨慎的论据很多。史前农业人口密度很低，很少聚集在城市。如果病菌在农民中广泛传播，那么病菌与宿主之间也存在一个相互适应的过程，使得病菌传播的危险性降低。汉斯·津瑟（Hans Zinsser）在 70 多年前写的一部关于传染病和流行病历史的经典著作中指出："生物世界中没有任何东西是一成不变的……因此，纯粹从生物学的角度出发，认为传染病是不断变化的完全合乎逻辑；新的传染病正在发展，旧的传染病正在改变或消失……因此，如果新的寄生菌，即感染，没有持续出现，如果在我们有记录的几个世纪里，寄生虫和宿主之间的相互适应没有发生改变，那将是令人惊讶的。" H. Zinsser, *Rats, Lice and History*（Little, Brown, Boston, 1963）, pp. 57–59。最后，我们不应忘记，有关史前种群病理学的数据很少，而且零碎，其中许多假设完全是猜测。

29. Childe, *Man Makes Himself*, pp. 53–54.

30. B. H. Slicher van Bath, *The Agrarian History of Western Europe, A.D. 500—1850*（Edward Arnold, London, 1963）, appendix; E. Sereni, "Agricoltura e Mondo Rurale", in *Storiad'Italia*（Einaudi, Turin, 1972）, vol. 1.

31. 关于这一问题的著述繁多，我的引用仅限于：J.-N. Biraben, *Les Hommes et la Peste en France et dans les Pays Européens et Mediter ranéens* [People and the Plague in France, in Europe and in the Mediterranean]（Mouton, Paris, 1974—1976）, vol. 1: *La Peste dans l' Histoire* [The Plague in History]; vol. 2: *Les Hommes Face à la Peste* [Men against the Plague]。另见 L. Del Panta, *Le Epidemie nella Storia Demografica Italiana*（Secoli XIV–XIX）[Epidemics in Italian Demographic History（XIV–XIX Centuries）]（Loescher, Turin, 1980）; M. Livi-Bacci, *The Population of Europe: A History*（Blackwell, Oxford, 1999）, pp. 70–84。

32. Biraben, *Les Hommes et la Peste*, vol. 1, pp. 7–31; Del Panta, *Le Epidemie*, pp. 34–40.

33. 这个描述非常简明扼要。除了更常见的鼠疫，还有许多被称作"肺炎"的疾疫。它们通过咳嗽或打喷嚏在人与人之间传播，几乎是致命的。

34. Biraben, *Les Hommes et la Peste*, vol. 1, pp. 30 ff.

35. Del Panta, *Le Epidemie*, p. 118.

36. M. Livi-Bacci, *La Société Italienne Devant les Crises de Mortalité* [*Italian Society before Fatal Epidemics*] (Dipartimento Statistico, Florence, 1978), p. 41; Del Panta, *Le Epidemie*, p. 132.

37. Del Panta, *Le Epidemie*, p. 118.

38. C. M. Cipolla, "Il Declino Economico in Italia [The Decline of the Italian Economy]", in Cipolla, ed., *Storia dell'Economia Italiana* [*Italian Economic History*] (Einaudi, Turin, 1959), vol. 1, p. 620.

39. Biraben, *Les Hommes et la Peste*, vol. 1, pp. 125–126.

40. R. Comba, "Vicende Demografiche in Piemonte nell'Ultimo Medioevo [Demographic Events in Later Middle Ages Piedmont]", *Bollettino Storico-Bibliografico Subalpino* 75 (1977); E. Fiumi, "Fioritura e Decadenza dell'Economia Fiorentina [The Rise and Fall of the Fiorentina Economy], II: Demografia e Movimento Urbanistico [Demography and Urban Movement]", *Archivio Storico Italiano* 116: disp. IV (1958). 菲乌米（Fiumi）的其他作品涉及普拉托和沃尔泰拉以及圣吉米尼亚诺地区。托斯卡纳地区的情况见 Tuscany D. Herlihy and C. Klapisch-Zuber, *Les Toscans et Leurs Familles. Une Étude du Catasto Florentin de 1427* [*The Tuscans and Their Families: A Study of Catasto Florentin of 1427*] (EHESS, Paris, 1978)。

41. C. M. Cipolla, *Public Health and the Medical Profession* (Cambridge University Press, London, 1976); Livi-Bacci, *La Société Italienne*, pp. 95–122.

42. Zinsser, *Rats, Lice and History*, pp. 66–67.

43. Zinsser, *Rats, Lice and History*, p. 89.

44. Livi-Bacci, *La Société Italienne*, pp. 8 ff., 63 ff. discusses various aspects of the reaction to mortality crises.

45. 在佛罗伦萨，妇女的初婚年龄在15世纪上半叶达到最低点，此后逐渐增加：1427年为17.6岁，1458年为19.5岁，1480年为20.8岁。在普拉托附近，1372年为16.3岁，1427年为17.6岁，1470年为21.1岁。农村地区也遵循了类似的模式。见 Herlihy and Klapisch-Zuber, *Les Toscans*。

46. H. Melville, *Typee*（New American Library, New York, 1964), p. 29.

47. 根据哥伦布儿子的报告，该报告基于哥伦布的笔记。H. Colón, *Historia del Almirante [Almirante History]*（Historia 16, Madrid, 1984）。关于伊斯帕尼奥拉病例的一般分析和讨论，总结如下：M. Livi-Bacci, "Return to Hispaniola: Reassessing a Demographic Catastrophe", *Hispanic American Historical Review* 83: 1（2003）。

48. 阿尔伯克基的分配制是第一次定量的人口普查，相当于美国人口统计，见 L. Arranz Márquez, *Repartimientosy Encomiendas en la Isla Española [On the Island of Hispaniola]*（Fundación Garcia Arevalo, Santo Domingo, 1991）。与土著和进口奴隶人口的消失形成鲜明对比的是，从西班牙进口的马、牛、猪和狗在野外急剧繁殖。古巴第一任总督迭戈·瓦拉斯奎兹（Diego Valasquez）在1514年写给国王的信中说，4年前进口的少量猪已经增长到3万头。

49. 应该指出，关于该大陆前哥伦布时代人口的争论仍未有定论。在克罗伯（Kroeber）和罗森布拉特（Rosenblat）的最低估计数（900万到1300万）和多宾斯（Dobyns）的最高估计数（9000万到1.12亿）之间，后者得到库克和博拉的研究支持，数字可能的范围很广。近期的评估见 W. M. Denevan, ed., *The Native Population of the Americas in 1492*（University of

Wisconsin Press, Madison, 2nd edn, 1992), 里面列有详尽的参考书目。关于中美洲人口,库克和博拉估计在征服之前的时期有 2 520 万,这主要是根据 16 世纪后期的趋势的回溯推断。见 S. F. Cook and W. Borah, *Essays in Population History. Mexico and the Caribbean* (University of California Press, Berkeley, 1971), vol. 1, ch. 2。然而库克和博拉的有影响力的估计近年来遭到了几位批评人士的抨击:见 Denevan, *The Native Population*, pp. xxi–xxii。尽管如此,没有人质疑 16 世纪末的数据和众多历史报告所证实的人口下降。见 N. Sánchez Albornoz, *La Población de América Latina Desde los Tiempos Precolombinos al Año 2000* [*The Population of Latin America from pre-Columbian Times to 2000*] (Alianza, Madrid, 1994), pp. 53–73。

50. M. Livi-Bacci, "Gli Iberici in Amazzonia. Storie di un Disastro [The Iberians in the Amazon: Stories of a Disaster]", *Rivista di Storia Economica* XXVII: 1 (2011)。根据 Marta do Amaral Azevedo 在 2010 年第 17 届 ABEP (Associação Brasileira de Estudos Populacionais) 会议上发表的论文,整个巴西的土著人口在 1957 年降至 10 万以下。

51. Sánchez Albornoz, *La Población de América Latina*, p. 65.

52. H. Charbonneau, "Trois Siècles de Dépopulation Amérindienne [Three Centuries of Amerindian Depopulation]", in L. Normandeau and V. Piché, eds., *Les Populations Amérindiennes et Inuit du Canada. Aperçu Démographique* [*Amerindian Peoples and the Inuit of Canada. A Demo graphic Overview*] (Presses Universitaires de Montréal, Montréal, 1984); R. Thornton, *American Indian Holocaust and Survival* (University of Oklahoma Press, Norman, 1987), p. 90.

53. C. Darwin, *The Descent of Man* (Random House, New York, n.d.),

pp. 543–544.

54. D. I. Pool, *The Maori Population of New Zealand, 1769—1971*（Auckland University Press, Auckland, 1977）. 据此估计，1770 年的 10 万至 20 万居民在一个世纪后减少到略高于 4 万人。

55. H. F. Dobyns, "Estimating Aboriginal American Population. An Appraisal of Techniques with a New Hemispheric Estimate", *Current Anthropology* 7（1966）, p. 413.

56. Dobyns, "Estimating Aboriginal American Population", p. 413.

57. M. Livi-Bacci, *Conquest: The Destruction of American Indios*（Polity Press, Cambridge UK/Malden MA, 2008）.

58. C. Sempat Assadourian, *Transiciones Hacia el Sistema Colonial Andino* [*Colonial Transition to the Andean System*]（Colegio de México y Instituto de Estudios Peruanos, Lima, 1994）.

59. 关于 30 个使团的人数，见 M. Livi-Bacci and E. J. Maeder, "The Missions of Paraguay: The Demography of an Experiment", *Journal of Interdisciplinary History* 35: 2（2004）.

60. M. Livi-Bacci, *Conquest*, Epilogue.

61. P. D. Curtin, *The Atlantic Slave Trade: A Census*（University of Wisconsin Press, Madison, 1969）.

62. 关于美国和加勒比地区奴隶的人口统计，见 L. S. Walsh, "The African American Population of the United States", in M. H. Haines and R. H. Steckel, eds., *A Population History of North America*（Cambridge University Press, Cambridge, 2000）, pp. 203–204, 206; 在同一本书中，请见 R. Steckel, "The African American Population of the United States", pp. 442–443, and S.

Engerman, "A Population History of the Caribbean", p. 509。

63. S. B. Schwartz, "A Populaçao Escravana Bahia", in I. Nero da Costa, ed., *Brasil: História Econômica e Demográfica* (IPE/USP, São Paulo, 1986); T. W. Merrick and D. H. Graham, *Population and Economic Development in Brazil 1800 to Present* (Johns Hopkins University Press, Baltimore, MD, 1979), p. 53.

64. S. B. Schwartz, *Sugar Plantations in the Formation of the Brazilian Society: Bahia, 1550—1835* (Cambridge University Press, Cambridge, 1985); K. M. Mattoso de Queirós, *To be a Slave in Brazil 1550—1888* (Rutgers University Press, New Brunswick, NJ, 1986).

65. S. B. Schwartz, *Segredos Internos. Engenhos e Escravos na Sociedade Colonial, 1550—1585* (Companhia de Letras, São Paulo, 1988), pp. 41–42.

66. Andrea João Antonil, *Cultura e Opulencia do Brasil por sus Drogas e Minas* (Companhia Editora Nacional, São Paulo, 1922), pp. 160–161.

67. 引自 J. Gorender, *O Escravismo Colonial* (Atica, São Paulo, 1978), p. 342。

68. A. Smith, *The Wealth of Nations* (J. M. Dent & Sons, London, 1964), vol. 1, p. 62.

69. J. -C. Chesnais, *La Transition Démographique [The Demographic Transition]* (PUF, Paris, 1986), p. 180.

70. H. Charbonneau, "Essai sur l'évolution démographique du Québec de 1534 à 2034 [Essay on the Demographic Devolution in Quebec 1534—2034]", *Cahiers Québécois de Démographie* 13 (1984), p. 13.

71. 见 H. Charbonneau, Réal Bates and Mario Boleda, *Naissance d'une*

Population. Les Français Établis au Canada au XVIIe Siècle [*The Birth of a Population: The French Settlement in Canada in the 17th Century*]（Presses de l'Université de Montréal，Montréal，1987），本节主要基于此。

72. Charbonneau，"Essai sur l'évolution démographique"，p. 13.

73. Charbonneau et al.，*Naissance d'une Population*，p. 21.

74. H. Charbonneau，*Vie et Mort de nos Ancêtres* [*Life and Death of Our Ancestors*]（Presses de l'Université de Montréal, Montréal，1975），p. 166.

75. Smith，*The Wealth of Nations*, p. 63.

76. 见第 1 章。

77. Charbonneau et al.，*Naissance d'une Population*，p. 113.

78. Charbonneau，*Vie et Mort*，p. 165.

79. Charbonneau et al.，*Naissance d'une Population*，p. 90.

80. H. Charbonneau，"Les Régimes de Fécondité Naturelle en Amérique du Nord: Bilan et Analyse des Observations [Natural Fertility in North America: Review an Analysis of Observations]"，in H. Leridon and J. Menken，eds.，*Natural Fertility*（Ordina，Liège，1979），p. 450.

81. Charbonneau，*Vie et Mort*，p. 147.

82. Charbonneau et al.，*Naissance d'une Population*，p. 163. 在这项研究中，作者试图估计先驱者对法裔加拿大人群基因库的贡献。他计算出，1680 年以前的先驱者占到了 18 世纪末基因库的 70%，这一比例到目前为止变化不大，因为在那之后移民的数量很少。

83. 这些评论来自 A. W. Crosby, *Ecological Imperialism: The Biological Expansion of Europe, 900—1900*（Cambridge University Press，Cambridge，1986）。阿根廷潘帕斯草原的牛群兴旺繁殖，这非同寻常。克罗斯比把 18

世纪的旅行者费利克斯·德阿扎拉（Félix de Azara）的见闻作为一个可靠的估计，据他所说，在南纬 26 度到 41 度之间有 4 800 万头牛，而这些牛是一个世纪前进口的几头牛的后代。这一数字与大平原美洲野牛急剧扩展时的数量相媲美。

84. K. H. Connell, *The Population of Ireland（1750—1845）*（Clarendon Press, Oxford, 1950）。也见 K. H. Connell, "Land and Population in Ireland", in D. V. Glass and D. E. C. Eversly, eds., *Population in History*（Edward Arnold, London, 1965）。康奈尔之后的研究重述，见 J. Mokyr and C. Ó Gráda, "New Developments in Irish Population History, 1700—1850", *Economic History Review* 27（2nd ser., 1984）。

85. Connell, *Population of Ireland*, pp. 81–82.

86. Connell, *Population of Ireland*, p. 82；也见 R. N. Salaman, *The Influence of the Potato on the Course of Irish History*（Browne & Nolan, Dublin, 1933）, p. 23。

87. Connell, *Population of Ireland*, p. 89.

88. Connell, *Population of Ireland*, pp. 90 ff.

89. Connell, *Population of Ireland*, p. 133.

90. Connell, *Population of Ireland*, p. 90.

91. Salaman, *Influence of the Potato*, p. 23；也见同一作者的 *The History and Social Influence of the Potato*（Cambridge University Press, London, 1949）。萨拉曼的分析与康奈尔的一致。然而后者坚持认为马铃薯在 18 世纪下半叶成为爱尔兰人的主要食物，而萨拉曼认为马铃薯的广泛推广发生在更早的时候。康奈尔和萨拉曼都认为马铃薯在爱尔兰社会人口史上起着主导作用。另一种观点是 L. M. Cullen, "Irish History without the Potato",

Past and Present 40（1968）。

92. Connell, *Population of Ireland*, p. 149.

93. Young's observations are reported in Salaman, *Influence of the Potato*, p. 19.

94. Salaman, *Influence of the Potato*.

95. 如果我们考虑每天食用10磅马铃薯（3 400卡路里）和一品脱牛奶（400卡路里），我们得到的热量是3 800卡路里，超过了目前的标准，这一数字高于如今一个高强度体力劳动者必需的标准。这种饮食似乎富含充足的蛋白质、维生素和矿物质。然而，人们可能会质疑摄入如此大量的食物是否明智。

96. 1840年左右，婚姻生育率约为37%，比1851年英格兰和威尔士（30.7%）高出约7.7%。合法生育率的标准化指数I_g在爱尔兰为0.82，在英格兰和威尔士为0.65。见 Mokyr and Ó Gráda, "New Developments", p. 479。

97. 据估计，在拿破仑战败滑铁卢和大饥荒之间的30年间，150万爱尔兰人离开爱尔兰，前往英格兰和北美。见 Mokyr and Ó Gráda, "New Developments", p. 487。

98. 关于大饥荒，见 R. D. Edwards and T. D. Williams, eds., *The Great Famine*（New York University Press, New York, 1957）; C. Ó Gráda, *Black' 47 and Beyond: The Great Irish Famine in History, Economy and Memory*（Princeton University Press, Princeton, NJ, 1999）; J. Mokyr and C. Ó Gráda, "Famine Disease and Famine Mortality: Lessons from the Irish Experience", *University College Dublin Center for Economic Research*, Working Paper, no. 12（1999）。

99. J. Mokyr, *Why Ireland Starved: A Quantitative and Analytical History of the Irish Economy, 1800—1850* (Allen & Unwin, London, 1983).

100. M. R. Davie, *World Immigration* (Macmillan, New York, 1936), p. 63.

101. 指数 I_m 是已婚育龄妇女的加权平均数，从 1841 年左右的 0.45 下降到 1901 年的 0.324 (-28%)。Mokyr and Ó Gráda, "New Developments", p. 479; M. S. Teitelbaum, *The British Fertility Decline: Demographic Transition in the Crucible of the Industrial Revolution* (Princeton University Press, Princeton, NJ, 1984), p. 103.

102. A. Hayami, "The Population at the Beginning of the Tokugawa Period: An Introduction to the Historical Demography of Pre-Industrial Japan", *Keio Economic Studies* 4 (1966—1997); A. Hayami, "Mouvements de Longue Durée et Structures Japonaises de la Population à l'Époque Tokugawa [Long-Term Movements and the Japanese Population Structures of the Tokugawa Era]", in *Annales de Démographie Historique 1971* (Mouton, Paris, 1972). 也见 S. B. Hanley and K. Yamamura, eds., *Economic and Demographic Change in Preindustrial Japan 1600—1868* (Princeton University Press, Princeton, NJ, 1977); A. Hayami, *Population and Family in Early-Modern Central Japan* (International Research Center for Japanese Studies, Kyoto, 2010)。

103. Hayami, "Mouvements", pp. 248–249.

104. Hayami, "Mouvements", p. 254.

105. Hayami, "Population of the Tokugawa Period", p. 16.

106. Hayami, "Mouvements", pp. 249–51.

107. T. C. Smith, *Nakahara, Family Forming and Population in a Japanese Village, 1717—1830* (Stanford University Press, Stanford, CA, 1977), p. 11.

108. Smith, *Nakahara*, p. 13; A. Hayami, "Demographic Aspects of a Village in Tokugawa Japan", in P. Deprez, ed., *Population and Economics* (Acts of the fifth section of the Fourth Congress of the International Association of Economic History, University of Manitoba Press, Winnipeg, 1968). On low urban fertility see Y. Sasaki, "Urban Migration and Fertility in Tokugawa Japan: The City of Takayama, 1773—1871", in S. B. Hanley and A. P. Wolf, eds., *Family and Population in East Asian History* (Stanford University Press, Stanford, CA, 1985).

109. 见 O. Saito, "Infanticide, Fertility and Population Stagnation: The State of Tokugawa Historical Demography", *Japan Forum* 4 (1992); O. Saito, "Gender, Workload and Agricultural Progress: Japan's Historical Experience in Perspective", Discussion Paper Series A, no. 268 (Institute of Economic Research, Hitotsubashi University, 1993); O. Saito, "Infant Mortality in Pre-Transition Japan: Levels and Trends", in A. Bideau, B. Desjardins and H. Perez Brignoli, eds., *Infant and Child Mortality in the Past* (Oxford University Press, Oxford, 1997).

110. Ping-Ti Ho, *La Cina. Lo Sviluppo Demografico [China: Demographic Development]* (UTET, Turin, 1972), pp. 373-378. 关于18世纪和19世纪欧洲和中国社会经济状况的现代评价，见 K. Pomeranz, *The Great Divergence: China, Europe and the Making of the Modern World Economy* (Princeton University Press, Princeton, NJ, 2000)。

111. J. Z. Lee and Wang Feng, *One Quarter of Humanity* (Harvard University Press, Cambridge, 1999), 该论文有力地支持了中国人口行为适应性的论点。也见 J. Z. Lee and C. Campbell, *Fate and Fortune in Rural China* (Cambridge University Press, Cambridge, 1997)。

112. Lee and Wang, *One Quarter*, pp. 50–51. 关于辽宁省的杀婴行为,可见 Lee and Campbell, *Fate and Fortune*, p. 67。

113. Lee and Wang, *One Quarter*, p. 86.

114. Lee and Wang, *One Quarter*, p. 9.

115. Ping-Ti Ho, *La Cina*, pp. 321–336.

116. J. Post, *The Last Great Subsistence Crisis in the Western World* (Johns Hopkins University Press, Baltimore, MD, 1977).

117. E. A. Wrigley and R. S. Schofield, *The Population History of England 1541—1871* (Edward Arnold, London, 1981).

118. Wrigley and Schofield, *The Population History of England*, p. 650.

119. Livi-Bacci, *Population and Nutrition*, pp. 50–55. C. Ó Gráda, *Famine: A Short History* (Princeton University Press, Princeton, NJ, 2009).

120. Livi-Bacci, *Population and Nutrition*, p. 70.

121. T. McKeown, *The Modern Rise of Population* (Edward Arnold, London, 1976).

122. 这一观点的权威支持者包括布罗代尔。我的观点在 *Population and Nutrition* 一书中已阐述,可翻阅该书第 5 章。关于这场争论的最新情况,见 C. Ó Gráda and T. Dyson, eds., *Famine Demography: Perspectives from the Past and Present* (Oxford University Press, Oxford, 2001)。

123. 关于新作物的推广和由此带来的影响,见 F. Braudel, *Civilisation*

Materielle, Economie et Capitalisme, XVe–XVIIIe Siècle [Civilization, Economy and Capitalism, XV–XVIII Centuries] (Colin, Paris, 1979), vol. 1: Les Structures du Quotidien: Le Possible et l'Impossible [Everyday Structures: The Possible and the Impossible] (Colin, Paris, 1979); W. Abel, Congiuntura Agraria e Crisi Agrarie [Conjuncture Agriculture and Agrarian Crisis] (Einaudi, Turin, 1976)。

124. "Letters of William Cobbett to Charles Marshall", in G. D. H. Cole and M. Cole, eds., *Rural Rides* (Peter Davis, London, 1930), vol. 3, p. 900.

125. Livi-Bacci, *Population and Nutrition*, pp. 95–99.

126. Abel, *Congiuntura Agraria*.

127. Livi-Bacci, *Population and Nutrition*, pp. 107–110.

拓展阅读

A. J. Ammerman and L. L. Cavalli Sforza, *The Neolithic Transition and the Genetics of Population in Europe* (Princeton University Press, Princeton, NJ, 1984).

H. Charbonneau, B. Desjardin, A. Guillemette, Y. Landry, J. Légaré, and F. Nault, *The First French Canadians: Pioneers in the St. Lawrence Valley* (University of Delaware Press and Associated University Presses, Newark, London, and Toronto, 1993).

V. G. Childe, *Man Makes Himself* (Mentor, New York, 1951).

K. H. Connell, *The Population of Ireland (1750—1845)* (Clarendon

Press, Oxford, 1950).

W. Crosby, *Ecological Imperialism: The Biological Expansion of Europe, 900—1900* (Cambridge University Press, London, 1986).

P. D. Curtin, *The Atlantic Slave Trade: A Census* (University of Wisconsin Press, Madison, 1969).

A. Hayami, *Population, Family and Society in Pre-Modern Japan* (Global Oriental, Folkestone, Kent, 2009).

J. Z. Lee and Wang Feng, *One Quarter of Humanity* (Harvard University Press, Cambridge, MA, 1999).

M. Livi-Bacci, *Population and Nutrition* (Cambridge University Press, Cambridge, 1991).

M. Livi-Bacci, *Conquest: The Destruction of American Indios* (Polity Press, Cambridge, 2007).

T. McKeown, *The Modern Rise of Population* (Edward Arnold, London, 1976).

W. H. McNeill, *Plagues and Peoples* (Anchor Press/Doubleday, Garden City, NY, 1976).

N. Sánchez-Albornoz, *The Population of Latin America: A History* (University of California Press, Berkeley, 1974).

第3章

土地、劳动力与人口

Land, Labor, and Population

收益递减和人口增长

人口增长对农业社会经济发展会产生什么样的影响仍然是悬而未决的问题。对于这个问题有两种强硬的相互对立的观点。第一种观点认为人口增长本质上是一种消极的力量，它使固定或有限的资源（土地、矿物）与人口之间的关系紧张，从长远来看加剧了贫穷。第二种观点认为，人口增长能够激发人类的创造力，抵消和扭转资源局限的劣势。人口越多，就会产生规模经济、更多的产品和盈余，而这些反过来又推进了技术的进步。

第一种观点可以在直接和短期的经验中得到验证：人口密度的增加导致了对固定资源的竞争，而固定资源必须满足更多人的需求。然而，历史观察对这一观点提出了有力的质疑，因为经济发展通常伴随着人口增长。庞大的人口可以使工作更好地组织化和专业化；能够轻松找到更多的方法来替代固定资源，从而创建一种新的系统，而如果人口规模较小是无法维持这种系统的。事实证明，调和短期观察结果和长期观察结果并不容易。

第二种观点与第一种观点相反，但它必须解决一个更为严重的矛盾。即使我们承认人口增长激发了人类的创新和创造精神（经济学家称之为"技术进步"），也很难想象这种精神如何能够扩大人类生存和福祉所必需的固定资源（土地、空间和其他重要的自然要素）。

试想一个在深谷中的孤立农业人口。出生率和死亡率之间的差距导致人口增长缓慢，在这个深谷中，人口每两个世纪就翻一番。最初，人们耕种的是更肥沃、易于灌溉且交通便利的沿河平原上的土地。随着人口的增长，以及对食物的需求，所有易于耕种的土地都得到开垦，就只能开垦更远的山谷斜坡上的土地，这些土地灌溉困难，比较贫瘠。持续的人口增长需要在山谷高处种植更贫瘠、更容易受到侵蚀的土地。当所有的土地都被利用完后，还可以通过更集约的耕作来进一步提高产量，但是由此产生的收益仍然是有限的，因为额外的劳动力投入终将会到达极限，无法再有效地提高产量。这样一来，在固定环境下的人口增长（以及固定的技术水平），可耕种的肥沃土地的逐步减少，使得增加劳动力投入之后，每单位土地或劳动力的回报减少。

收益递减概念是马尔萨斯和李嘉图[1]的基本思想，也适用于非农业。不难想象，虽然每增加一名工人对固定资本存量（机器）的贡献可能会提高整体产量，但每增加一名工人对产量增长的贡献是逐步下降的。

因此，考虑到人口增加和土地或资本是固定供应的，收益递减规律似乎决定了人均产量的下降。然而，工人的生产力并不是一成不变的，纵观人类历史，创新和发明不断地促进生产力的提高。在农业中，铁农具取代了木制农具，锄头让位于犁，畜力补充了人力；作物轮作、选种和施肥的改进都体现了生产技术的革新。简而言之，技术革新和进步，不管它是提高了单位土地产量还是单位资本产量，都增加了可用资源。但是，这种增长的积极影响可能只是暂时的，因为持续的人口增长将抵消这些成果。还应该补充的是，任何程度的进步都不能无限期地提高土地等固定资源的生产力。

1798年，马尔萨斯在其名著《人口原理》第一版中描述了上述关系，论证了人口增长潜力是以"几何级数增长"的，而生存所必需的资源——尤其是食物——是以算术级数增长的，两者是不相容的。在自然法则下，人类要消费食物，"人口和土地产品天然是不匹配的，而根据自然的法则，人类需要足够的食物养活自己，在我看来，这是无法克服的巨大困难"。[2] 人口的增加使资源与人口之间的关系变得紧张，直到一个约束人口进一步增长的因素出现。马尔萨斯称这些为"积极的"约束，比如饥荒、疾病或战争，它们缩小了人口规模（就像中世纪的瘟疫或三十年战争），使人口与资源重新建立了更合适的平衡。然而，重新达到的平衡只能持续到另一个恶性循环开始，除非人口能够找到其他方法来限制生育能力。这种预防性的良性约束包括独身或推迟婚姻，对于明智地做出这一选择的人群，这种做法降低了他们的再生产能力。人类的命运取决于一系列竞争：积极约束或预防性约束、无意识行为或负责任行为、被动受害或积极应对。

马尔萨斯模型虽然多年来一再修订和更新，但基本上仍保留了最初的构想，可概括如下：

1. 食物是主要的资源。食物的稀缺性导致人口死亡率上升，人口增长减缓（或逆转），人口重新建立平衡。

2. 收益递减规律是不可避免的。开垦新土地和劳动集约化可以应对人口增长，但新增的土地或劳动强度带来的生产增量会越来越小。

3. 发明或创新带来的产量增加或生产率提高只是暂时的缓冲，因为发明和创新的任何成果都不可避免地被人口增长所抵消。

4. 认识到人口增长的恶性循环和积极的约束可能导致人口通过婚禁来抑制人口出生（以及人口增长）。

图 3-1 描述了人口与资源之间的关系，经过一段时间的增长或下降后，人口与资源重新建立平衡。在这两种情况下，根据是否有预防性约束，图中描述了两条路径。随着人口的增长，对食物的需求随之增长，食物价格也随之上涨。与此同时，随着劳动供给的增加，工资越来越低。物价上涨和工资下降的交织导致实际工资的下降幅度更大，也就是说，人口的生活水平不断恶化。这种恶化不可能无限期地继续下去，最终必然会实现一种新的平衡——明智地选择预防性约束（途径1），或拒绝预防性约束使死亡率增加（途径2），抑或是两者兼而有之。无论走哪条道路，生活水平的恶化都会导致人口减少（或至少使人口增长减缓），其结

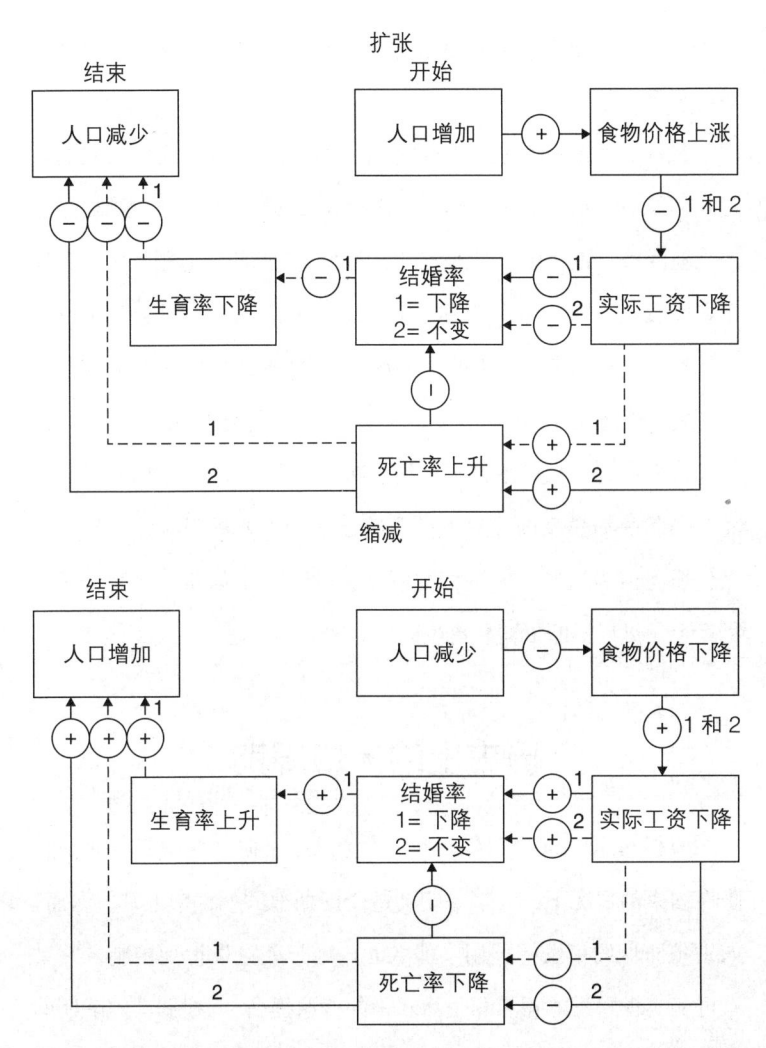

箭头表示假定的因果关系方向，符号＋和－表示对下一步的积极和消极影响。虚线表示的关系比实线弱。对于路径 1，生育能力起到的作用较强，而对于路径 2，生育能力起到的作用较弱。

图 3-1　人口扩张和衰退阶段的马尔萨斯积极和预防性检查制度

果是死亡率增加或结婚率和生育率下降，从而重新建立人口和资源的平衡。

然而，创新和发现带来的不连续性只是延迟了人口机制的重建，而没有改变其基本功能。上述模式尤其适用于受土地供给限制的农业经济，也适用于贫困人口，因为他们的收入有很大一部分用于购买食物。在马尔萨斯和工业革命时期之前，世界上几乎所有国家都属于这两类，今天的许多贫穷国家仍然适用于这一模型。

将马尔萨斯模型应用于工业社会（20世纪70年代由罗马俱乐部推而广之，虽然不科学却很成功），不存在任何逻辑问题。然而，马尔萨斯模型的强有力的逻辑在解释工业进程时并不那么令人信服，因为这些工业进程受制于持续的技术创新，它们在很大程度上是可以不断更新和再生的。

历史上的人口周期

根据马尔萨斯的方案，由于生活水平下降，在缺乏有效的预防性约束的情况下，人口一定会遭受周期性的死亡率上升。然而，如果预防性约束发挥作用，那么人口增长就可以得到控制，并且有可能实现财富的积累和生活水平的普遍提高。[3] 根据马尔萨斯的说法，在他那个时代，预防性约束比在古代欧洲更为有力，这是人类进步的一个隐性证明。然而，只有在高度文明的社会中，预防性约束才会缓慢发挥作用。不幸的是，从历史上看，积极约束似乎更为普遍，灾难和死亡危机的发生频率和强度就证明了这一点。诚然，死亡率危机往往取决于流行病周期，这种周期在很大程度上与生活水平无关（见第 2 章关于鼠疫的部分），但在现代，生存危机往往伴随着死亡率的增加。谷物占工业化前人口热量摄入的 2/3，谷物价格上涨到正常年份的 2—4 倍甚至更多，几个月后，死亡率就会大幅上升。一次或多次歉收（往往由天气条件造成）会导致谷物价格暴涨，如果再遇上储备不足、找不到替代食物、贸易障碍和受影响人口较为贫困，这种情况可能会更加恶化。过剩人口在危机年份定期消失常被人用于支持马尔萨斯模型。图 3-2 描绘了一段时期内锡耶纳的小麦价格和同一城市的死亡率的变化情况，主要集中在 16 世纪中叶到 18 世纪初期间，随着死亡率达到顶峰，小麦价格连年大幅上涨。[4] 同样，"匮乏年"通常是结婚率下降的年份，因为婚姻被推迟到条件改善之后，这种情况也会导致暂时性的生育率下降。

欧洲各国的情况与锡耶纳的情况大同小异。16 世纪到 18 世纪早期的特点是生存危机频繁出现，每个世纪会出现 2—4 次或更多的比率，结果就是人口的衰减。[5] 1693—1694 年和 1709—1710 年的生存大危机使法国同期的死亡人数比正常年份翻了一番，对人口结构和历史记忆都产生了深刻的影响。[6]

生活水平下降的负面影响应该更加持久，马尔萨斯模型的作用在长期中比在短期中更明显。事实上，如果我们忽略粮食短缺引起的流行病（例如鼠疫和天花）的影响，生存危机对人口的影

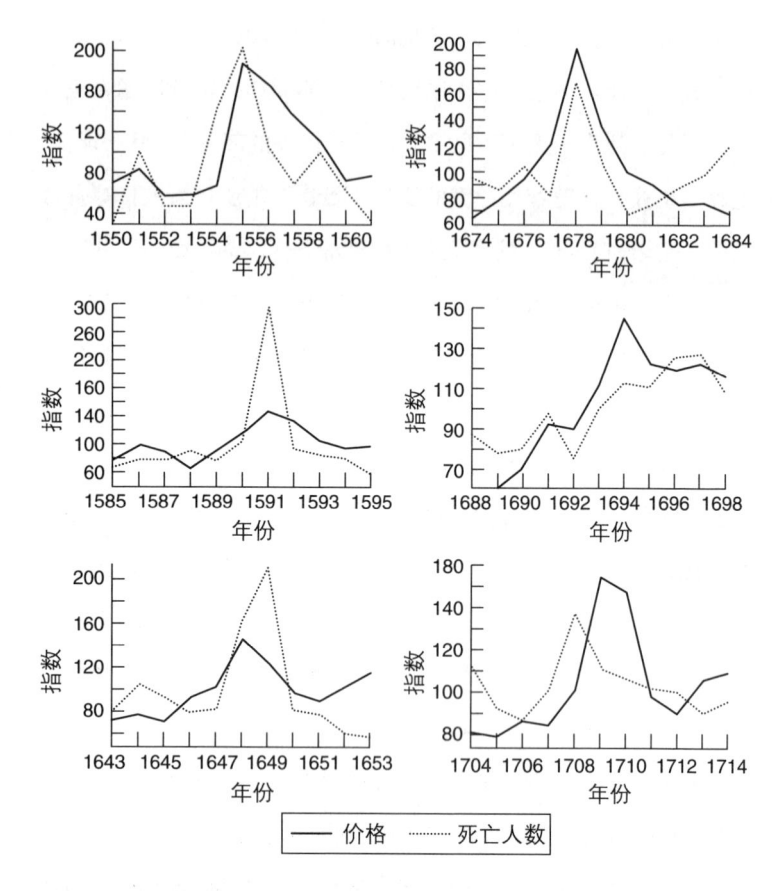

图 3-2 锡耶纳的死亡率和小麦价格指数（16—17 世纪）

资料来源：价格数据参考 G. Parenti, *Prezzi e mercato a Siena* [*Prices and the Market in Siena*]（1546—1765）（Cya, Florence, 1942）, pp. 27-28。死亡人数的数据来自佛罗伦萨大学统计系未发表的一项研究。

响不足以解释人口增长和衰退的周期性变化。而积极约束和预防性约束在更长期的影响——生活水平提高或下降造成的死亡率和婚姻的长期影响——可能更有助于解释人口的周期性变化。工资和价格变动为人口与经济之间的关系提供了线索，因为从长远来看，通过衡量工资和价格的变动，人口与经济的变动正如马尔萨斯模型所揭示的那样（参见图3-3）。在人口周期的消极阶段（例如在黑死病之后的一个世纪或17世纪），人口的下降或停滞，对食物的需求下降，导致食物的价格降低，而对劳动力的需求却增加了，于是工资上涨。例如，在14世纪初至15世纪末，小麦价格减半，但法国和英国的小麦价格又再次上涨。正如斯利切尔·范巴斯（Slicher van Bath）所写的：

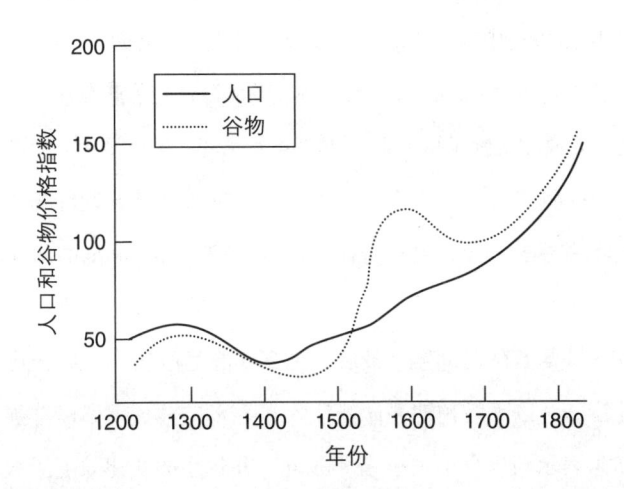

图3-3 欧洲人口与粮食价格（1200—1800年）

资料来源：B. H. Slicher van Bath, *The Agrarian History of Western Europe*, *A.D.500—1850*（Edward Arnold, London, 1963), p. 103。

伴随而来的是14和15世纪的经济衰退。人口因流行病而减少，耕地面积超过人们维持生计的需要，谷物价格下跌。而且由于人口减少，劳动力变得稀缺，因此货币工资和实际工资都有了大幅的上涨。[7]

16世纪人口的强劲复苏扭转了这种局面：不断增长的需求推高了谷物和其他食物的价格，而实际工资却在下降，[8] 这一趋势在17世纪初达到了一个临界点。[9] 17世纪的人口增长放缓以及三十年战争导致的德国人口的灾难性减少，都是新的周期反转的原因之一（伴随着需求和价格的下降以及工资的增加），这种变化一直持续到18世纪中叶，当时人口增长再次扭转了局面。

16世纪到18世纪的英国案例似乎很符合马尔萨斯模式，变化的人口规模和实际工资指数如图3-4所示。[10] 统计显示人口与价格之间存在明显的直接关系，这与人口增长或下降导致价格的上升或下降的想法一致，尤其是在17世纪中期到18世纪的两个转折点上。该图突出显示了人口与工资变动之间的反比关系，尽管转折的时间点上存在差异。最后，图3-5清楚地显示人口变化的两个因素——以平均预期寿命估计数 e_0 表示的死亡率和以总生育率（TFR）表示的生育率——各不相同。死亡率的变化与生活水平无关（由实际工资表示），而总生育率的变化（随不断变化的结婚率变化）似乎在短暂的延迟之后也会随结婚率而变化。

英国的例子似乎符合马尔萨斯模型的路径1（见图3-1）。根

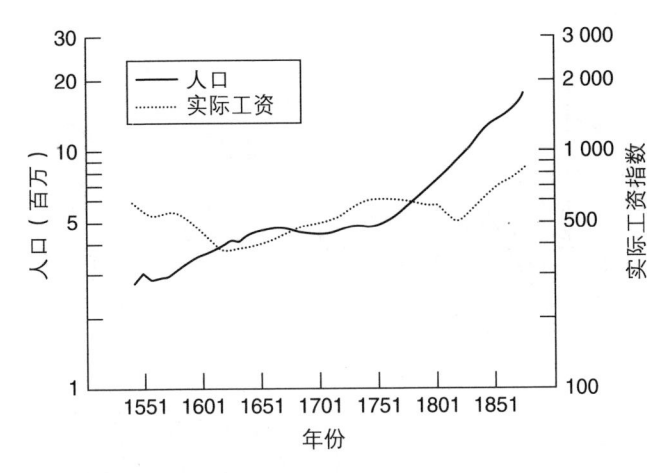

图 3-4　英国人口与实际工资（1551—1851 年）

资料来源：E. A. Wrigley and R. S. Schofield, *The Population History of England 1541—1871*（Edward Arnold, London, 1981）, p. 408。

据该模型，人口和资源之间的平衡是通过结婚率和生育率来改变的，而不是通过死亡约束。

其他一些按年代顺序排列的长期研究虽然没有那么丰富的数据，但也提供了类似的解释。法国南部朗格多克地区的社会生活具有明显的经济—人口周期特征。[11] 第一个周期是在1348年瘟疫之前完成的。同欧洲大部分地区一样，当地人口膨胀并且逐渐移居到崎岖不平、生产力不高的边缘土地上。13世纪末和14世纪上半叶，频繁的饥荒和人口增长放缓的迹象明显，紧随其后的是瘟疫和人口衰减。这种衰减产生了若干社会人口统计学的影响，例如家庭核心重新组合成大家庭和土地重新分配，这两种行为都适

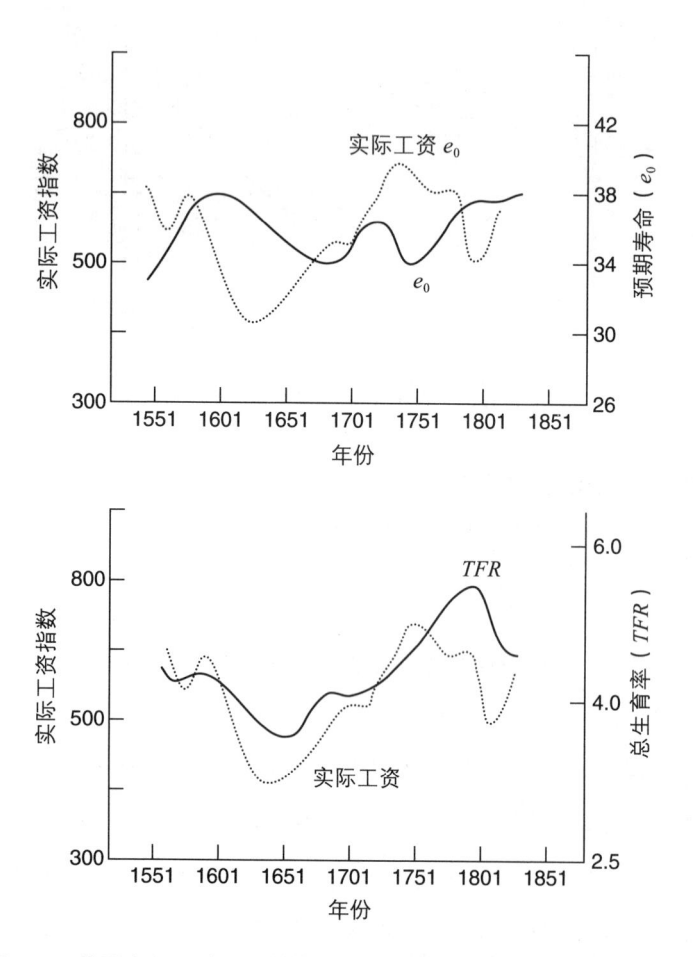

图 3-5 英国实际工资、预期寿命（e_0）和总生育率（*TFR*）（1551—1801 年）

资料来源：改编自 E. A. Wrigley and R. Schofield, *The Population History of England 1541—1871*（Edward Arnold, London, 1981）。

合于土地突然富余和劳动力不足的农业体系。然而，就我们的目的而言，最显著的经济影响是食物价格下降和工资上涨，这一趋势一直持续到16世纪人口复苏和加速增长才结束。土地再次变得稀缺，新的、更加贫瘠的土地被开垦，实际工资下降，社会变得更加贫穷。并且，在17世纪到18世纪的这段时期内，人口数量下降了。罗伊·拉迪里（Le Roy Ladurie）用马尔萨斯的模型解释了这种人口增长和衰减交替出现的周期。人口的增长速度快于资源的增长，从长远来看，在没有技术进步的情况下，积极约束就会发挥作用。法国朗格多克的情况与英国不同，它遵循图3-1的路径2，死亡约束是调节机制。

对南欧和北欧其他地区的研究也有类似的解释。[12] 所有这些观察的共同结果，是人口增长和收益递减导致人均产量下降，从而加剧了贫困。这种螺旋或陷阱，可以通过创新或控制人口增长来避免或至少弱化。

人口压力和经济发展

收益递减意味着资源增长和人口增长之间的持续竞争，除非人口增长因生育控制而受到限制，使得财富积累和生存条件改善成为可能。无论如何，人口增长是对经济发展的一种制约。

与马尔萨斯的理论相反，人口增长促进发展的理论有着更悠久的历史。在17世纪和18世纪的大部分时间里，经济学家们为一些国家（特别是西班牙和德国）人口减少所带来的负面经济影响而忧心忡忡，并深信许多其他资源丰富的国家的贫困与人口短缺有关，因此对人口增长持乐观态度：

> 除了少数例外，他们对"人口稠密"和人口数量的快速增长充满热情。事实上，直到18世纪中叶，他们对"人口稠密"的态度几乎是一致的，就像他们对任何事情的态度一样。数量众多且不断增长的人口是财富的最重要表现，是财富的主要来源；这就是财富本身，是任何国家拥有的最宝贵的资产。[13]

在当时有限的发展和低人口密度的背景下，人口增长意味着资源的倍增，并且会带来个人收入的增加。[14] 我已经说过，这种观点相当普遍，直到18世纪末，工业革命第一阶段人口的负面影响才促使马尔萨斯和他的许多同行采取相反的观点。

人口增长可以促进经济发展吗？如果"固定"资源非常丰富或可以替代，那人口增长就能促进经济发展，社会和经济史的观察已经证实了这一点。很容易看出，在一定程度上，人口稀少时，人口密度较低，贸易受限，分工和专业化程度低，无法进行大规模投资，因此可能会限制经济发展或使经济停滞。从历史上看，人口稀少或人口衰减地区几乎都是经济落后地区。在17和18世纪，许多欧洲国家的政府采取了行动（往往是不成功的），向人烟稀少的地区或因人口衰减导致生活水平降低的地区移民。[15]

理解经济发展与人口增长之间的逻辑关系很重要。不断增加的人口压力和由此造成的现有资源紧张如何构成了发展的先决条件？埃斯特·博瑟鲁普（Ester Boserup）提出的理论解释了农业经济之下这两者的关系。[16]

农村地区人口密度的变化与土地肥力天然相关：在肥沃、易于灌溉的土地上，人口密度高；在不太适合耕作的地区人口密度低。但是，这种解释可以颠倒过来，也就是说人口增长为日益密集的耕作方式的推广创造了必要条件。因此，人口压力是农业创新的原因，而不是结果。

农业经济下，有很多不同的土地耕种制度，如森林休耕制度（对一片森林砍伐焚烧，耕种1到2年，然后休耕20年到25年，在休耕期间，森林自我复原，土壤的肥力得以恢复），也可以在同一块土地上进行多年种植。这是两种极端的耕种制度。其他还有灌木休耕，方法与森林休耕相同，但是灌木在6到8年内就能复原，因此休耕期更短。短休耕的耕种制度只有1年或2年的休耕期，只够土地上长出杂草来帮土地恢复肥力，而一年生作物只能让土壤休养几个月。人口增长决定了更集约和休耕期更短的耕种制度，这样才能在固定区域内供养越来越多的人口。然而，这种集约化进程伴随着越来越大的劳动力需求，并且常常还伴随着劳动生产率的下降。例如，在刀耕火种的系统中，整地和播种都极为原始：用斧头和火清除森林，用灰烬给土壤施肥，用尖头的棍棒播种松软的土壤，每小时的工作产出很高。短休耕的耕种制度需要费力地平整土地，必须用锄头或犁取代简单的斧头和火；要给田地施肥、除草、灌溉。在森林休耕制度中，大部分的工作是由火来完成的，而且不需要铲除根部——这是一项非常耗时的工作，因为土地必须清理干净，以便准备永久使用的土地。因此，在森林休耕制度下用于土地清理的时间似乎只是全部清理所需时间的一小部分，也许是10%或20%。[17]

不同时期的工具也在发生变化。刀耕火种时，一根尖头木棍就足以播种，而休耕期较短的耕种制度需要使用锄头清理灌木；在休耕期更短的制度则需要用犁铲除杂草。当畜力被用于耕种时，牲畜生产肥料，但同时必须得到喂养和照料，这需要额外的劳动力。为了获得同样的产品，每个农民必须工作更长时间；换句话说，他每小时的工作效率（在缺乏技术创新的情况下）趋于下降。当人口远超可用土地，农民被迫使用新技术，由于增加了劳动投入，每单位土地的产量提高了。这种观点认为，在许多情况下，某些人口不采用更集约的技术，不是因为他们不知道这些替代办法，而是因为土地供应使他们不用采用新技术。事实上，人口密集意味着单位劳动生产率的下降。

农业创新的过程不同于那些"立即"得到采用的创新或发现，因为农业创新能够节省劳动力。在第一种情况下，创新是人口增长和达到一定人口密度临界值的结果。第二种情况下，创新与人口因素无关。

在人口下降期间农业革新进程似乎发生了逆转，这也印证了农业制度与人口密度之间的联系：较低的人口密度促使人口恢复到较不集约的生产制度。"许多在战争或流行病之后被遗弃的永久性农田……在之后的几个世纪里一直没有得到耕种。劳动集约型的施肥方法，如泥灰，在法国被废弃了几个世纪后才又在同一地区重新出现，此时人口再次变得密集。"[18] 这种"技术"倒退的最新例子出现在发展中国家，例如在拉丁美洲，"当来自人口更密集、技术水平更高的地区的移民成为……人口稀少地区的定居者时"[19]。新殖民者在赤道附近的森林中实行刀耕火种的农业——例如在亚马孙地区——是这一现象在当代的一个不幸案例。

博瑟鲁普模型（Boserup's model）（图3-6）一般是指在人口逐渐增长的压力下，历史社会的缓慢转型，其中人口逐渐增长被视为独立于模型的变量。[20] 当把它应用于混合经济或正在经历现代人口加速增长的发展中国家时，它的解释力大为减弱（虽然不是完全不能解释），我们将会在下文看到这一点。该模型并不排除其他因素的作用，而是将人口增长作为经济转型的驱动力之一。它推翻了马尔萨斯模型，因为人口不再是一个独立于发展的变量，而是一个决定发展的变量。

人口增长：压力还是动力

人口压力的积极理论被用于解释狩猎—采集到农业的"快速"

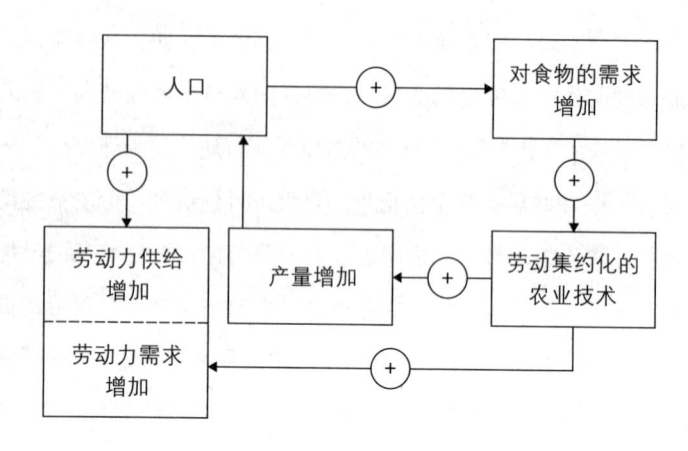

图 3-6　人口与农业集约化

过渡（前文提到过），并产生了有趣的结果。这一过渡使人类在仅仅几千年的时间里发展出了一个人造资源的系统，而人类在过去的几十万年间一直依赖于生态系统自发提供的动植物产品。

根据传统理论，这种转变可以通过创新和发明的发展和传播来解释。有关动物驯养、种植和收获的新技术使产量增加，也更稳定，从而促进了人口增长。[21] 换句话说，人们改变了环境，从而为人口增长创造了条件。像博瑟鲁普一样，马克·科恩（Mark Cohen）也解释了这一过程。[22] 11 000 到 12 000 年前，狩猎—采集者在各个地方定居，人口增长迫使他们扩大了采集范围，他们必须采集营养少、味道差的低劣食物。然后，从 9 000 年前开始，狩猎—采集者被迫进一步扩大食物的范围，种植那些味道不好但易于繁殖的食物，因此开始了向农业的过渡。此论证基于两个主要论点和一系列推论。

根据第一个论点，农业是由一系列的实践和技术组成的，它们在狩猎—采集社会就已经出现，但由于不必要而没有被采用：

> 任何人类种群都在某种程度上依赖植物资源，他们具有人类智慧的基础，并具有各种定居结构……他们几乎必然会观察种子或嫩芽的生长过程……农业是……各种行为的组合……包括诸如开垦荒地、施肥、播种、灌溉、除草、养护、物种迁移以及选种。这些行为本身单独都不构成农业，它们合在一起就是农业。[23]

第二个论点涉及向农业过渡时所需的营养水平和达到这一水平所需的劳动。首先，这种转变导致了饮食的质量和种类恶化，因为通过捕鱼、狩猎和采集获得的食物比定居农业以单调的谷物为主的饮食在营养和味道上要丰富得多。因此，如果没有人口增长，也就没有必要向定居农业过渡。此外，定居农民的劳动要比狩猎—采猎者繁重得多，狩猎—采猎者常常认为寻找食物与其说是一种劳动，不如说是一种自然的生活方式。

在狩猎—采集的生存模式下，劳动负担较轻。这一理论可以通过对至今仍存在的狩猎—采集者群体的观察得到证实：卡拉哈里沙漠的布须曼人成年男性每天平均花两三个小时来获取食物；阿纳姆地的土著人每天获取食物的时间为平均三到五小时；而坦桑尼亚的部落为不到两个小时。[24] 格雷（Grey）在19世纪观察到了类似的情况。[25] 把原始农民和他们的狩猎—采集祖先进行比较，也证实了狩猎—采集者只需要更少的劳动就能获取足够的食物。总而言之，"农业允许更高产的食物增长，可以支持更密集的人口和更大的社会单位，但代价是饮食质量下降，收成的可靠性无法保证，而每单位食物的劳动量相等或可能更大"[26]。当人口增长要求更高的单位面积产量时，农业就会扩张。我们需要记住，向其他地区迁移是一种平衡机制，可以在地区之间分配过剩人口，缓解人口压力，这样一来就可以理解为什么在人类漫长的历史中，向农业过渡（由人口增长驱动）发生在一个相对较短的时间内了。

科恩的论述引发了激烈的辩论，许多人试图求证。人们尤其注意其中一个假设，即农业过渡时期带有生活水平和营养水平下降的特征。然而，要证实这一点还很困难，考古发现和古病理学研究都没有定论。[27]

认为第一次已知的人口革命导致向农业过渡的理论与博瑟鲁普的理论一样，都认为人口是发展的刺激因素。后来的人口发展——例如中世纪欧洲在瘟疫之前的人口增长时期——也促使生产组织按照上述模式发生变化。

从9世纪至14世纪，新的制度得到推广。这种新的制度对一个村庄的所有农田进行三次轮作，即土地在种植两种谷类作物之后休耕一年，并在休耕期利用庄稼茬和休耕地驯养家畜。家畜的粪便又可以增肥土地，弥补因休耕时间缩短而造成的土壤肥力损失，也可以弥补耕种面积扩大而造成的天然草场的损失。即便如此，粮食产量仍有可能低于长期休耕制度下的产量，而且随着人口不断增加，人们的饮食可能会从动物性食物转向植物性食物。后来，黑死病降低了人口密度，人口发生了相反的变化，可耕种的土地因人口减少而变得富余，耕地恢复为草场，人口的饮食结构也发生了转变。[28]

低地国家是欧洲人口最稠密的地区，此处的农业系统使该地区避免了欧洲其他地区常有的周期性饥荒。根据博瑟鲁普的说法，正是低地国家最先引进了短休耕制度和每单位土地热量含量高的块根作物等重大农业创新。

当前仍然使用传统技术的农业社会的证据也证实了人口增长能够推动经济发展。例如，从1962年至1992年，发展中国家的劳动力/土地比率的变化（普遍增加）与土地生产力之间存在着正相关关系，而且这种关系在加强。在大多数国家，人口对土地的压力增加，这决定了土地产量增加的博瑟鲁普式反应。一项有影响的研究采用了1962年至1992年期间拉丁美洲、非洲和亚洲、的一系列案例。[29]在这些案例中，由于人口增长率较高，人口压力比过去大得多。这些案例说明了农业社会对每年2%—3%的人口增长率的反应。在几乎所有的案例中，城镇吸收了一部分农村过剩人口，而且在某些案例中，非农部门实际上已经占据了主导地位。

在技术水平大致相等的情况下，在一块土地上种植一种作物所需的劳动随着耕作制度集约化而增加。例如，喀麦隆从森林休耕——采用刀耕火种技术和长休耕期——转向每年耕种，每公顷每年的总劳动时间从770小时增加到3 300小时。[30] 劳动力需求增加的原因是耕作的每个步骤（开垦土壤、除草等）需要大量的工作，同时需要更多的步骤（例如灌溉、施肥）。对于刀耕火种的农业来说，有三个步骤就足够了：通过焚烧来开垦土壤（在利比里亚或象牙海岸，每公顷土地需要300—400小时的劳动）；在经过焚烧的土地上用棍子或锄头种植；以及收割庄稼。由于不需要施肥、除草或灌溉，在播种和收获之间几乎不做任何劳动。随着耕作技术加强，施肥、除草和灌溉变得必不可少，而且需要投入越来越多的劳动。我们根据平加利（Pingali）和宾斯瓦根（Binswagen）研究的52个案例以及计算的耕作和劳动强度的指数，[31] 会发现这两个变量之间存在正相关关系：耕作强度每增加10%，平均每公顷需要的劳动时间增加4.6%。同样的分析显示，耕作强度增加10%对应每公顷产量增加3.9%。因此，每小时劳动的生产率略有下降，但如果我们把那些严格来说没有包含在耕作中的时间（饲养和照料牲畜以及维护灌溉系统和工具）包含在内，每小时劳动的生产率下降更大。当然，这种生产率下降（没有考虑技术创新）可以通过充足的投资和新技术得到补偿。

发展中国家的经验证实了这一理论的许多方面。农业集约化意味着每单位耕地所需的劳动增加，在技术水平不变的情况下，每单位产量需要更多的劳动。在近代史上，技术革新有效地遏制了这一趋势，但可以想象，在更早的时代，农业革新的步伐非常缓慢甚至停滞不前，采用新的耕作方法是必然的结果，代价必然是更加沉重的劳动负担。

空间、土地与发展

在人类历史的大部分时间里，人口福利依赖于空间和土地的可得性，但也受制于空间和土地的缺乏或有限供应。人口通过创新和适应手段成功克服或绕过这些限制的方式成为生存和增长的主要决定因素。上面所描述的模型，无论是马尔萨斯模型还是博瑟鲁普模型，都依赖于空间。在马尔萨斯模型中，空间是人口变化的决定因素；在博瑟鲁普模型中，空间则是取决于人口增长或下降并随之改变的一个维度。在人口发展的历史过程中，这两种模型交替出现、部分重叠、偶有交叉，要弄清楚它们各自的影响并不容易。为了研究长期的人口增长，我们必须考虑"空间"及其所有含义，特别是土地、土地产品（粮食、制成品、能源）以及决定定居模式的那些特征。长期以来，人口统计学一直忽视或很少关注这些主题，因而没有将它们作为有价值的解释工具。在本书中，我们会看到空间有助于理解人口趋势，因此书中有直接的例子也有间接的例子，比如新石器时代革命、在新的地方定居，以及爱尔兰和日本的案例。

土地、空间与发展之间相互作用的一个主要方面与移民有关。根据目前的叙述，人类走出非洲迁移到西亚和欧洲，然后迁移到东亚，并在其离散的最后阶段到达了美国和大洋洲。[32] 人类通过迁移到无人之地或其他较低等人类（如欧洲的尼安德特人）聚居地，完成了离散或定居的过程。2万多年前，在最后一次冰河期中，最早的西伯利亚猎人沿着连接亚洲和美洲之间牢固的陆桥向东冒险，他们是从阿拉斯加迁至火地岛的漫长而缓慢的队伍的先锋。一些学者认为，从最北端到最南端，他们占领整个大陆是在相对较短的时间内完成的，大约有几千年。[33]

更具体的情况可以参照新石器时代革命和近东及欧洲农业的兴起。这一进程起源于9 000年前的近东，结束于大约5 000年前的不列颠群岛。目前有两种解释理论，它们不是相互排斥的，可以相互融合。其中一种理论认为，农业的兴起是文化传播过程的结果。通过交流、学习和接受，知识、技术和实践在空间中从一个群体传播到另一个群体。而另一种理论，我们可以称之为"人口扩散"，由于人口激增，农民被迫迁移，他们在迁移过程中带上了技术和实践经验。人口增长和迁移的结合是"扩散波"（diffusion wave）的起源，过程虽然缓慢，却持久。[34]

这种缓慢而渐进的迁移，即扩散波，主要是农民向无人居住或人烟稀少的空间移居，这个过程有两个特征。第一个特征与迁移和适应不同环境的能力有关，这些地方的环境并不总比原来的环境更有利。适应能力可能是知识和经验资本、技术能力和工具所有权的函数：禀赋越高，开发新定居地区的能力就越强。第二个特征是，对于在人口大量增长以前定居的家庭和社区来说，人口的增长也足以推动移居地区的进一步发展。迁移和适应都与选择性过程紧密相关。有历史证据表明，移民不是从原始人口中随机迁移出的，而是选择性的，他们具有几个特征。他们在年龄、健康状况、体力、耐力和乐于体验新事物上与原始定居群体具有不同的禀赋。这些结论对于史前人口而言在很大程度上都是推测，但对于有历史记载的人口而言则并非如此。

为了讨论空间和人口之间的关系，我们以欧洲为例。我们可以获得欧洲大陆——更恰当地说是欧亚大陆的西端——的丰富资料。它至少具有三个基本特征：首先是交通便利，海洋环绕，水道四通八达，地形特征有利于交流而不是阻隔交流；其次是良好的气候，欧洲大陆大部分地区气候温和舒适，有利于多种作物生长；最后是环境条件的多样性，要求人口调整适应，同时有利于专业化。

欧洲的面积（延伸至乌拉尔山脉、里海和高加索）约1 000万平方千米，其中约一半属于俄罗斯。在如此广阔和多样化的地区内研究空间与人口之间的复杂关系时，虽然可以得到许多有趣的观点，但通常也会流于肤浅。根据卡瓦利-斯福尔扎和阿默曼的说法，由于欧洲有大量可用空间，最初的农民逐渐从小亚细亚向西北迁移，在欧洲定居，带来了耕作技术，并在欧洲引发或至少推进了新石器时代革命。同样，游牧民族对罗马帝国东部边界施加的压力日益增加，这也可以归因于对空间和资源的掠夺。

为了更好地了解空间与人口变化之间的关系，至少需要研究三个分析过程。第一个过程关注在定居地区内占领无人居住或人口稀少的地区；第二个过程关注通过森林砍伐、土地复垦、沼泽排水等方式改造现有空间；第三个过程关注通过移民和殖民向定居地区以外扩张。这三个过程紧密联系，可以在概念上按照它们所需的经济增长、社会和人力成本按时间顺序排列（尽管实际上它们可以同时发生）。

对无人居住或人烟稀少地区的占领

这种扩张伴随着11世纪到13世纪中人口的增长，在此期间，欧洲人口增长了两到三倍。据格里格（Grigg）所说："公元900年，欧洲大部分地区都被森林覆盖，但在接下来的几个世纪里，人们为了耕种而砍伐森林。公元1000年至1300年间，中欧和西欧的大部分低地森林被砍伐，农耕活动也扩展到了山区，尤其是在孚日山脉、阿尔卑斯山脉和比利牛斯山脉。"[35] 这是一个普遍的过程，通过开垦新的土地来扩大定居地区，并且往往伴随着人口向城镇、城堡和新城市集中。[36] 耕地的扩张有各种各样的方式，但在大多数情况下，由单个农民开垦新的耕地或砍伐林地，在另一些情况下，新的定居点是由地主组织开垦的。[37] 在意大利、西班牙、法国、德国等地方，这类开垦耕地的过程都有详细的记录。显然，土地开垦、向高海拔地区定居和代价高昂的土地改造（在当时的技术范围内，通常是通过农业集约化），使得人口不断增长对资源日益增加的需求在某种程度上得到了满足。尽管如此，如果没有大量容易获得的土地，很难想象中世纪的人口扩张会这样充满活力。

改造和土地复垦

开垦新土地支撑了中世纪的人口增长，但也付出了高昂的代价。他们修建了许多水坝控制河水，保护低地免受河流和海洋的洪水侵袭："在易北河、卢瓦尔河、佛兰德海岸，尤其是在须德海，这些沿海地区进行了大量的填海造地，并修建了堤防以保护低洼土地免受海洋与林肯郡和诺福克的河口洪水的侵袭。"[38] 在波河河谷也修建了类似的水利工程，包括由伦巴第、艾米利亚、罗马涅和威尼斯平原城市资助的项目。[39]

在14到15世纪的人口危机之后，欧洲进入人口复苏期，土地复垦占了更大的比例。在英格兰，内陆地区（兰开夏郡和芬兰区）的湿地和沼泽，以及萨塞克斯、诺福克和埃塞克斯等沿岸地区都被排干了水。[40] 法国北部的沿海地区也由荷兰工人清干，南部普罗旺斯和朗格多克疟疾肆虐和沼泽遍布的海岸也进行了类似的工作。[41] 在意大利，垦荒活动也再次启动：

整个波河下游河谷都受到16世纪大围垦运动的影响。在西部，诺瓦拉和韦尔切利之间的皮德蒙特东部开垦了第一批稻田，但最活跃的是东部。波河两岸，在威尼斯的陆地，在帕尔马、雷焦、曼托瓦、费拉拉以及在艾米利亚都发生了巨大而惊人的变化。[42]

然而，为了应对15世纪末到17世纪中叶的人口增长和粮食价格上涨，尼德兰建造堤坝、运河和抽水工程，在海洋和沼泽中开垦土地，规模之大令人震惊。"从1540年至1565年，尼德兰修筑了12.5万公顷的圩田，其中一半在泽兰和北布拉班特，1/3在荷兰，其余的1/6在弗里斯兰和格罗宁根。"[43]尼德兰内陆也有开垦的土地："开垦的土地面积非常可观，在1550年至1650年间，尼德兰的人口增加了约60万，开垦的土地面积约为16.2万公顷。"[44]我们假设1公顷土地平均能养活2—3个人，那么增加的土地将养活新增人口的1/2到3/4。尼德兰的土地复垦紧随人口的快速增长。在其他地方，18世纪下半叶的人口觉醒伴随着土地开垦的复兴，如英格兰和爱尔兰、普瓦图和普罗旺斯、石勒苏益格-荷尔斯泰因和普鲁士、加泰罗尼亚和意大利的马雷马。

向外扩张

在空间与人口的复杂关系中，第三个因素是在已经定居的地区之外存在可用的空间。在这方面，欧洲既是人口的接收国，又是人口的输出国。在中世纪之前，人口从东南欧的草原地带流向东部，从地中海流向南方。中世纪以后，如果不考虑向西方和东方的移居现象，就很难理解欧洲人口和社会的发展。这些空间的可达性和它们所产生的吸引力是大迁移背后的两个主要因素之一；另一个问题是，由于人口流出地区经济困难而存在驱逐人口的力量。我们将在后面更详细地讨论19世纪的大规模跨洋移民，它发生在经济和工业快速变化的时期。目前我们将注意力集中到欧洲中世纪至工业革命的三次人口迁移运动。第一次是在11世纪至14世纪，日耳曼人对易北河以东地区的迁移活动；第二次是16世纪至18世纪伊比利亚人向中美洲和南美洲的迁徙、英国人向北美的迁徙，以及荷兰人和法国人向各自殖民地的相对较小的移民，这些运动构成了19世纪大迁徙的前奏；第三次是从俄国边境向东部和南部扩张。

东进运动（Drang nach Osten）是一个大规模的现象，因为它决定了易北河以东大片地区的人口结构，也决定了波兰、苏台德地区和特兰西瓦尼亚的人口结构。12世纪，荷兰和佛兰德人就开始了这次殖民进程，他们移居到易北河东部的这片人烟稀少的地区，部分是有组织的，部分是自发的，而这片开阔的地区原来是斯拉夫人的定居地。整个12世纪，移民人口估计有20万人，他们占据了易北河和奥得河之间的地区，而13世纪移居到西里西亚和波美拉尼亚的人口规模也差不多。这是一个相对较小的移民流，但从长远来看相当重要：在19世纪末，易北—萨尔河以东的日耳曼人口约为3000万。[45] 18世纪，俄国的叶卡捷琳娜大帝号召了成千上万的日耳曼移民，制造了一股向伏尔加河流域移民的新浪潮，企图把边境向南推进。1764年至1768年，27000名移民在伏尔加河沿岸建立了104个殖民地。向克里米亚、北高加索、哈萨克斯坦和西伯利亚的移民定居紧随其后。[46] 从人口统计学的观点来看，这次移民的价值不在于他们的规模——无论从绝对数量还是相对数量来看，移民的规模都不大，而在于移民人口的构成。移民大部分是年轻工人，许多人没有家庭，他们代表了生育年龄人口的很大一部分，因此打开了人口增长的渠道。他们的后代数量巨大：同法裔加拿大先驱者一样（见第2章），由于选择性效应以及移居地丰富的资源，移民的生育能力很高。数万日耳曼移民在几个世纪后变成了数千万，而原先建立的定居点到19世纪末发展成为大型城镇。

第二次大规模移民的出口是美洲大陆，其次是其他海外定居点。18纪末，随着殖民体系的崩溃，美洲成为欧洲人的定居地：拉丁美洲约有400万，北美则有450万。[47] 这些定居点由来自西班牙和不列颠群岛的移民以及小部分来自葡萄牙的移民组成，虽然与美洲大陆的广阔空间相比规模很小，但占其人口的1/3。这些移民只占欧洲（不包括俄罗斯）人口的约1/15。

根据海上交通资料的间接估计我们可以知道，截止到17世纪中叶的150年里，西班牙每年向美洲大陆移民3000—5000人。它们几乎都来自卡斯蒂利亚，每年给该地造成1‰的人口损失（根据最高估计），考虑到移民的年龄结构很年轻以及当地的人口增长率，这是一个很大的数字。1630年后，欧洲大陆普遍的危机（包括人口危机），使移民人数减少，在1700年至1720年之间达到最低点。[48] 英格兰在移民初期总人口为400万，在整个17世纪，人口流失加剧，每年净移出人数为7000。[49] 荷兰移民的情况与英国移民相当。据估计，17世纪初到18世纪末，荷兰有230 000净移民流向亚洲，向拉丁美洲和加勒比海地区移民245 000人，向美国移民240 000人。[50] 法国是欧洲人口最多的国家，但对外移民的贡献却相对较小。从16世纪初到18世纪末的跨洋移民数量庞大，为19世纪大规模迁徙奠定了人口和政治基础，它使欧洲的空间扩张越过大西洋的屏障，从而产生了巨大的长期人口影响。

第三次移民运动是俄国把边境向东和向南扩展。19世纪向西伯利亚的移民与向美洲大陆的移民相似，尽管数量要少一些。正如麦克尼尔（McNeil）写道：

> 到1796年叶卡捷琳娜二世去世时，俄罗斯人如潮水一般席卷了这个曾经强大的鞑靼社会……克里米亚以北顿河以西的广阔草原地区都被俄罗斯地主和定居者占领，这些地区的政治和社会制度已经完全与俄罗斯帝国通行的做法融为一体……新的城镇兴起，如赫尔松（1778年）、尼古拉耶夫（1788年）、敖德萨（1794年），并成为行政中心和谷物港口。随着城市生活的发展，很快出现了高等

文化的各种表现形式，并且由于希腊人、保加利亚人、波兰人、犹太人和一些西欧人的加入，带有明显的世界主义色彩。[51]

这些复杂和鲜为人知的记录，应该能让我们了解人口变化与空间的密切关系。这是一个与移民相联系的观点，他们从各个方向横越大陆。反过来，它又帮助我们了解在千年中，没有严格以政治边界界定的新空间的可获得性如何在决定人口变化的过程中发挥了巨大而多样的作用。因此，空间使欧洲经济向更广阔的世界扩张成为可能。

人口规模与经济繁荣

在上文中，我讨论了人口与经济发展之间可能存在的几种动态关系。同样，我们有必要花点时间来考虑一下简单的"居民数量"对社会福利的影响。我在前文已经顺带提到这个论点，然而，值得深究的是，社会组织的复杂程度是居民数量的函数。许多学者都想弄清楚是否存在"最优"人口规模的问题，[52]但这种学术研究对理解人口发展的历史原因并没有特别的帮助。最优人口规模可定义为个人福利最大化（高于或低于这一规模则福利下降）的理论人口规模，本质上是一个静态的概念，不适用于动态人口。

人口规模通过古典经济学家所熟知的两种机制发挥作用。第一种机制与劳动分工原理有关，因此也与更有效地发挥个人能力有关。第二种机制的根据是社会组织的复杂程度是人口规模的函数，也在绝对和相对上与给定单位土地（密度）密切相关。

亚当·斯密就曾巧妙地论述过劳动分工的好处，在他之前，威廉·配第也曾表述过。在谈到大城市的优势时，配第写道："制造手表时，如果一个人制造齿轮，一个人制造弹簧，另一个人雕刻表盘，还有一个制造表壳，这样做出来的手表会比一个人做全部工作制作出来的手表更好，也更便宜。"[53] 斯密在说到铁匠制作钉子的例子以及劳动分工对制造大头针的优势时有一段非常经典的论述：

> 一个人拉铁丝，另一个人把它弄直，第三个人把它剪成段，第四个人把它削尖，第五个人打磨顶端以便安装针头，制造针头需要两三个不同的工序，安装针头需要特殊手艺；制造大头针的重要工艺以这种方式被分成18道不同的工序，在某些工厂中，每一道工序都由不同的人进行。[54]

1个工人1天最多可以生产20个大头针，而1家雇用10名工人的工厂每天可以生产48 000个，每个工人可以生产4 800个。劳动分工是市场规模的函数。市场小，分工适度，就能获得优势。斯密观察到，在他的祖国苏格兰的高地上，家家户户都很分散，每个人都要做屠夫、面包师和酿酒师，铁匠、木匠和泥瓦匠很少，这些离城 8 到 10 英里的家庭需要自己做大部分工作。[55]

不能充分地进行劳动分工在某种程度上造成了分散群体的落后。小而孤立的群体会遇到发展困难，他们的规模不允许他们实现专门化。小规模的殖民活动会失败，小群体的人口不稳定，即使在环境良好的情况下也是如此。根据这个公式，最大限度的无效率就是只有鲁滨逊·克鲁索一人构成全部人口。

从人口规模或密度获得的第二个优势是在人口水平不断增加时获得的规模经济。只有当人口相对于定居的土地达到一定的密度时，更有效的资源利用体系和生产体系才变得可行。我们已经思考了一个例子，在这个例子中，农业集约化进程对人口增长的刺激做出反应。在我们这个时代，政府和广大公民代表都认为，像加拿大这样的国家太"空旷"，无法维持发展，而这种发展似乎可以由其扩张和自然财富支持。其他经典的例子包括灌溉系统的发展、城市的建立、交流的改善。总的来说，对基础设施的这些投资需要大量的资源，也需要大量的需求，小型团体和有限的市场都无法提供，而在较大的人口基数中，基础设施可以以较低的人均成本来建设。

美索不达米亚建立灌溉系统，使得公元前 8000 年生活在扎格罗斯山脉的少数狩猎—采集者在接下来的几千年里进化成为平原居民。

这个人口稠密的地区使用涌流灌溉为基础的集约化农

业系统，还引入复种技术。使用牛牵引的铧和铁犁耕地。灌溉系统则使用水轮将水抽到位于河流上方的农田中。因此，在大约8 000年的时间里，美索不达米亚变得人口密集……渐渐地，这些人从原始的食物采集者变成了使用食物生产系统的人，而这一生产体系也是古代世界最巧妙的系统。[56]

随着中世纪人口的减少，意大利滨海地区马雷马变成了沼泽地，这是水利控制系统损毁的结果，与上文提到的修建水利设施是相反的过程。

这种情况也适用于道路网的发展，因为道路网的发展也与人口密度相关。[57] 很明显，道路的优点和有用性取决于它的使用频率。道路一旦建成，将对发展产生多方面的影响，加快交流，促进贸易，并有助于创造一个更大的市场。在原始社会，生活必需品价格差异在很大程度上是由运输的困难和通信的不确定性造成的。

城市的发展也与人口有着明显的联系。我认为城市让经济组织更专业、更有效。虽然如今的中心城市日益明显的规模不经济削弱了这些优势，但我们讨论的主要是农村经济，情况则完全不同。显然，维持一个不直接参与粮食生产的重要人口中心意味着农村人口创造了农业剩余；而农业剩余越多，可用资源就越多。美索不达米亚、印度北部和中国早期城市扩张显然是基于土地肥沃和农业丰饶带来的大量人口。埃斯特·博瑟鲁普最早对这种情况给予解释，论述了其中的因果关系：人口增长推动了农业集约化，但人均生产水平并没有提高——人均生产水平随着集约化耕种而增加。人口密度的提高产生了剩余资源，使城市的诞生成为可能。在城市附近有更多的农民意味着有更多的产品和剩余，可以支持更多的城市人口。

> 甚至古代世界最好的技术，在最好的土地上使用时，也不能使一个农业家庭供养许多非农业的家庭……有大规模的人口可以支撑中心城市，这一点远比每个农民可以提供或出售多少粮食更为重要。[58]

劳动分工、规模经济和人口数量之间的联系很容易理解，大量的历史案例也可以证明这一点。但也有许多学者支持另一个理论，它采用了以下逻辑顺序[59]：当资源可用时，发展是库兹涅茨所说的"经过检验的知识"（tested knowledge）的一个函数。运用严格的假设，"新知识"的"创造者"（投资者、创新者）与人口规模成比例。规模因素（学校、大学和学院可以使已有知识的运用更有效率，也更容易创造新知识）有助于"新知识"的创造，因此随着人口的增长，它们的回报也在不断增加。这样一来，在所有条件相同的情况下，人口增长使得人均产量增加。

库兹涅茨自己也承认，这是一个危险的论点[60]，尽管他不是唯一的支持者。的确，配第曾说过："在400万人而不是400人中，更容易出现一个有独创性、有好奇心的人。"[61]

收益增加还是减少

在过去10 000年中，人类增长了1 000倍，同时人均资源数量也提高了。有些人认为收益递减是不可避免的，还没有出现只是因为固定资源还未达到极限，或者由于新土地的开垦和移居到人口稀少的地区，这些限制一再被推后，抑或是由于创新和发现，资源得到了更有效的利用。尽管如此，在很长一段历史时期内，收益递减的影响严重考验了人口的反应能力。此外，某些资源似乎不仅是有限的，而且是不可再生的，因此从长期来看，创新和发明都无法避免收益递减和贫穷。

相反的观点认为，没有理由认为收益递减是不可避免的。库兹涅茨从历史的角度很好地表达了这一立场，他问道：

> 如果人类在过去是经济增长和社会发展的建筑师，并对知识、技术和社会力量做出了巨大贡献，为什么更多的人类会导致更低的人均产品增长率？无论是既定生产模式下生产的商品，还是有新的知识和发明，更多的人口意味着更多的创造者和生产者。为什么更多的人口无法达到过去由较少的人口所达到的水平——提高总产出，不仅满足

当前人口的增长，而且满足快速增长的人均供给量。[62]

换句话说，固定资源带来的收益递减，会被人类智慧的增加和人口增长创造的越来越有利的条件所抵消。

如果我们只坚持用死板的规则来解释复杂的现象，这个难题将无法解决。时间是最重要的因素。收益递减的影响可能在短期和中期造成无法克服的障碍，这种影响可能持续几十年或几代人，这些障碍造成的损失难以估量。它们也不一定反映在死亡率的波动上，因为人口对困难有高度的抵抗能力，而且从历史上看，传染病和流行病的构成在很大程度上与人类状况无关。然而，它们反映在贫穷的普遍增加上，从长期来看，只有通过创新才能制止或扭转这种情况。尽管从历史上看，人们会对社会扭转消极趋势的能力印象深刻，但代价是巨大的，人类将经历巨大的苦难。如果我们把这一难题转移到今天，它将呈现出一种戏剧性的局面。从长远看，人口的快速增长可能伴随着意想不到的发展，但与此同时，中期问题也会很严重。创新是有代价的。印度的绿色革命就是一个很好的例子。20世纪60年代印度引进高产种子产出了更多的小麦，而小麦是城市以中产阶级为主要消费者的昂贵主食。穷人只能吃劣质大米或面包，并用富含蛋白质的豆类来补充他们的大米饮食，但由于小麦的利润更高，农民开始种植小麦替代豆类作物。从1960年到1980年，谷物产量增加了72%，而总人口只增加了57%，豆类产量下降了17%。穷人的饮食状况日益恶化。

然而，从长远来看，绿色革命意味着穷人有更多的工作和收入，抵消了日益恶化的饮食所带来的负面影响。[63]

时间尺度很重要：在中期造成不利的因素可能对长期有利，反之亦然。那么，我们应该以世代、世纪或千年来判断历史呢？还是应该更关注我们有生之年可以预见的问题？

注　释

1. 马尔萨斯在《人口原理》中介绍了收益递减的概念："当每一英亩肥沃的土地都被利用起来，粮食的年增加就必须依赖于对已开垦土地的改良。从土地的性质来看，食物的年增长必然是逐渐减少的。"李嘉图在《政治经济学与赋税原理》中这样表述这个概念："尽管在最有利的情况下，生产力可能超过人口的力量，但这种情况可持续，因为土地数量有限，质量各异，每增加一单位资本投入，土地的生产效率就会降低，而人口的力量却始终不变。"

2. T. R. Malthus, *An Essay on the Principle of Population*（1798）（Norton, New York, 1976）, p. 20.

3. T. R. Malthus, *A Summary View of the Principle of Population*（1830）（Penguin, Harmondsworth, 1970）, pp.251–252.

4. M. Livi-Bacci, *Population and Nutrition: Essay on the Demographic History of Europe*（Cambridge University Press, Cambridge, 1991）, pp. 51–54. 有关19世纪和20世纪饥荒对死亡率的性质和影响的评估，见 C. Ó Gráda and T. Dyson, eds., *Famine Demography: Perspectives from the Past*

and Present（Oxford University Press，Oxford，2001）。

5. 关于英国的情况见 A. B. Appleby，"Grain Prices and Subsistence Crises in England and France 1590—1740"，*Journal of Economic History* 39（1979）。关于法国的情况见 F. Lebrun，"Les crises démographiques en France au XVIIème et XVIIIème siècles"，*Annales ESC* 35（1980）。关于意大利的情况，见 L. Del Panta，*Le Epidemie nella Storia Demografica Italiana*（*Secoli XIV—XIX*）[Epidemics in Italian Demographic History（14th—19th century）]（Loescher, Turin, 1980）。关于西班牙的情况，见 V. Pérez Moreda，*Las Crisis de Mortalidad en la España Interior，Siglos XVI—XIX* [*The Mortality Crisis in the Spanish Interior，XVI—XIX Centuries*]（SigloVeintiuno，Madrid，1980）。关于德国的情况，见 W. Abel，*Massenarmut und Hungerkrisen in vorindustriellen Europa* [*Mass Poverty and Hunger Crises in Preindustrial Europe*]（Paul Parey，Hamburg，1974）。

6. Livi-Bacci，*Population and Nutrition*，p. 55.

7. B. H. Slicher van Bath，*The Agrarian History of Western Europe，A. D. 500—1850*（Edward Arnold，London，1963），p. 106.

8. Slicher van Bath，*The Agrarian History of Western Europe*，p. 107.

9. Slicher van Bath，*The Agrarian History of Western Europe*，pp. 108–109.

10. E. A. Wrigley and R. S. Schofield，*The Population History of England 1541—1871*（Edward Arnold，London，1981），ch. 10.

11. E. Le Roy Ladurie，*Les Paysans de Languedoc* [*The Peasants of Languedoc*]（SEVPEN，Paris，1969）.

12. 关于加泰罗尼亚见 J. Nadal，"La població [The Population]"，in

J. Nadal, I. Farreras and P. Wolff, eds., *História de Catalunya* (Oikos-Tau, Barcelona, 1982); J. Nadal and E. Giralt, *La Population Catalane de 1552 à 1717 [The Catalan Population from 1552 to 1717]* (SEVPEN, Paris, 1960)。关于普罗旺斯，见 R. Baehrel, *Une Croissance: La Basse Provence Rurale [A Growth: Lower Rural Provence]* (SEVPEN, Paris, 1961)。关于意大利，见 A. Bellettini, "La Popolazione Italiana dall'Inizio dell'Era Volgare ai Nostri Giorni. Valutazioni e Tendenze [The Italian Population from the Beginning of the Common Era to the Present Day: Evaluations and Trends]", in *Storia d'Italia* (Einaudi, Turin, 1973), vol. 5, a multicentury study following the Malthusian model, 同时见 M. A. Romani, *Nella Spirale di una Crisi [In a Spiralling Crisis]* (Giuffrè, Milan, 1975)。关于低地国家见 B. H. Slicher van Bath, "Historical Demography and the Social and Economic Development of the Netherlands", *Daedalus* (Spring, 1968)。总体研究见 D. Grigg, *Population Growth and Agrarian Change: A Historical Perspective* (Cambridge University Press, Cambridge, 1980)。

13. J. A. Schumpeter, *History of Economic Analysis* (Oxford University Press, Oxford, 1954), p. 251.

14. Schumpeter, *History of Economic Analysis*, pp. 251–252.

15. 例如 18 世纪查理三世试图殖民安达卢西亚，以及在洛林统治时期在意大利的马雷马殖民地。

16. E. Boserup, *The Conditions of Agricultural Growth* (Allen & Unwin, London, 1965).

17. Boserup, *The Conditions of Agricultural Growth*, p. 30.

18. Boserup, *The Conditions of Agricultural Growth*, p. 62.

19. Boserup, *The Conditions of Agricultural Growth*.

20. 博瑟鲁普模型的元素在许多现代作者的作品中都有提及。比如 C. Clark and M. Haswell, *The Economics of Subsistence Agriculture*（Macmillan, London, 1964）, chs. 1 and 2。

21. V. G. Childe, *Man Makes Himself*（Mentor, New York, 1951）.

22. M. N. Cohen, *The Food Crisis in Prehistory: Overpopulation and the Origin of Agriculture*（Yale University Press, New Haven, CT, 1977）.

23. Cohen, *Food Crisis in Prehistory*, pp. 22–23.

24. Cohen, *Food Crisis in Prehistory*, pp. 30–31.

25. 引自 M. Sahlins, *Stone Age Economics*（Aldine, Chicago, 1974）。此外，萨林斯还提供了当代狩猎—采集人群劳动负担有限的详细例子。

26. Cohen, *Food Crisis in Prehistory*, p. 39, 也见 Clark and Haswell, *Economics of Subsistence Agriculture*, pp. 33–46。

27. M. N. Cohen and G. J. Armelogos, eds., *Paleopathology and the Origins of Agriculture*（Academic Press, Orlando, FL, 1984）; 见两位编辑编著的最后一章。

28. E. Boserup, *Population and Technological Change*（University of Chicago Press, Chicago, 1981）, pp. 95–96.

29. 关于人口增长和农业之间关系的一般调查和 1962—1992 年的数据可在 N. Cuffaro, "Population Growth and Agriculture in Poor Countries: A Review of Theoretical Issues and Empirical Evidence", *World Development* 25: 7（1997）中找到。P. L. Pingali and H. R. Binswagen, "Population Density and Agricultural Intensification: A Study of the Evolution of Technologies in Tropical Agriculture", in D. G. Johnson and R. D. Lee, eds., *Population*

Growth and Economic Development（University of Wisconsin Press, Madison, 1987）.

30. Pingali and Binswagen, "Population Density and Agricultural Intensification", p. 38.

31. 耕地强度指数是指单位土地每年的收获量（在森林休耕制度下，一块土地经过24年休耕和1年耕作，它表示最低指数为0.04；一年两熟的土地代表的指数为2）。劳动强度指数表示每单位土地的年工作小时数的估计值。

32. L. L. Cavalli-Sforza, P. Menozzi and A. Piazza, *Storia e Geografia dei Geni Umani* [*History and Geography of Human Genes*]（Adelphi, Milano, 1997）, pp. 124–125.

33. Cavalli-Sforza, Menozzi and Piazza, *Storia e Geografia*, p. 121.

34. A. J. Ammerman and L. L. Cavalli-Sforza, *La Transizione Neolitica e la Genetica di Popolazioni in Europa* [*The Neolithic Transition and Population Genetics in Europe*]（Boringhieri, Torino, 1986）, pp. 82–83.

35. D. Grigg, *The Transformation of Agriculture in the West*（Blackwell, Oxford, 1992）, p. 13.

36. H. Dubois, "L'Essor Médiéval [Middle Ages Spur]", in J. Dupâquier, ed., *Histoire de la Population Française*, vol. 1: *Des Origines à la Renaissance*（PUF, Paris, 1988）.

37. G. Pinto, "Dalla Tarda Antichità alla Metà del XVI Secolo [From Late Antiquity to the Middle of the XVI Century]", in L. Del Panta, M. Livi-Bacci, G. Pinto and E. Sonnino, eds., *La Popolazione Italiana dal Medioevo a Oggi* [*The Italian Population from the Middle Ages to Today*]（Laterza, Rome and Bari,

1996).

38. D. Grigg, *Transformation*, p. 13.

39. G. Pinto, "Dalla Tarda Antichità".

40. D. Grigg, *Population Growth and Agrarian Change: A Historical Perspective* (Cambridge University Press, Cambridge, 1980), pp. 90–91.

41. Grigg, *Population Growth and Agrarian Change*, p. 106.

42. M.Aymard, "La Fragilità di un'Economia Avanzata: l'Italia e la Trasformazione dell'Economia Europea [The Fragility of an Advanced Economy: Italy and the European Economic Transformation]", in *Storia dell'Economia Italiana* [*Italian Economic History*], vol. II: *L'Età Moderna Verso la Crisi* [*From the Modern Age to the Crisis*] (Einaudi, Turin, 1991), p. 26.

43. Grigg, *Population*, p. 150.

44. Grigg, *Population*, p. 151.

45. C. Higounet, *Les Allemands en Europe Centrale et Orientale au Moyen Age* [*The Germans in Central and Eastern Europe in the Middle Ages*] (Aubier, Paris, 1989).

46. R. Caratini, *Dictionnaire des Nationalités et des Minorités en URSS* [*Dictionary of Nationalities and Minorities in the USSR*] (Larousse, Paris, 1990).

47. C. McEvedy and R. Jones, *Atlas of World Population History* (Penguin, Harmondsworth, 1978), p. 279.

48. J. Nadal, *La Población Española* (*Siglos XVIa XX*) [*The Spanish Population* (*XVI—XX centuries*)] (Ariel, Barcelona, 1984), pp. 73–76.

49. E. A. Wrigley and R. Schofield, *The Population History of England*

1541—1871（Edward Arnold，London，1981），p. 219.

50. J. Lucassen，*Dutch Migrations*，paper presented at the XVII International Congress of Historical Sciences（Madrid，1990）.

51. W. McNeill，*Europe's Steppe Frontier*（*1500—1800*）（University of Chicago Press，Chicago，1964），pp. 199–200.

52. A. Sauvy，*Théorie Générale de la Population* [*General Theory of Population*]（PUF，Paris，1956），vol. 1: *Economie et Population* [*Economy and Population*]；P. Guillaumont，"The Optimum Rate of Population Growth"，in A. J. Coale，ed.，*Economic Factors of Population Growth*（John Wiley，New York，1976）.

53. W. Petty，*The Economic Writings*，ed. C. H. Hull（A. M. Kelley，New York，1963），p. 473. 关于配第的引用，我要感谢 J. L. Simon，*Theory of Population and Economic Growth*（Blackwell，London，1986）。西蒙明确支持人口增长与创新和发明水平提高之间存在正向的因果关系，他在其著作的前四章专门论述了这一论点。

54. A. Smith，*The Wealth of Nations*（Everyman's Library Dent，London，1964），vol. 1，p. 5.

55. Smith，*Wealth of Nations*，p. 15.

56. Boserup，*Population and Technological Change*，p. 51.

57. Clark and Haswell，*Economics of Subsistence Agriculture*，该书第 9 章论述了交通和通信作为"原始经济"的角色。J. L. Simon，*The Economics of Population Growth*（Princeton University Press，Princeton，NJ，1977）。在这本书中，西蒙认为人口密度和道路网络密度之间存在密切联系，道路网络密度是人口增长带来的规模效益之一（pp. 262–277）。

58. Boserup, *Population and Technological Change*, p. 65.

59. S. Kuznets, "Population Change and Aggregate Output", in *Demographic and Economic Change in Developed Countries*, Report of the NBER (Princeton University Press, Princeton, NJ, 1960), pp. 328–330.

60. Kuznets, "Population Change and Aggregate Output", p. 329.

61. Petty, *Economic Writings*, p. 474.

62. S. Kuznets, *Population, Capital and Growth* (Norton, New York, 1973), p. 3.

63. N. Cook, *Principles of Population and Development*, ed. I. Timaeus (Oxford University Press, Oxford, 1997), pp. 27–29.

拓展阅读

E. Boserup, *The Conditions of Agricultural Growth* (Allen & Unwin, London, 1965).

E. Boserup, *Population and Technological Change* (University of Chicago Press, Chicago, 1981).

R. Cassen, ed., *Population and Development: Old Debates, New Conclusions* (Transaction Publishers, Oxford, 1994).

M. N. Cohen, *The Food Crisis in Prehistory: Overpopulation and the Origin of Agriculture* (Yale University Press, New Haven, CT, 1977).

N. Crook, in I. M. Timaeus, ed., *Principles of Population and Development* (Oxford University Press, Oxford, 1997).

P. Demeny and G. McNicoll, eds., *The Reader in Population and*

Development (St Martin's Press, New York, 1998).

M. Livi-Bacci, *A Short History of Migration* (Polity, Cambridge UK, 2012).

T. R. Malthus, *An Essay on the Principle of Population* (Penguin, Harmondsworth, 1970).

T. R. Malthus, *A Summary View of the Principle of Population* (Penguin, Harmondsworth, 1970).

J. Simon, *The Ultimate Resource 2* (Princeton University Press, Princeton, NJ, 1996).

第4章

走向秩序和效率：
欧洲和发达国家的人口

Toward Order and Efficiency: The Recent Demography of Europe and the Developed World

从浪费到节约

1769 年，詹姆斯·瓦特制造了一台带有独立冷凝器的蒸汽机。与早期用于矿井抽出积水的纽科门蒸汽机相比，瓦特发明的机器极大地提高了效率：产生相同的功率，瓦特的发动机只需要消耗前一代发动机的 1/4 的燃料，节省了每次活塞冲程后重新加热气缸所浪费的能量。这种节约是决定性的，它决定了蒸汽机在经济各部门中的重要作用。[1]

在 19 世纪和 20 世纪，西方人口经历了类似的过程。以前，缓慢的人口增长伴随着大量的人口浪费。为了在下一代中实现人口更替，妇女必须生育 6 个孩子，而其中 1/3 到 1/2 的新生儿会在达到生育年龄之前死亡。从人口统计学的角度来看，在旧体制的社会中人口是低效的：为了维持低水平的增长，需要大量的燃料（出生），但大量的能源都被浪费（死亡）了。旧的人口制度不仅无效率，而且是混乱的。自然的时间次序有很大的可能会被颠倒——孩子会先于他的父母或祖父母离世。高死亡率和频繁的灾难使得任何基于个人生存的长期计划都岌岌可危。

西方现代人口周期在19世纪和20世纪经历了其轨迹的所有阶段：欧洲人口增加了4倍；预期寿命从25—35岁增加到80岁以上；每个妇女生育的平均子女数从5个减少到不足2个；出生率和死亡率都从30‰—40‰下降到10‰之间。这种深刻的变革是18世纪社会转型的一个组成部分，通常被称为"人口结构转型"，这个词已经和"工业革命"一样被广泛使用。它是一个从无序到有序、从浪费到节约的复杂过程。下一章讨论的发展中国家正在经历这一人口转型；在较落后的国家，人口转型则刚刚开始；还有一些国家，这一转型接近完成。欧洲的经验——以及西方的经验——也许可以用于指导世界其他地区正在发生的事情，只要经历必要的历史调整。我们思考这些经验的大概框架，找出共同点，而不是针对特定社会和文化的特有表现形式。无视这种独特性虽然具有局限性，使我们忽略了研究领域的丰富性，但在我的综合研究中，只能舍弃这一点。

上面讨论的策略空间（见第1章图1-8）由"等增长"曲线贯穿，等增长曲线上的点代表的是预期寿命（e_0）和每名妇女生育的子女数（TFR），在这些点上，增长率相等。从历史上看，人口占据了0%—1%曲线之间的区域，预期寿命低，每名妇女生育的子女数量多。我们还看到，在当今的发展中国家，这一空间已经大大扩展，因为死亡率的快速下降往往不会伴随着生育率的下降，结果是这些国家中的许多国家占据了2%—4%曲线之间的空间。

相反，对于欧洲国家来说，19世纪以来的转型没有出现增长率的"爆炸",而是通过逐步和部分地调整死亡率和生育率,使不同的人口占据了一个更为有限的策略空间,通常以0%和1.5%的曲线为界。图4-1很好地显示了19世纪和20世纪不同时期的17个欧洲国家所占的策略空间。每个时间点用椭圆代表这些国家所占的空间。在相当窄的条带内,椭圆从左上角(高生育率和死亡率)逐渐移动到右下角(低生育率和死亡率)。1870年和1900年椭圆的大部分都落在1%曲线和2%曲线之间,显示出人口转型期生育率和死亡率之间的差距最大。相比之下,1930年和1980年椭圆的大部分区域都低于0曲线,这一时期的生育率低于更替率。

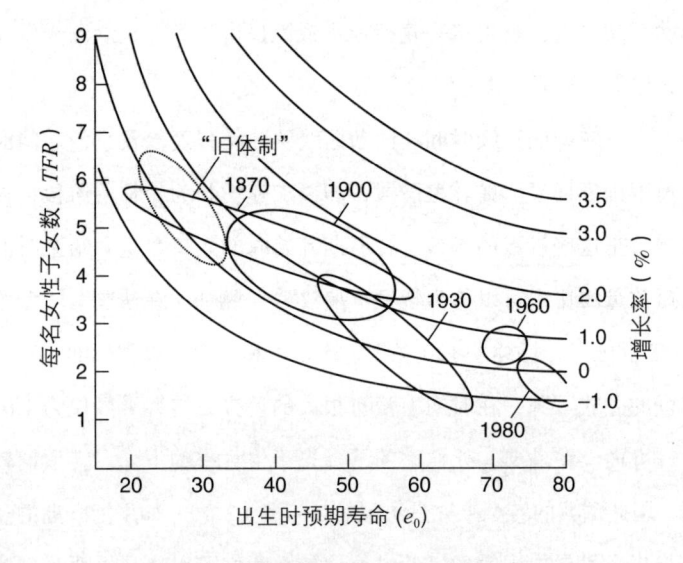

图4-1　17个欧洲国家的策略增长空间(18—20世纪)

资料来源:A. J. Coale, "The Decline of Fertility in Europe since the Eighteenth Century", in A. J. Coale and S. C. Watkins, *Human Demographic History* (Princeton University Press, Princeton, 1986), p.27.©1986 Princeton University Press.

正如我已经提到的，人口转型有几个阶段。为了更好地描述图 4–1 中简化的运动，最好考虑下面几个方面：死亡率和生育率下降的开始，下降阶段的结束和持续期，以及两个变量之间的最大和最小差值。

图 4–2 给出了一个人口转型的抽象模型。死亡率的下降一般先于生育率，在这一阶段，生育率和死亡率之间的差值（自然增长率）达到最大值；随着生育率下降加速，死亡率下降减缓，两条曲线再次接近，自然增长率返回到一个较低的水平（类似于转型开始时的水平）。这个模型隐含的假设是，一旦生育率和死亡率开始下降，这一过程将一直持续到低人口增长为止，欧洲经验在很大程度上验证了这一假设。

人口转型的持续时间、两条曲线的陡峭程度以及它们之间的距离因国家而异。在转型阶段，即以加速增长为特征的阶段，人口增长是这些参数的函数。转型期开始时的人口数量和结束时的人口数量的比率可以称为转型"乘数"。[2] 例如，在法国，转型始于 18 世纪末，持续了 150 多年，死亡率和生育率以类似的、几乎平行的方式下降，在时间上没有很大的差异，转型乘数仅为 1.6。另一方面，在瑞典，死亡率的下降先于生育率的下降，转型期较短，因此瑞典的转型乘数是法国的 2 倍多（3.8）。如果把欧洲的经验与当今发展中国家的经验进行比较，我们可以选择墨西哥，并假定这一转型在 2000 年完成，历时 80 年。墨西哥的死亡率下降早于生育率下降，而人口的自然增长已经达到非常高的水平，转

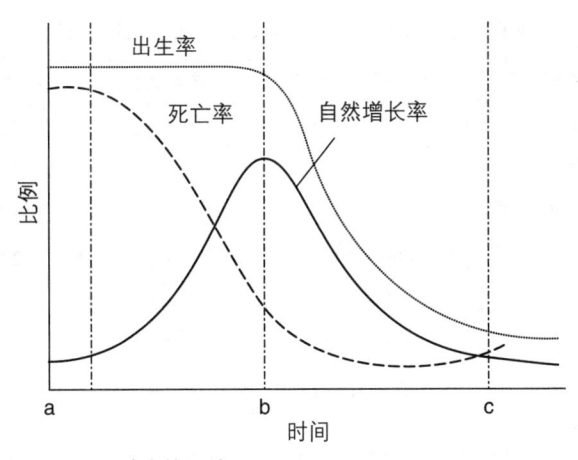

a = 过渡的开始
b = 出生率和死亡率之间的最大差
c = 过渡期结束

图 4-2 人口转型模型

型乘数约为 7。表 4-1 来自谢奈（Chesnais），列出了一些欧洲国家以及发展中国家或地区（根据推断得出）的转型乘数。从表中我们可以看到，发展中国家或地区的转型乘数往往远远高于欧洲国家，但中国除外，中国的人口一直受到严厉的人口政策的控制。

我有意将重点放在转型机制方面，接下来讨论它的原因。18 世纪下半叶开始的死亡率下降一般部分归因于外生因素，包括流行病周期频率的减少和鼠疫的消失；部分归因于经济组织的改善减少了饥荒；以及社会文化习俗有助于减少传染病传播和提高生存率，特别是婴儿的存活率。死亡率下降刺激了人口增长，从而增加了对现有资源的压力，这反过来又导致了生育率的下降——

表 4-1 一些国家或地区人口转型的开始、结束、持续时间和转型乘数

国家或地区	转型的开始和结束	持续时间	转型乘数
瑞典	1810—1960	150	3.83
德国	1876—1965	89	2.11
意大利	1876—1965	89	2.26
苏联	1896—1965	69	2.05
法国	1785—1970	185	1.62
中国	1930—2000	70	2.46
中国台湾	1920—1990	70	4.35
墨西哥	1920—2000	80	7.02

资料来源：J.-C. Chesnais, *La Transition Démographique*（PUF, Paris, 1986), pp. 294–301。Reprinted with permission of Presses Universitaires de France (PUF)。

结婚率的下降和有意的生育限制。在生育率下降的过程结束时，人口与资源的平衡会重建，而下降的时间取决于不同人口。这是对马尔萨斯模型的一种调整，该模型意味着通过约束生育来调整人口以适应现有的资源，也就是说生育越来越不受生物因素的制约，越来越依赖于个人的生育控制，这是马尔萨斯没有预见的。

各种不同的观点似乎一致认为，与工业革命有关的社会变革引发了夫妇在生育选择上的变化。特别是城市工业社会的发展增加了养育子女的"成本"：儿童成为自主的工薪阶层和生产者的年龄比农业社会要晚得多，需要在物质、健康和教育方面进行更多的"投资"，这尤其剥夺了母亲的就业机会。生育成本的增加似乎推动了生育控制，随着欧洲的经济和社会发展，传统机构和宗教

施加的社会控制逐步放松，生育控制变得更加容易，通信的发展也便利了生育控制从城市传播到农村，从上层社会传播到下层社会，从中心地区传播到边缘地区。

在下面的章节中，我们将更详细地讨论死亡率和生育率的下降。我们可以先做个总结：就像瓦特的蒸汽机一样，传统的欧洲人口制度所浪费的能源在20世纪下半叶已大大减少了。在当代的"经济"体制中，少量的人口出生就足以补偿少量的人口死亡；然而，从20世纪末开始，有些社会似乎连维持人口平衡的生育都不愿再保持了。

从无序到有序：生命的延长

在18世纪下半叶，死亡率开始出现下降的迹象：寿命延长，年龄决定了死亡顺序。以往由于死亡的随机性和不可预测性造成的混乱得到摆脱，生命变得有序。有两个相关的因素从本质上解释了死亡在以往反复无常的性质。首先是由于各种原因造成的频繁和不定期发生的死亡危机，造成各年龄段、各阶层人口的大量减少，严重扰乱了社会生活。撇开瘟疫带来的灾难（1630年的瘟疫夺走了米兰近一半的人口，1656年的瘟疫夺走了热那亚和那不勒斯一半的人口[3]）不说，本已居高不下的年死亡人数（频繁发生）翻了一番对社会已是一种创伤性经历。第二个因素是由自然年龄决定的死亡时间顺序有可能被推翻。不谈婴儿死亡率（婴儿死亡过于频繁以至于被认为是正常现象），幼儿或青少年先于他们的父母离世的可能性很高。以18世纪中叶法国的死亡率为例（在1740—1790年间，平均预期寿命为25—28岁），我们可以估计，一名40岁的母亲在未来20年里比她10岁儿子的寿命更长的概率为1/4。在当今的低死亡率下，这一概率几乎是微不足道的。[4]

我已经强调了秩序和规律的重要性，我将在后文讨论生命的延长问题，因为这些是发展的基本先决条件："也许只有摆脱了恐惧和摆脱了意外死亡造成的物质和精神损失的社会，才能实现智力和技术的高速发展，而没有这种高速发展，人口增长就不可能持续。"[5]

死亡率转变的第一个方面是意外和短期死亡危机的强度和频率的下降——严重流行病的出现频率从几周一次下降到几年一次，正常死亡率上升。"危机"包含的各种各样的事件——战争的破坏、饥荒和反复发作的流行病——都有所减少。图4-3就是危机减弱的例子。实线追溯了1735年至1920年瑞典自然死亡率的变化过程；虚线连接（有点任意）最大值和最小值。我们可以很容易看出，振荡带的逐渐变窄和死亡率的长期下降。表4-2列出了18世纪中期至1975—2000年的25年间法国和瑞典自然死亡率的最大值和最小值，以及两者之间的差值。显而易见，变化幅度逐渐缩小：直到19世纪末，差值还在10%—20%之间，在调查的最后一个时期，差值缩小了10倍，缩小到1%或2%。18世纪和19世纪初，西欧的死亡危机发生频率下降是有据可查的。[6] 在19世

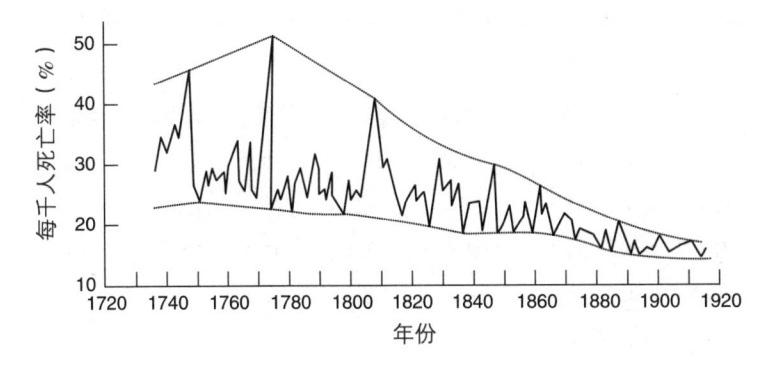

图 4-3 瑞典死亡率波动的衰减（1735—1920 年）

纪，社会和经济组织的改善得益于传染病逐渐得到控制，包括天花疫苗（詹纳的发现于 1798 年公之于众，并在 19 世纪上半叶迅速传播）和确定了造成最具破坏性的流行病的病原体。[7] 然而，进展是困难的。19 世纪的流行病（像天花这类原本就存在的，但也有新传入欧洲的霍乱）仍然造成了巨大的损失，比如第一次世界大战之后的流感，更不用说两次世界大战、苏联和西班牙内战、大规模驱逐和大屠杀都造成了更严重的生命破坏。

尽管如此，死亡率还是下降了，这不仅是因为危机的发生频率和严重程度降低了，还因为正常时期各个年龄段的死亡率下降了。表 4-3 是一些主要发达国家从 18 世纪中叶到今天的预期寿命（e_0，包括男性和女性）的变化情况。许多欧洲国家在现代转型之前的平均预期寿命经常低于 30 岁，但是在 21 世纪初已经增加到 80 岁左右。一些国家从 19 世纪中叶开始出现了显著的进步，几乎所有

表 4-2　法国和瑞典最高死亡率和最低死亡率（每千人）（18—20 世纪）

时期	瑞典 最高值	瑞典 最低值	差值	法国 最高值	法国 最低值	差值
1736—1749	43.7	25.3	18.4	48.8	32.3	16.5
1750—1774	52.5	22.4	30.1	40.6	29.5	11.1
1775—1799	33.1	21.7	11.4	45.2	27.1	18.1
1800—1824	40.0	20.8	19.2	34.4	24.0	10.4
1825—1849	29.0	18.6	10.4	27.7	21.1	6.6
1850—1874	27.6	16.3	11.3	27.4	21.4	6.0
1875—1899	19.6	15.1	4.5	23.0	19.4	3.6
1900—1924	18.0	11.4	6.6	22.3	16.7	5.6
1925—1949	12.7	9.8	2.9	18.0	15.0	3.0
1950—1974	10.5	9.5	1.3	12.9	10.5	2.4
1975—2000	11.5	10.5	1.0	10.6	8.9	1.7

国家都在医学发现的影响尚未显现之前就取得了相当大的进步。[8]

就我们的目的而言，死亡率下降有两个方面特别重要：第一，各个年龄段的死亡率降低使预期寿命增加，由于婴儿护理的改善和为阻止传染病传播而采取的措施，婴儿在出生后的头几年里的死亡率下降幅度最大；第二个相关的方面是由于各种原因，传染病造成的死亡率下降。

这种死亡率下降的情况已得到卡塞利（Caselli）的证实。表4-4 按原因分列了 1871—1951 年英格兰和威尔士（从 40.8 岁至 68.4 岁）和 1881—1951 年意大利（从 33.7 岁至 66.5 岁）的预期

表 4-3 主要西方国家的平均预期寿命（1750—2009 年）

	1750—1759	1800—1809	1850—1859	1880	1900	1930	1950	1980	2012
英格兰和威尔士			41.2	44.8	46.8	61.4	69	73.9	81.1
法国			39.7	43.4	45.8	56.9	66.4	74.4	82.01
瑞典	36	37.2	42	48.3	52.1	63.2	71.1	75.8	81.9
德国								73	80.5
意大利				33.6	43	55.2	65.8	74.1	82.87
荷兰			37	41.8	48.8	64.7	71.4	75.8	81.1
俄罗斯联邦								67.7	68.89
美国							68.1	73.9	79.0
澳大利亚						65	69	74.6	82.2
日本							59.3	76.2	83.3

资料来源：2012 年人类死亡率数据库。http://www.deality.org/[2016 年 2 月 3 日查阅]，俄罗斯（2010 年）、德国和澳大利亚（2011 年）、法国、英国、美国和瑞典（2013 年）。

寿命延长情况。[9] 尽管这两个国家的社会历史不同，但结果是相似的。在这两种情况下，大约 2/3 的预期寿命延长是由于控制了传染病（尤其是婴儿中流行的麻疹、猩红热、白喉）、呼吸道疾病（支气管炎、肺炎、流感）和肠道疾病（腹泻、肠炎）。从年龄的角度来看，预期寿命延长的 2/3（英格兰和威尔士少一点，意大利多一点）来自生命前 15 年的死亡率下降。40 岁以上老年人的预期寿命提高只占总增长的 1/6 或 1/7。

表 4-4　英格兰（1871—1951 年）和意大利（1881—1951 年）按死因分列的预期寿命增长

死因	英格兰和威尔士 e_0 增值（年）	（%）	意大利 e_0 增值（年）	（%）
传染病	11.8	42.9	12.7	40.1
支气管炎、肺炎、流感	3.6	13.1	4.7	14.8
循环系统疾病	0.6	2.2	0.8	2.5
腹泻、肠炎	2.0	7.3	3.4	10.5
婴儿期疾病	1.8	6.5	2.3	7.3
意外	0.7	2.5	0.5	1.6
肿瘤	0.8	2.9	0.4	1.3
其他疾病	7.8	28.4	7.7	24.3
总计	27.5	100.0	31.7	100.0

注：英格兰和威尔士在 1871 年的预期寿命为 40.8 岁，在 1951 年为 68.4 岁；意大利在 1881 年的预期寿命为 33.7 岁，在 1951 年为 66.5 岁。

资料来源：G. Caselli，"Health Transition and Cause-Specific Mortality"，in R. Schofield，D. Reher and A. Bideau，eds.，*The Decline of Mortality in Europe*（Clarendon Press，Oxford，1991）。

发达国家的死亡率转型相对缓慢。例如，各个国家的妇女预期寿命达到 50 岁的时间不同（在这一水平，一个群体从出生到育龄期的死亡率造成的损失仍然相当大，在 20%—25% 之间，生育潜力的"浪费"约为 30%）。欧洲大陆国家的女性预期寿命达到 50 岁的中间时间是 1903 年，挪威是 1861 年，保加利亚、葡萄牙和苏联为 1930 年。[10]

直到 20 世纪中叶，预期寿命的延长才开始加速。从 1750 年到 1850 年，英国、法国和瑞典的预期寿命每年延长约一个月。这 3 个国家加上荷兰和美国，在 1850—1880 年间预期寿命每年延长约 2 个月。在接下来的 5 个时期内，如表 4-3 所列国家的预期寿命平均每年延长分别为 4.6 个月（1880—1900 年）、5.2 个月（1900—1930 年）、4.6 个月（1930—1950 年）、4.4 个月（1950—1980 年）和 2.3 个月（1980—2012 年）。虽然过去几十年来预期寿命的延长速度有所放缓，但这一转型尚未结束，直到 1980 年，每年都会延长 4—5 个月，在这期间，即使是第二次世界大战的灾难也未能成功地阻止预期寿命延长的进程，这是由于 20 世纪 30 年代和 40 年代的药理学的成功（磺胺类药物和青霉素）。

自 1850 年以来的死亡率下降是伴随着经济和社会进步而进行的（这是一个含糊的表达，包括物质、技术和文化资源的扩展，这些资源可以改善生存）。社会历史学家和人口史学家的任务是弄清这种衰退的主导因素在何时何地出现，其中可能包括在转型第一阶段的社会和文化因素（育儿方法、个人卫生、市场结构的改善等）；第二阶段的经济因素（物质生活质量的提高和基础设施的改善）；以及最后一个是仍在进行阶段的医疗、科学和行为因素。当然，在每一个时期，各种因素是共同发生作用的。

图 4-4 提供了 16 个西方国家预期寿命（e_0）与物质福利粗略指标之间关系的简化图。物质福利即人均生产的商品和服务的估计值（也就是实际国内生产总值 GDP，以 1990 年国际美元表示）。现在使用统一方法对这些值进行了重新计算。[11] 图 4-4 将每个国家

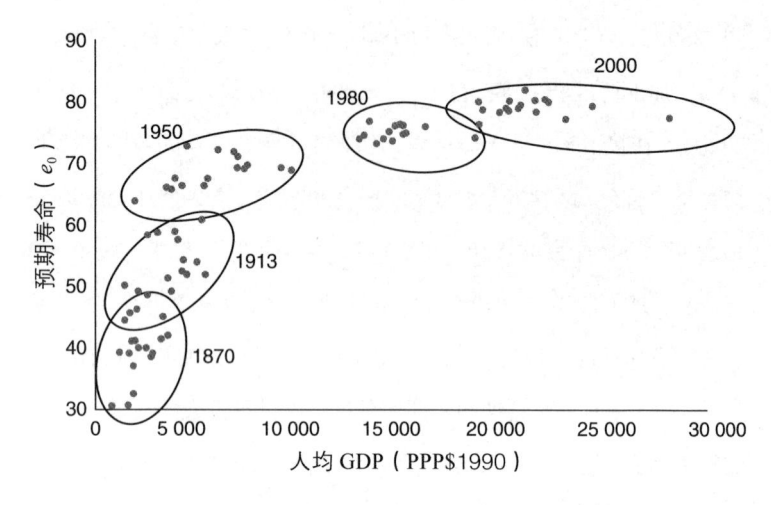

图 4-4　16 个工业化国家实际人均国内生产总值与预期寿命（e_0）之间的关系

1870 年、1913 年、1950 年、1980 年和 2000 年的 e_0 值与每个国家的人均 GDP 值进行了比较，包括 80 个点（每个国家 4 个点），这些点描述了预期寿命和物质福利之间的长期关系。我将略过对图表所依据的明显简化的事物的讨论[12]，将注意力集中在讨论结果上。这些都非常清楚：在转型的第一阶段，产量的增加对应着预期寿命的显著提高，这种提高逐渐缓和，直到最后阶段，财富的大幅增长只能带动 e_0 的小幅增长。在转型的最后阶段，人均生产水平不同的转型期国家的 e_0 水平几乎相同，这一事实表明，超过一定限度的商品供应实际上对生存没有影响。2000 年，美国的人均国内生产总值比意大利高 50%，但美国的预期寿命（77.3 岁）

表 4-5　16 个较发达国家的人口、国内生产总值和生产力（1870 年和 2000 年）（1990 年国际美元）

国家	人口（千）			GDP（百万美元）		
	1870	2000	变化（%）	1870	2000	变化（%）
澳大利亚	1 770	19 071	1.8	6 452	410 789	3.2
奥地利	4 520	8 096	0.4	8 419	162 705	2.3
比利时	5 096	10 304	0.5	13 746	213 726	2.1
加拿大	3 781	30 689	1.6	6 407	681 234	3.6
丹麦	1 888	5 340	0.8	3 782	122 873	2.7
芬兰	1 754	5 177	0.8	1 999	104 757	3.0
法国	38 440	59 278	0.3	72 100	1 233 457	2.2
德国	39 231	82 344	0.6	71 429	1 531 351	2.4
意大利	27 888	57 715	0.6	41 814	1 081 579	2.5
日本	34 437	127 034	1.0	25 393	2 676 479	3.6
荷兰	3 615	15 898	1.1	9 952	343 238	2.7
挪威	1 735	4 502	0.7	2 485	109 687	2.9
瑞典	4 164	8 877	0.6	6 927	180 390	2.5
瑞士	2 664	7 167	0.8	5 867	157 853	2.5
英国	31 393	58 670	0.5	100 179	1 162 663	1.9
美国	40 241	284 154	1.5	98 418	7 992 968	3.4

续表

国家	人均GDP			每小时生产率		
	1870	2000	变化(%)	1870	2000	变化(%)
澳大利亚	3 645	21 540	1.4	3.48	28.4	1.6
奥地利	1 863	20 097	1.8	1.38	28.8	2.3
比利时	2 697	20 742	1.6	2.17	35.8	2.2
加拿大	1 695	22 198	2.0	1.71	28.1	2.2
丹麦	2 003	23 010	1.9	1.57	27.2	2.2
芬兰	1 140	20 235	2.2	0.86	28.4	2.7
法国	1 876	20 808	1.9	1.38	35.9	2.5
德国	1 821	18 597	1.8	1.55	27.8	2.2
意大利	1 499	18 740	1.9	1.05	29.4	2.6
日本	737	21 069	2.6	0.46	23.3	3.0
荷兰	2 753	21 590	1.6	2.43	32.7	2.0
挪威	1 434	24 364	2.2	1.2	33.7	2.6
瑞典	1 664	20 321	1.9	1.22	28.6	2.4
瑞士	2 202	22 025	1.8	1.53	25.6	2.2
英国	3 191	19 817	1.4	2.55	29.1	1.9
美国	2 445	28 129	1.9	2.25	35.6	2.1

资料来源：改编自 A. Maddison, *The World Economy: Historical Statistics* (OECD, Paris, 2003); A. Maddison, *The World Economy: A Millennial Perspective*（OECD, Paris, 2001）。

低于意大利（80岁）。当然，这并不是说，更好的生活不会导致预期寿命的增加，但这些增加可能与"非物质"进步有关——个人行为的改变或科学的进步打开了以前无法想象的视野。以国内生产总值衡量的简单的生产增长已经不再起作用，至少在这个历史阶段是这样。在转型的第一阶段，产量的增加转化为生存的极大改善，原因是显而易见的：更多的食物、更好的衣服、更好的住房和更多的医疗保健对那些营养不良、衣衫褴褛、住房简陋和在生病时听天由命的人有着显著的积极影响。另一方面，当增加的产品已经带来繁荣的人口，它们的效果就会逐渐变小或不复存在，甚至产生负面的影响，比如暴饮暴食和环境恶化。

从高生育率到低生育率

生育率下降和死亡率下降一样，是一个渐进的、地理上不同的过程。我已经讨论了各种因素的综合影响，包括生物因素（决定生育间隔）和社会因素（决定生育期中用于生育的部分，结婚年龄、结婚比例），这两个因素调节了孩子的"生产"（见第1章）。[13] 正如我们所见，这些因素能够显著影响生育率，因此在转型期之前，欧洲的生育率从每千人低于30人左右提高到每千人45人以上。尽管如此，自愿生育控制[14] 是生育率下降的决定性因素，这是一种比延长母乳喂养、晚婚或保持单身更有效的方法。

图4–5记录了欧洲在生育率下降前期婚姻约束的有效性。低结婚率的女性人口占据了图的左上角：她们的特点是初婚年龄高（瑞士、比利时、瑞典和挪威的女性初婚年龄都超过27岁），生育期结束前结婚的女性比例低（略高于80%）。图的右下角是结婚

率高的人群（罗马尼亚、保加利亚），他们初婚年龄低（20岁左右），结婚率高（超过95%）。在前现代，婚姻的两个组成部分之间存在着相当强烈的（和相反的）的关系，如图所示。

图4-5给出了人口转型前结婚率变化的想象，并间接地说明了它在多大程度上控制了生育。尽管控制水平相当高，但在19世纪快速的社会转型时期，这不足以调节生育率，自愿限制生育率

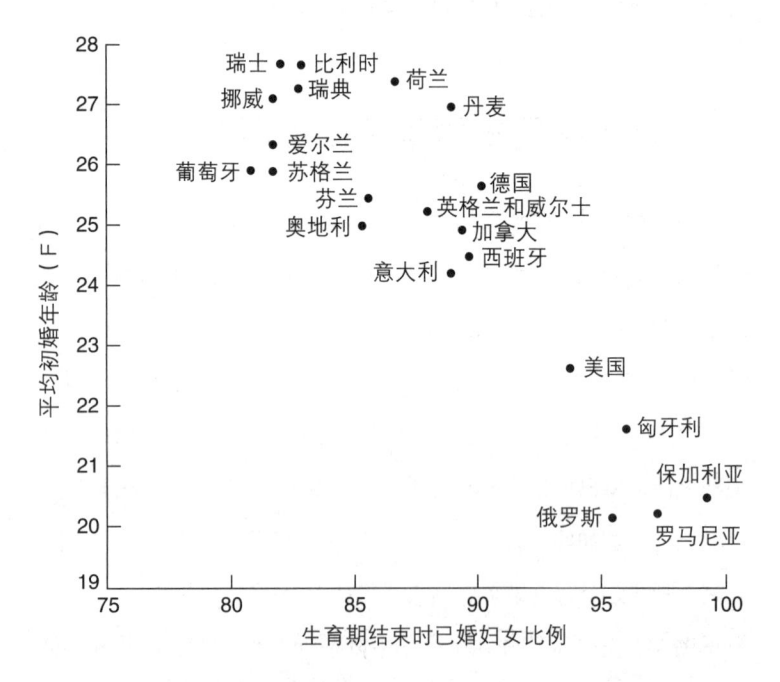

图4-5 一些国家的平均结婚年龄与生育期结束时已婚妇女比例之间的关系（19世纪末出生的几代人）

资料来源：P. Festy, *La fécondité des pays occidentaux de 1870 à 1970* [*The Fertility of Western Countries 1870 to 1970*]（PUF, Paris, 1979），p. 29。

提供了更有效的控制。在一段时间内，除了特定的群体（贵族、城市资产阶级）之外，[15] 节育几乎不为人知，它出现在15世纪至18世纪末的法国和有限的一些区域[16]，并在19世纪下半叶迅速蔓延到整个欧洲，尽管一些农村和外围地区似乎直到20世纪中叶才采用了这些做法。

图4-6描述了1870年至1960年欧洲生育率的转变，这是基于一项关于欧洲生育率下降的国际研究。[17] 我们在前文中使用过这种类型的图表（图1-8和图4-1）。然而，在这里，轴坐标已经改变，曲线是等生育率曲线：每一条曲线代表的是相同的总生育率（即生育指数，与每个妇女的平均子女数量密切相关），曲线上的

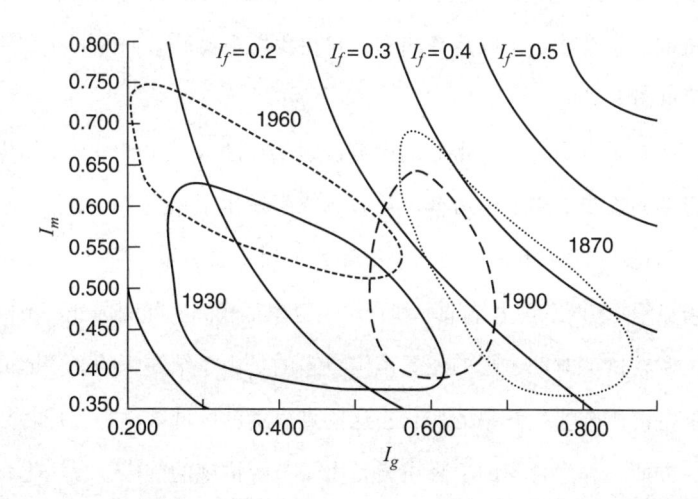

图4-6 16个欧洲国家总生育率（I_f）、合法生育率（I_g）和结婚比例（I_m）的相互关系

点代表的是合法生育率（x轴）和结婚率（y轴）。合法生育率指数（I_g）和结婚率（I_m）指标在注释中有所解释[18]，它告诉我们：

1. 合法生育率指数衡量婚内生育的强度，它在正常构成的人口中的最大值为1。它表示的是决定生育间隔的各种因素（母乳喂养时间和第1章讨论的其他因素）的函数，在自愿生育控制普及之前，I_g值通常在0.6—1之间。合法生育率的"持续"下降通常意味着节育的普及。在上述研究中，相对于初始稳定水平，下降10%被认为是明确的生育控制信号。0.5及以下的数值绝对是实行了生育限制。

2. 结婚率指数只是衡量育龄妇女已婚比例的简单指标（根据不同年龄的潜在生育能力加权）。图4-5表示的是结婚年龄和结婚比例的综合影响（以及丧偶率，它在我们观察的时期内因死亡率降低而下降）。

总生育率是上述指数的函数，图4-6显示了欧洲国家总体生育率的逐步下降。1870年，生育率水平发生了相当大的变化：从法国低于0.3（生育控制已经很完善）到东欧国家约为0.5（图中未显示），西欧国家结婚率和合法生育率都较高。除法国外，不同国家在这一时期占据的位置范围更多的是由于结婚率的变化，而不是由于合法生育率的变化；这些点表示的区域被垂直拉伸。另一方面，总生育率的下降主要是由于节育措施的推广，合法生育率因此下降；该区域变得越来越水平，1960年的总生育率约为0.2。在不止一个例子中，合法生育率的下降伴随着结婚率的上升。

后一种现象可以解释为对有效的生育控制手段（避孕）可用性的一种反应，这种手段使婚检变得多余，并放松了对婚姻的限制。

合法生育率相对于先前的稳定水平下降了10%（并且没有再增长），这是一个经验指标，表明不可逆转的下降已经开始。这是人口转变的重要时刻，标志着传统的生育调控制度（婚姻）被新的生育调控制度（避孕）所取代。它最早发生在19世纪20年代的法国，一个世纪后发生在20世纪20年代的俄罗斯和爱尔兰。在比利时、丹麦、英格兰和威尔士、德国、荷兰和瑞士发生在1880年至1900年之间；在瑞典、挪威、奥地利和匈牙利发生在1900年至1910年之间；在意大利、希腊、芬兰、葡萄牙和西班牙发生在1910至1920年间。大约700个欧洲地区的合法生育率下降10%的日期如图4–7，图中展示了它们每10年的分布。基本上有两种分布：左边是法国各地区，明显早于欧洲其他地区，在1780年至1850年间生育率开始下降；右边代表欧洲其他地区，60%的下降日期在1890年至1920年之间，在1900年至1910年间合法生育率下降10%的国家最多。最右边的地区在20世纪40年代才开始明显下降。

合法生育率转变的地理分布如普林斯顿大学的详细研究所揭示的那样，开始于法国，并蔓延到欧洲较发达地区，包括南部的加泰罗尼亚、皮埃蒙特、利古里亚和托斯卡纳以及中北部的英格兰和威尔士、比利时、德国和斯堪的纳维亚，随后更广泛地到达了南欧和东欧地区。最外围的地区（欧洲地中海的一些地区、巴

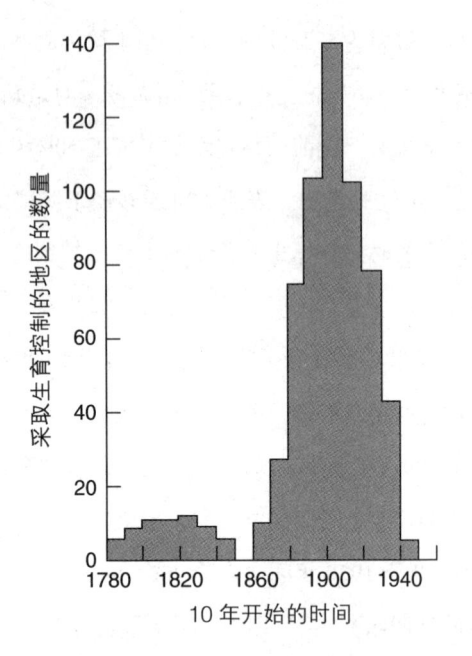

图 4-7　每 10 年欧洲合法生育率（I_g）下降 10% 的地区的分布

资料来源：A. J. Coale and S. C. Watkins, eds., *The Decline of Fertility in Europe*（Princeton University Press，Princeton，1986）。Reprinted with permission of Princeton University Press。

尔干半岛、爱尔兰）和地理上处于中心位置但文化上传统的地区（阿尔卑斯山的某些地区）是高生育率的最后据点，也在 20 世纪中叶逐渐被征服。[19]

我们现在可以从对合法生育率转变的一般性观点转向考虑生育指数及其随时间的演变。最合适的指数是 *TFR*（每个妇女生育的平均数量或子女数），对于一些国家，该指数是按间隔 25 年出生的几代妇女计算出来的（表 4–6）。从 1850 年前后出生在英格

表 4-6　西方国家（1750—1975 年）[a] 几代妇女的平均子女数（TFR）

国家	1750	1775	1800	1825	1850	1875	1900	1925	1950	1975
瑞典	4.21	4.34	4.68	4.4	4.28	3.51	1.9	2.05	1.98	1.98
英格兰和威尔士	5.28	5.87	5.54	5.05	4.56	3.35	1.96	2.15	2.06	1.95
德国[b]					5.17	3.98	2.08	2.06	1.72	1.58
法国				3.42	3.27	2.6	2.14	2.59	2.11	2.04
荷兰					4.98	3.98	2.86	2.76	1.85	1.80
西班牙						4.64	3.38	2.51	2.15	1.45
意大利[c]					4.67	4.5	3.14	2.27	1.88	1.52
美国					4.48	3.53	2.48	2.94	1.96	2.20
澳大利亚						3.22	2.44	2.98	2.30	2.05

注释：a. 周期以指定日期为中心。荷兰为 1841—1850 年（1850 年），澳大利亚为 1870—1875 年（1875 年）。

b. 对于德国，1925 年和 1950 年的数值仅指西德。

c. 意大利 1850 年和 1875 年的数值是根据 1931 年的生育率调查得出的。

资料来源：P. Festy, *La fecondité des pays occidentaux de 1870 à 1970* [*The Fertility of Western Countries 1870 to 1970*]（PUF, Paris, 1979）。J.-P. Sardon, "Le remplacement des générations en Europe depuis le début du siècle [Generation Replacement in Europe since the Beginning of the Century]", *Population* 45（1990）。关于英格兰，见 E. A. Wrigley and R. Schofield, *The Population History of England 1541—1871*（Edward Arnold, London, 1981）。1950 年的数据见 Conseil de l'Europe, *Evolution démographique recente en Europe* [*Recent Demographic Developments in Europe*]（Strasbourg, 2005）。1975 年的数据来自作者估计。

兰、威尔士、德国和荷兰的每一代妇女生育 5 个或以上的孩子，到 1950 年前后出生的每一代妇女生育 2 个孩子（已经完成生育周期的那些妇女），TFR 水平从高到低转变。在德国、意大利和西班牙等国，20 世纪 70 年代出生的妇女远远低于更替者，在生育期结束时，无子女或独生子女母亲的人数超过生育两个或两个以上子女的妇女。俄罗斯和许多其他前社会主义国家以及日本，生育率已经低到了危险的程度，这已经成为一个令人担忧的问题。我们是否陷入了一个可能危及欧洲社会发展的长期极低生育率时期，或者我们是否达到了一个周期的最低点，随后将出现人口增长？[20]

正如我们对预期寿命的比较一样，对16个工业化国家在1870年、1913年、1950年、1980年和2000年的TFR[21]和人均国内生产总值（GDP）进行比较也很有价值（图4-8）。它们的关系与人均生产和e_0的关系正好相反：人均国内生产总值的增长最初伴随着生育率的持续下降；随后，国内生产总值的增长则伴随着生育率的小幅下降，直到目前的经济成熟状态，生育率基本保持不变。在一个历史时期，生活水平的提高似乎有利于自愿生育控制的普及，但我们不应该将这种在一个历史时期中观察到的关系当作普遍存在的"规律"。目前，生育率与收入水平之间缺乏相关性，这表明决定夫妇生育的有其他复杂的动机，这些动机与物质产品的可获得性有微弱的关系。

在19世纪和20世纪，社会和经济转型是生育率下降的一个重要因素，外围地区和落后地区的生育率普遍下降也证实了这一点。当然，也有一些重要的例外，正如社会科学中经常发生的那样，使那些寻求简单方法来解决复杂问题的学者感到沮丧。以下是许多文献中的几个例子：（1）在法国农村，生育率下降比在英国更早开始，英国是一个在工业革命中期更富裕和更先进的国家；

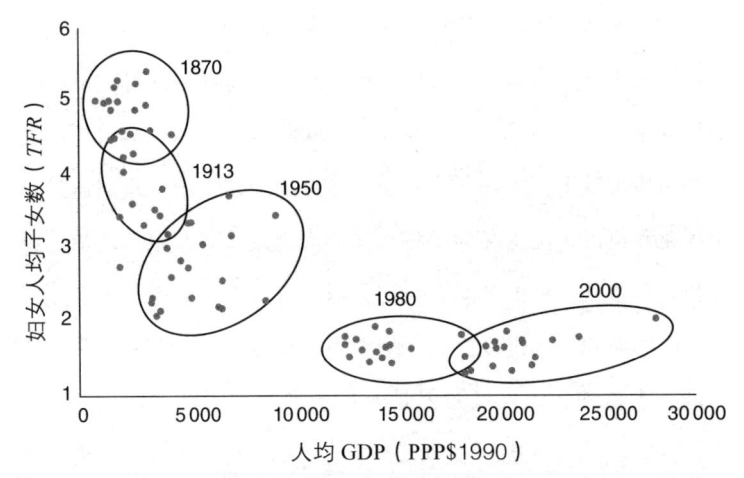

图 4-8 16个工业化国家的实际人均国内生产总值与妇女人均子女数（TFR）之间的关系

（2）在许多国家，生育率下降的原因只能在很小的程度上用教育水平、农村化、工业化或城市化这类社会和经济指标来解释；（3）文化因素——语言或种族群体的成员身份、宗教或政治派别——对生育率下降的影响似乎比经济因素更大，这是一种常见现象。

但如果观察整个过程，我们会发现，面对日益增长的福利和不断下降的死亡率，没有一个群体可以长期保持高生育率。人口转型显然是欧洲社会转型不可或缺的一部分。

欧洲移民：一种独特的现象

如果不提两大洲人口迁移，我在这里论述的人口转型将是不完整的，而两大洲的大规模移民潮降低了欧洲人口压力。我已经讨论了在工业革命之前，空间（和土地）的可利用性对欧洲人口增长的重要性。18世纪末，800多万欧洲血统移民分别居住在美洲的两块大陆上，大约各占一半。经过三个多世纪，欧洲通过伊比利亚和英国帝国主义为即将到来的大规模移民奠定了政治、经济和人口基础。移民潮既有经济原因，也有人口原因。经济原因是工业革命和技术进步提高了生产力，从而使大量工人过剩，特别是在农村地区；人口原因是人口转型带来了巨大的人口"乘数"，也就是说，它加速了人口增长，从而恶化了经济变化造成的问题。北美洲和南美洲（以及大洋洲）的土地和空间的可利用性加上这些新社会对劳动力的需求，为大规模移民创造了条件。

从19世纪下半叶到20世纪头10年，各国之间的经济一体化进程加快并在地理上扩展。全球化的进程是由于生产要素（资本、劳动力和商品）的流动性增加，出口增长快于生产。根据麦迪逊（Maddison）的研究，英国一半以上的储蓄流向国外，其他主要国家，如法国和德国，也扩大了海外投资。外国投资的很大一部分用于铁路网的扩建，从1870年至1913年，北美铁路网的长度增加了5倍（从9万公里增加到45万公里），吸引了大批移民工人。在拉丁美洲，1870年修建的几千公里铁路在1913年增加到10万公里。[22] 工业制成品出口价值与国内生产总值之比的增长很好地衡量了日益加深的经济一体化程度：在英国，这一比例从1820年的3%上升到1870年的12%和1913年的18%；同一时期，法国从1%上升到5%和8%；德国从1870年的9%上升到1913年的16%。根据欧鲁克（O'Rourke）和威廉森（Williamson）的观点，伴随着全球化进程，从欧洲向美洲的大规模移民决定了原籍国实际工资的增加、生活水平的提高和贫困人口的减少。然而，大规模移民对美国劳动力市场产生了相应的影响，工资水平下降，来自新移民的竞争也使老移民和本地工人的生活水平下降，出现了新的贫困。因此，大规模移民决定了国家之间、贫穷原籍国和较富裕的目的地国家的生活水平的经济趋同。[23] 也许这个结论可以这样重新表述：大规模的移民缓解了欧洲和美国在生活水平上的差距——以人均收入衡量（见表4-5）。从1846年至1932年，欧洲主要国家的越洋移民数量估计如下：1 800万人来自英国和爱尔兰，1 110万人来自意大利，650万人来自西班牙和葡萄牙，520万人来自奥地利和匈牙利，490万人来自德国，290万人来自波兰和俄罗斯，210万人来自瑞典和挪威。这股移民潮主要流向美国（3 420万）、阿根廷和乌拉圭（710万）、加拿大（520万）、巴西（440万）、澳大利亚和新西兰（350万）以及古巴（90万），当然这股移民潮在某种程度上与回流移民的逆流相平衡。在20世纪前15年间，欧洲每年的移民率超过3‰，相当于自然增长的1/3。[24]

在1861年至1961年间，意大利因移民造成的人口净损失为800万。假设这些移民仍留在意大利，并且作为一个群体，其增长速度与意大利的人口增长速度相同（这是一个相当严格的假设），那么到1981年，他们将达到1 400万，约占当时全国人口的25%。[25]

这些简要提示应可以说明移民对欧洲人口系统的重要性。总之，从总体经济增长的角度来看，这次移民肯定是有益的。它使移民地区的经济快速增长，使劳动力在最能产生生产力的地方得到最有效的利用，也使欧洲和海外的资源得到普遍增加。

图 4-9 来自谢奈，他将欧洲大陆的人口增长与 25 年后的移民强度进行了比较，25 年大致相当于移民的平均年龄。经过了 1/4 个世纪，增长率的增减与移民趋势之间存在着显著的关系。移民有助于降低由于大量工人涌入劳动力市场而造成的人口压力。[26] 海外对工人的强劲需求与过剩人口输出是完美互补。从欧洲人口发展的角

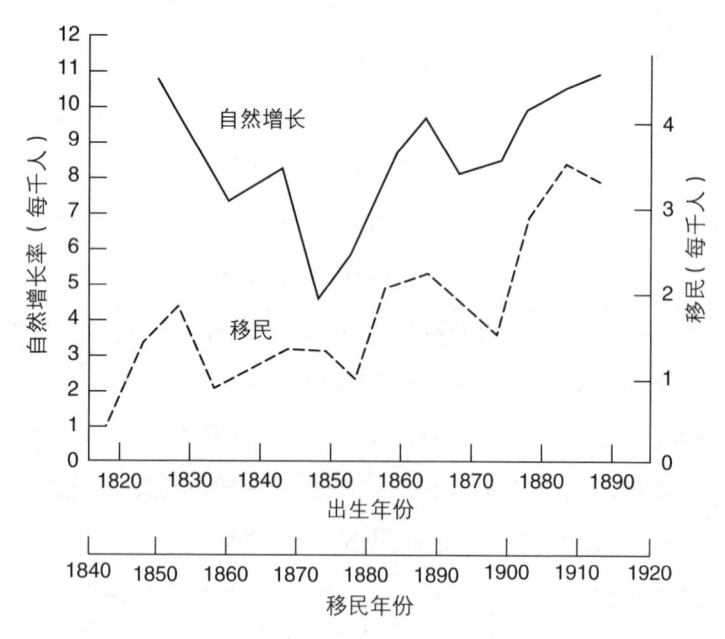

图 4-9 欧洲大陆的移民和自然增长

度来看，其影响是多方面的，而不仅仅是数量上的。然而，这些影响主要涉及移民选择过程的性质，超出了我们目前研究的范围。

然而，有一个解释欧洲移民原因的结论是有道理的。我们已经笼统地提到了这些问题：经济体系无法吸收过剩的人口（图4-9）；土地和资本的可获得性，美国有大量的土地和资本，并对劳动力有强劲的需求；国内和海外的收入差距；以及更便宜、更方便、更快速的交通运输使世界"缩小"了。但为了更好地理解人口大规模转移背后的原因，我们还需要进一步深入分析，特别是需要确定三个复杂的现象及其相互关系：第一，农村人口增长、欧洲内外土地的可获得性和农业生产力；第二，农村人口动态；第三，同时期非农业活动的增长。

关于第一点，在18世纪下半叶，除迅速工业化的英国，所有欧洲国家约有3/4的人口从事农业。这一比例在19世纪迅速下降，但速度并不一致，到1850年约有一半人口从事农业，到20世纪初约为1/3。尽管如此，由于欧洲人口的迅速增长（19世纪翻了一番），农业人口的规模在19世纪上半叶有所增长，到19世纪下半叶趋于稳定。[27] 人口增长增加了对粮食的需求，而这一需求在很大程度上导致了耕地的增加。北欧和易北河以东都开垦了新的土地；在其他地方，以往的休耕期逐渐取消。然而，生产力仍然很低：在19世纪中叶，每公顷土地的小麦产量约为1吨；到20世纪初，这一数字已增长了20%。[28] 如果没有欧洲以外的大规模耕地扩张，土地的稀缺性——使没有土地的农民数量成倍增加——

加上生产力的缓慢提高将对人口施加新的马尔萨斯限制。格里格计算，在1860年至1910年间，欧洲的可耕地面积从1.4亿公顷增加到1.47亿公顷；同期，俄罗斯的耕地面积从4900万公顷增加到1.14亿公顷，美国的耕地面积从6600万公顷增加到1.4亿公顷，在加拿大和阿根廷，从微不足道的水平到3300万公顷。[29] 欧洲新开垦地区的低生产成本和低运输成本实际上是农产品价格下跌的基础，从19世纪70年代起，农产品价格下跌使欧洲农村陷入危机。最后，在土地生产力增长缓慢的同时，资本流入农村和机械化相结合推动了劳动生产率。劳动生产率提高，以及对土地仅拥有有限的所有权，广大农民转化为不断增加的剩余劳动力，劳动者脱离了传统的生产活动和生活方式，不得不面对危机。因此，潜在移民的数量增加了。[30]

第二点是农村地区人口动态。生育控制在农村人口中的普及明显滞后于城市，助长了转型期自然人口增长率的提高。在某些情况下，转型的第一阶段以及随之而来的卫生条件的改善导致了生育率的提高而不是下降，许多发展中国家的情况与此类似。[31]

第三点是指新兴的非农产业在欧洲迅速发展，为农村的过剩人口提供了另一条出路。当然，这一现象并不独立于农业的发展，事实上，两者是密切相关的：以前由农村作坊生产的工具、机器和肥料逐渐由更有效率的工业系统生产。正是工业系统的发展和主要服务城市的活动繁荣起来，才为农村剩余劳动力创造了新的机会。在这一进程发生得比较早的地区，移民数量很少，或者只有短暂的移民潮；相比之下，这一进程发生得比较晚的地区，移民数量往往规模很大。制造业从业人员与农业从业人员之间的比率可作为形势变化的指标（图4–10）。这一比率大于1（即制造业从业人员超过农业从业人员），移民的压力就会减弱，并最终消失，因为最初的制造业，以及后来发展出的交通、服务、建筑等现代经济部门在吸收农业过剩人口上发挥了重要作用。早就停止大规模移民的英国，制造业从业人员与农业从业人员的比例早在19世纪末就远远超过了1∶1。在第一次世界大战之前，经历快速工业化的国家制造业从业人员都超过了农业从业人员，因此比利时从未出现过大规模移民，而德国和瑞士也早就停止了大规模移民。工业化发展较晚的地中海国家，如意大利和西班牙，直到20世纪60年代和70年代制造业从业人员才超过农业从业人员，而当时大规模移民潮已经结束。战争期间，国民经济中制造业占主导的国家，如丹麦、瑞典、荷兰，移民首先受到接受国的限制，然后又受到经济危机的影响。

在整个19世纪和20世纪的大部分时间里，欧洲是海外"新欧洲"人口的主要来源，欧洲的经验不能简单地适用于今天。目前的人口压力加剧了从较贫穷国家向较富裕国家的移民，其根本不同之处在于，向移民开放的"空白"地区已不复存在，国家政策严重限制了人口流动的可能性。另一方面，经济全球化往往加剧国家间的不平等，造成贫富地区之间的收入差距扩大，从而增加了移民的动机。然而，全球化也可能促进增长，使越来越多的

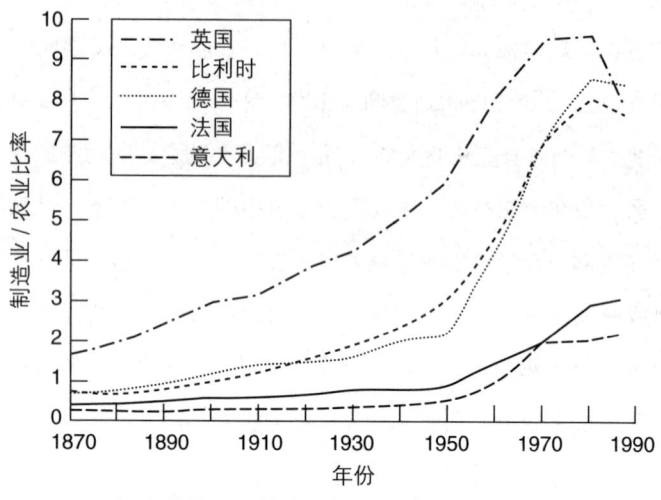

(a)英国、比利时、德国、法国、意大利

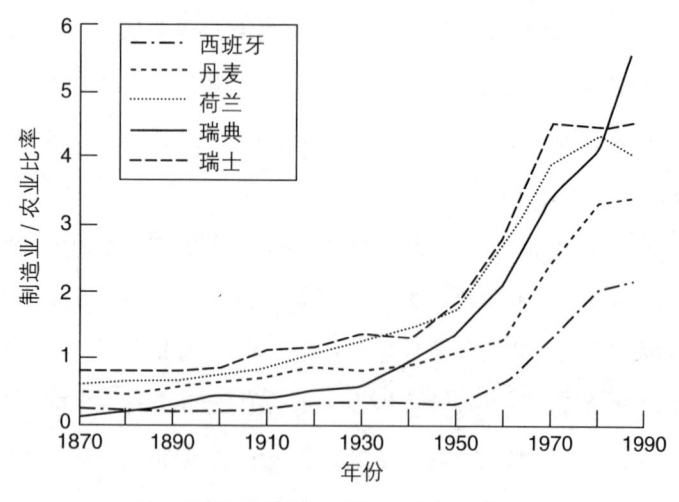

(b)西班牙、丹麦、荷兰、瑞典、瑞士

图 4-10　制造业从业人员与农业从业人员的比例（1870—1987 年）

发展中国家人口达到适中的生活水平。当这些目标完成后，移民的成本——特别是其社会和文化因素——往往会迅速增加，从而降低了移民离开自己国家的倾向。

人口转型的结果

人口转型和相关的移民使欧洲人口在动态和结构上都发生了深刻的变化。这些与高水平的人口效率有关的变化可以用几个指数来表示。表4–7列出了1881年到1981年间意大利的相关情况，这一时期正是意大利人口转型的时期。意大利的情况具有一定的普适性，能够代表欧洲的典型情况。15个西方国家加上日本，意大利在人口转型案例中的"地位"（见表4–5）可以在图4–11中得到体现。在1870年和1913年，意大利显然是一个"落后者"，死亡率和生育率高于其他国家，而到2000年，意大利则走在了前列，生育率低于平均水平，预期寿命高于平均水平。

让我们回到表4–7，我们需要对它做一个简要的说明。出生率和死亡率的变化我们在前面已经讨论过，即出生率和死亡率的强度降低了约2/3；同时，随着存活率的大幅提高，预期寿命增加了一倍多。1981年，每一代人中有98%活到了生育年龄（15岁），42%活到了80岁。1881年时，这两个比例分别为58%和6%。显然，这些显著的进步使社会发生了重要的变化。[32]

对结婚率和家庭结构的测量得出的结果却不太明了，它们具

表 4-7　人口转变的结果：意大利的人口指数（1881 年和 1981 年）

人口指数	1881 年	1981 年
出生（每千人）	36.5	11.0
死亡（每千人）	28.7	9.6
自然增长（每千人）	7.8	0.4
预期寿命（e_0、M 和 F）	35.4	74.4
15 岁时存活（每千人）	584	982
50 岁时存活（每千人）	414	936
80 岁时存活（每千人）	65.0	422
女性初婚年龄	24.1	24.0
平均生育年龄	（30.0）	27.6
最后一胎的平均年龄	（39.0）	30.0
50 岁时未婚女性（%）	12.1	10.2
每名妇女生育的子女数量（TFR）	4.98	1.58
净生育率	1.26	0.76
内在自然增长率（%）	0.77	0.99
0—14 岁人口（%）	32.2	21.4
15—64 岁人口（%）	62.7	65.3
65 岁及以上人口（%）	5.1	13.3
已婚妇女人均子女	5.6	1.7
平均家庭规模	4.5	3.0

有稳定性，同时又是变化的。结婚年龄和生育期结束时单身女性的比例是稳定的，这证实了在西方，婚姻约束在人口巨变中发挥的作用微乎其微。生育率下降的同时，对生育期的利用明显减少，这表现在第一次生育的平均年龄和最后一次生育的平均年龄都下降了，后者下降了近10年。其结果是，在现代人口制度中，最后一个孩子在母亲（或父亲）相对年轻（约50岁）且还可以活很久时就达到了成熟期。相比之下，在原先的人口制度下，最后一胎成年时父母在60岁左右，考虑到当时的预期寿命较低，60岁已经是相当老的年纪了。最后，生育率的下降在很大程度上导致了家庭规模的缩小（1981年每个家庭3个人，而在一个世纪前，这个数字是4.5个）。[33]

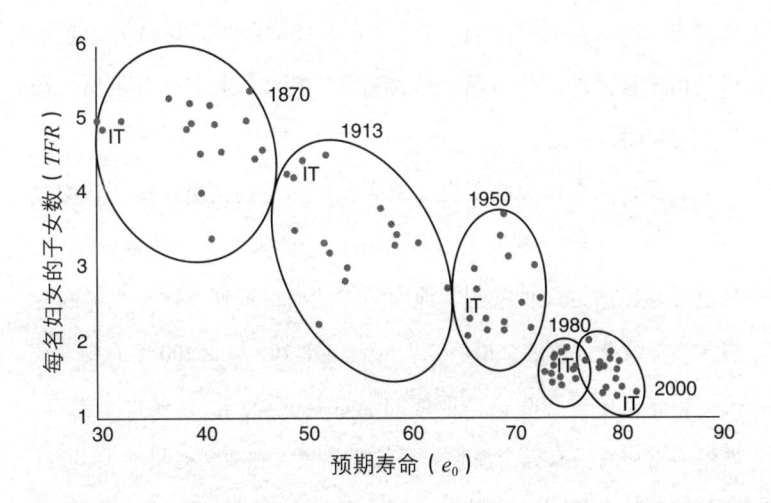

图 4-11　16 个欧洲国家预期寿命（e_0）与每名妇女的子女数（TFR）之间的关系

最后一组与年龄结构有关的指标尤其具有启发性。生育率的下降降低了较年轻人群的相对规模（15岁以下人口的比例从32.2%下降到21.4%），增加了较年长人群的相对规模（60岁以上人口从5.1%上升到13.3%），推进了"人口老龄化"的进程。更有意思的是，基于1881年和1981年的死亡率和生育行为，使其保持不变，以此来推断人口达到"稳定"时的情形。[34] 根据1881年的死亡率和生育行为，人口达到稳定时的状态和真实状态之间的差异很小。然而，以1981年的死亡率和生育行为来预测，其结果令人不安：如果生育率（每名妇女生育0.76个女儿）和死亡率保持在1981年的水平，增长率将为每年-1%左右，意味着71年内人口将减半，而随着人口老龄化，人口增速和比例将进一步受到影响。而35年后的2016年，生育率甚至会低于1981年，但现实是由于移民的意外贡献，意大利人口持续增长，弥补了出生和死亡之间的负平衡。

这些评论全面反映了发达国家人口转型的情况，这一转型遵循了一个许多国家共同的基本方案。它意味着人口的普遍扩张，又通过移民的方式扩张到其他大陆。然而，这种大体上积极的发展并不是没有代价的：虽然今天的人口比100年或200年前要"经济"得多，效率也更高，但他们也有新的弱点。就死亡率而言，秩序的增加并没有完全消除失序的风险（失独或父母早逝），而且正是由于这种情况的罕见性，对受害者的破坏性更大。家庭规模缩小也使家庭在面临风险时更加脆弱。人口老龄化超出一定限度，给社会制度带来了沉重负担。最后，生育率远远低于更替率，会导致代价高昂的不经济，从长远来看社会将不可持续。

评估当代"流动"的人口统计学的现状并预测其未来的演变是一项艰巨的任务。这场自第二次世界大战结束以来最严重、持续时间最长的经济危机，可能会进一步扩大我们与过去的断层。2016年，大多数欧洲国家的预期寿命接近85岁；生育率略有波动，徘徊在每名妇女生育1.6个孩子左右；成年和盛年期的人口正在减少；接近70岁的妇女和进入青春期的女孩一样多；难民的流入超过传统的移民。

人口与经济增长的关系

工业革命的到来、机械的引入、新能源的开发和贸易的增加，这些因素结合在一起，迅速改变了人口、土地、劳动力的平衡。人口增长不再通过需求的增加来导致物价上涨和工资下降。从19世纪开始，欧洲人口尽管经历了相当大的增长之痛，但仍在物价下降和工资上涨的环境中增长。由于经济和人口增长不再相互竞争，而是相互补充，人口和土地之间的艰难平衡被打破。然而，这只是一个大体的情况；显然，更具体地描述人口与经济之间关系的实质是一项困难的工作。人们倾向于采用熊彼特的观点，即人口在经济发展中起次要或幕后作用："开动和保持资本主义发动机运动的根本推动力，来自资本主义企业创造的新消费品、新生产方法或运输方法、新市场、新产业组织形式。"[35] 然而，我的任务不是讨论人口结构的变化是否决定了经济的发展，而是考虑人口变化如何以及在何种程度上影响经济的发展。

我们可以再一次从生产要素的回报，包括劳动力的回报，以及这些回报是否增加或减少的角度来考虑这个问题。毫无疑问，随着经济发展超出农业范围，对土地可获得性的依赖降低了，但对煤炭、铁或其他矿物等资源的依赖则增加了。由于市场一体化、新大陆开放、原材料替代、创新和技术不断进步，这些资源的使用还没有达到极限。原材料、食物和工业产品相对价格的长期下降证明了这一事实。[36]

仅仅因为北美大陆对欧洲农业的开放并不能避免土地稀缺和收益递减，只有依靠农业生产力的大幅提高，特别是自20世纪50年代中期以来，新土地的开垦已经停止。[37] 一个半世纪前，经济学家杰文斯就担心地球的煤炭储量将耗尽。[38] 20世纪70年代，罗马俱乐部对其他原材料做出了类似的预测[39]，同时代的人对石油储量下降的担忧萦绕不去。这些担心都没有成为现实，尽管我们有理由相信，资源短缺仍然有可能成为未来发展的障碍（见第6章）。石油、煤炭、木材这些用于生产能源的资源显然既没有变得更稀缺，成本也没有变得更昂贵，因为通过与某种恒定产品比较，我们会发现它们的影响程度随着时间的推移而降低。在美国，1850年生产1000美元商品或服务所需的能源（以恒定价格表示的国内生产总值）相当于4.6吨石油；到1900年，这一数字已降至2.4吨，到1950年降至1.8吨，到1978年，在石油危机最严重时降至1.5吨。换言之，1978年的1单位能源（无论使用何种能源）产生的价值（按不变价格计算）是1850年的3倍。在过去的30年里，每单位产量使用的能源减少了一半。[40]

1910年，阿尔弗雷德·马歇尔写道：

> 在社会历史中曾有各个阶段，而在这些阶段中土地所有权所产生的收入之特点，支配了人类的关系。但在现代，新的土地开发，加上水路运费的低廉，差不多阻止了报酬递减的倾向——这是按照马尔萨斯和李嘉图使用报酬递减这个名词的意义而说的，那时英国劳动者每星期的工资往往低于半蒲式耳（1蒲式耳=35.238升）上等小麦的价格。[41]

重新考虑人口增长与经济发展之间的长期关系，在1820年至2000年间，4个主要的西方国家（英国、法国、德国和美国）的人口增长了5.6倍，而它们的GDP（按不变价格计算）总和则增加了约107倍，人均产量增长了19倍（107/5.6=19.1）。鉴于过去的两个世纪里，人均生产（衡量个人幸福的粗略指数）每40年左右翻一番，人口增长（无论以何种方式出现）充其量只是对经济发展的小小制约；事实上，乍一看，采取相反的观点似乎更为合理，即人口增长促进了经济增长。

放弃任何试图确定人口与经济之间因果关系的尝试，我们仍然可以讨论一些与人口增长有关的因素，这些因素可能加速而不是减缓经济发展，或者换句话说，每增加一个个体带来的回报越来越多。这些因素可分为三类：（1）纯粹的人口因素；（2）总体规模和维度因素；（3）知识存量和技术进步。

纯粹的人口因素

纯粹的人口因素是与本章前面讨论的人口转型有关的变化。它们的影响被认为是积极的，原因有很多。第一，死亡率下降和流行病发生频率减少不仅延长了寿命，而且提高了人口的效率。第二，死亡率开始按照更加等级化的时间顺序排列，这在很大程度上消除了夭折的风险，并使更长期的生命规划成为可能，有助于发展。第三，生育率的下降减少了用于抚养儿童的精力和资源，从而使这些资源（特别是女性就业）能够用于更直接的生产活动。最后，至少在20世纪中叶以前，年龄结构一直在向更有生产力的年龄转变，从而提高了生产人口和从属人口之间的比例。[42]

这些因素可能会在我们考察的时间段内提高人口的平均效率。但是，我们将在下文中看到，这种进展是不可重复的。从纯粹的人口变化的观点来看，过去几十年的低生育率、人口老龄化以及死亡率上升已经兑现了有利的方面，这导致了一个结论：西方人口已经达到了一个转折点，正进入一个效率下降的阶段。

总体规模和维度因素

我们已经在一定程度上讨论了规模因素和维度因素（第3章）。在过去的两个世纪里，由于人口增长了5倍，大大扩展了市场，西方很可能实现了规模经济。许多研究已经证实，由于市场的扩张，各个工业部门在效率和生产率方面都存在净收益。[43] 更普遍的是，丹尼森（Denison）估计，规模因素对二战后欧洲和美国的增长贡献约10%。[44] 规模经济不仅源于人口增长，还源于经济扩张和市场一体化。然而，即使考虑到这些限制，规模经济的人口因素仍然相当重要。

制造业的例子或许可以推广到其他经济部门，但并非全部，也许不太适合服务业和公共管理部门。虽然人口扩张产生的规模经济在人口少的群体里相当明显，但在人口较多的群体中则不那么明显。此外，消除国际贸易壁垒和加强经济一体化（全球化）可以和人口增长一样扩大市场。在这方面，我们可以引用罗宾逊（E. A. G. Robinson）的观点："从最小的规模扩大没什么坏处……此时市场规模不会过度扩大而变得不经济。"[45]

最后，人口增长似乎产生了积极的效果，这不仅是因为它使规模经济成为可能，而且也推动了市场扩张。当人口增长时，企业家就有动力开创新企业，增加对已有企业的投资，这是一个产生投资和增长的过程。当然，相反的情况发生在人口减少或停滞时期。凯恩斯用这种论点来解释两次世界大战期间欧洲的经济停滞。[46]

知识存量和技术进步

我们在上文已经考虑过知识存量和技术进步（第3章）。"经过检验的知识"带来的收益依赖于天才个体的存在，他们"发明"了新知识。这些发明家的数量可能与人口规模成比例。无论如何，规模经济能够支持新知识的发明（例如研究机构或科研机构的数量，学者之间的接触频率），因此在所有条件相同的情况下，随着人口的增长，收益应该是递增的。正如这一理论的坚定支持者库兹涅茨所承认的那样，[47] 这一观点表明，加大对教育和研究的投资并不能完全弥补可能出现的发明家或科研机构减少造成的不足：大规模群体永远比小规模群体更有优势。毫无疑问，作为发展的真正动力，技术进步必须归功于新的"知识"，并提供充足的资本。如果人口增长产生的规模经济有利于知识的生产，那么我们可以得出结论，人口增长有助于经济增长。虽然这一立场在理论上是合理的，但在历史上却难以确立，特别是当我们考虑到像英国或荷兰这样人口规模较小的国家的技术进步时，这些国家的技术进步在很长一段时间内都远远超过了人口众多的国家。

在过去的两个世纪里，人口增长可能更多的是对经济发展的一种激励，而不是一种制约（尽管在上面的原因中，我们更多地讨论纯粹的人口因素，而不是总体规模和维度因素，更不用说知识存量和技术进步有关的因素了）。出于相反的原因，我们可以预期，在未来几十年，人口下降和老龄化可能会产生相反的影响。然而，过去的积极影响和未来的消极影响很难量化。

人口与经济增长之间关系的更多信息：经验观察

虽然经济和人口的关系在本质和因果方向上具有不确定性，但我们仍然能观察到这些力量在过去两个世纪中的进展，这两个世纪的特点是总产量和人均产量都在大力扩张。以国内生产总值（GDP）表示的总产量是指不包括对外贸易在内的所有商品和服务的价值，以恒定价格表示。这里使用的一系列数据是按照标准模型构建的，来自对16个发达国家在几个世纪中的比较研究。[48] 其准确性只能部分弥补统计数据的不足（特别是在第一次世界大战之前）以及换算成恒定价格和单一货币的问题。因此，应谨慎考虑结果。

英国的情况最广为人知。表4–8涵盖了两个多世纪的时间跨度，从中我们可以得出现代人口和经济演变的主要特征：人口和就业增长了5倍；20世纪每名工人的平均工作时数减少了一半；人均产量增长了13倍，每小时的劳动生产率有了更大的飞跃（22倍）。人口结构的演变推动了人口和就业的增长；社会演变释放了大量曾经用来工作的时间；经济演变使劳动报酬成倍增长。

图4–12列出了1870年至2000年16个国家的若干指数，以及每个指标的年变化率。尽管这些国家在某种程度上有着基本的相似之处，但在报告考察期内，这些国家的表现差别很大。接收跨洋移民的国家人口年平均增长率为1.5%—1.8%，欧洲国家通常

表 4-8 英国人口、就业人数、产量和生产率(1785—2000)

年份	GDP (1990$ 百万)	人口(千)	就业(千)	每年每名工人 平均工作小时数	工作每小时 GDP(1990$)	人均 GDP (1990 $)
1785	19 080	12 681	4 915	3 000	1.29	1 505
1820	34 829	19 832	6 884	3 000	1.69	1 756
1870	96 651	29 312	12 285	2 984	2.64	3 297
1913	214 464	42 622	18 566	2 624	4.40	5 032
1950	344 859	50 363	22 400	1 958	7.86	6 847
2000	1 162 663	58 670	26 861	1 489	29.10	19 817
1785—2000 年 变化率(%)	1.9	0.7	0.8	−0.3	1.4	1.2
2000/1785 比值	60.9∶1	4.6∶1	5.5∶1	0.5∶1	22.5∶1	13.2∶1
倍增时间(年)	37.0	94.5	88.0	−207.0	48.7	58.4

资料来源:Adapted from A. Maddison, *The World Economy: A Millennial Perspective* (OECD, Paris, 2001); and *The World Economy: Historical Statistics* (OECD, Paris, 2003). 1785 data based on A. Maddison, *Phases of Capitalist Development* (Oxford University Press, Oxford, 1982)。

在0.5%—0.8%之间，但也有几个明显的例外（法国为0.3%，奥地利为0.4%，荷兰为1.1%），这导致欧洲大陆内部的人口演变差异很大。人均国内生产总值增长率和生产率也不同：澳大利亚的人均国内生产总值为1.4%，日本为2.6%。这一点也非常重要，我们应该记住，增长率的微小差异会逐渐导致绝对水平的巨大差异：例如，在1870年到2000年期间，加拿大的人均国内生产总值以每年2%的速度增长，最终增加了13倍，而英国的人均国内生产总值增长率仅为0.5个百分点，因此只增加了6倍。

由此产生的问题是，人口增长率是否影响经济的发展（以人均产量或生产率的增长来近似地衡量）。以这种方式回答这一问题时，我们假定人口增长本身不受经济因素的影响，但我们已经看到，人口转型的各个阶段都受到经济发展的深刻影响。图4-12列出了1870年到2000年间人口增长与人均国内生产总值年增长之间的关系。这16个国家根据人口增长率大致按升序排列。显然，这些国家的经济表现与人口增长的强度没有明显关系。富裕国家的人口增长速度各不相同，其长期经验不允许我们将特定的经济成就归因于人口增长。[49]

但是基于上述分析，我们也无法得出人口增长与经济发展之间没有任何关系的结论。相反，这种关系因其他现象的干扰而变得复杂。综合分析学派的创始人库兹涅茨在提到麦迪逊对同一时期的研究得出同样的结论时指出：

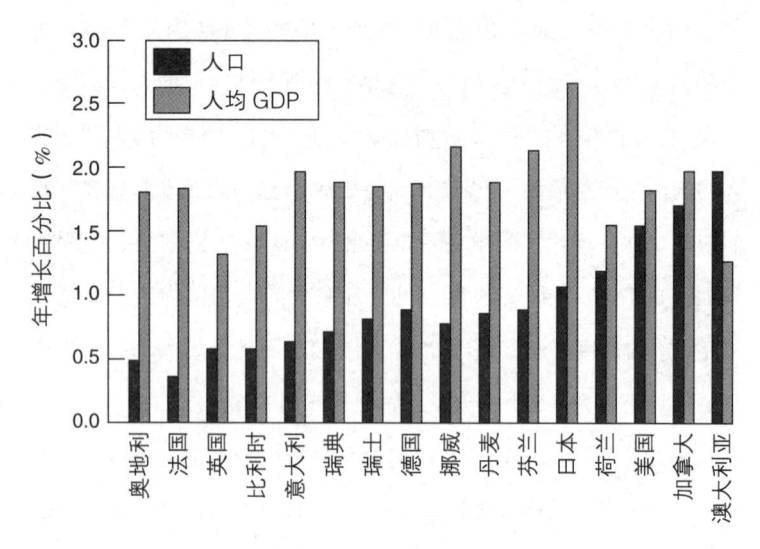

图 4-12　16 个工业化国家人口率和人均国内总产值的年增长（1870—2000 年）

其他因素——自然资源的相对可用性、现代增长进程的开始时间和制度条件——使人口增长的影响复杂化，并阻碍了人口增长与人均产量增长之间的简单关联：人口增长对人均产量的增长既有扩张作用又有抑制作用，它与其他因素一起造成了不同程度的影响。[50]

除此之外，还有一个更普遍的因素会进一步使这种关系复杂化：人口和经济同时作为因变量和自变量。正如我们所看到的那样，经济发展对人口转型期间的死亡率和生育率的进展产生了巨大的影响，但正如前文所述，反过来也是如此。在一个开放和综合的系统中，以显著的移民流为特征（在我们所考察的大部分时期中，移民流是维持平衡的重要力量），经济和人口刺激的长期影响往往会相互缓解和补偿。

从总体上看，现代的大经济周期可以让我们对人口与经济的关系有更多的了解。例如，凯恩斯在讨论1860到1913年间英国的资本形成率时说："资本需求的增加主要是由于人口的增长和生活水平的提高，只是在很小的程度上是由于某种技术上的变化，技术变化要求提高每单位消费的资本化程度。"两次世界大战之间的人口减速可能影响了需求水平，造成了生产过剩和失业。[51] 汉森（Hansen）也有类似的看法，他把19世纪下半叶西欧40%的资本形成和美国60%的资本形成归因于人口增长；相反，他将20世纪30年代的经济危机追溯到世纪初的人口减速和随之而来的投资放缓。[52] 库兹涅茨试图发现美国人口和经济周期之间的联系。生活水平的提高吸引了移民，鼓励了婚姻，加速了人口增长。人口增长反过来又刺激了那些对人口增长特别敏感的投资（住房、铁路），但代价是对资本产品（机械和工业结构）的其他投资减少了。后一种情况对生产和消费产生了消极的影响，从而影响了人口增长，并导致了另一个周期的开始。[53]

图4-13记录了1875—1955年每10年美国的人口增长（以百万为单位）、国内生产总值的增长（以10亿美元为单位）和人均收入（以美元为单位）的变化（与前10年相比）。这三个变量

的趋势惊人地相似。

继续讨论欧洲，我们很难用人口因素来解释经济增长的各个阶段：第一次世界大战前的人口扩张、两次世界大战之间的人口停滞，以及20世纪60年代以来的人口强劲复苏（被70年代的石油危机中断），因为人口因素往往运行缓慢。但如果不考虑以下几个重要的人口因素，这种分析就不完整：

1. 第一个因素是欧洲大陆（不包括苏联）的地理——人口结构及其对政治——经济组织的影响，这与规模的优势或劣势间接相关。第一次世界大战之前，英国、法国、德国、奥匈帝国和意大利5个大国统治着欧洲3/4以上的人口，其余的人口分散在十几个小国（每个国家的人口只有几百万）以及人口规模中等的西班牙。在第一次世界大战和《凡尔赛和约》之后，欧洲被划分为22个国家，随着奥匈帝国的瓦解，大国从5个减少到4个，欧洲大陆的分裂加剧了政治障碍对人口和货物流动的影响。[54] 第二次世界大战和东欧"分裂"之后，欧洲出现区域割裂的现象（西欧由于经济一体化而有所减弱）。由于1989—1990年苏联解体和德国的统一，这种割裂崩溃了。德国如今在人口上（更不用说在经济上）占据了欧洲的中心地位。我们在评价欧洲后来的发展时，应考虑到人口和政治方面的这些变化，因为这些变化消除了人口流动的障碍，有助于更好地利用人力资源。这些因素也改变了与市场的绝对和相对规模以及总体经济空间有关的规模经济。

2. 城市地区的发展也决定了人口增长对扩大需求的作用，尤

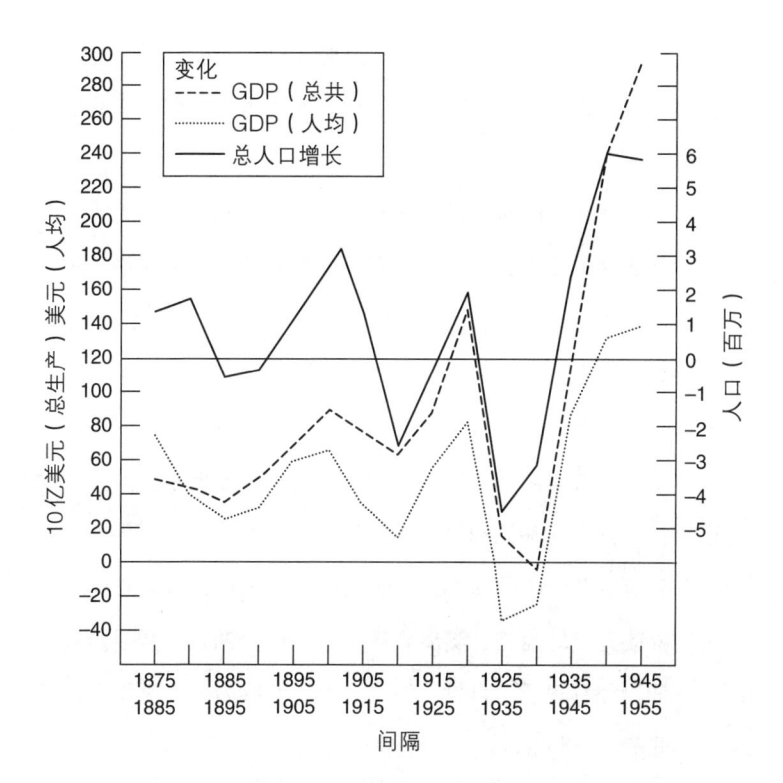

图 4-13 美国人口增长变化与国内生产总值（GDP）、人均国内生产总值、1929 年物价变化的对比（1870—1955 年）

来源：S. Kuznets, "Long Swings in Population Growth and Related Economic Variables", *Proceedings of the American Philosophical Society*, Volume 102, Number 1, pp 25–52。

其是大城市兴起，它们往往是发展的催化剂。城市的发展需要大量投资用于建设和高科技基础设施。1910 年，人口超过 50 万的欧洲城市有 25 个，他们在 1870—1910 年间的年增长率为 1.9%；在 1910—1940 年间的增长率放缓至 0.9%；在 1940—1970 年间又放缓至0.3%。[55] 在非欧洲的发达国家，我们也可以观察到类似现象：尽管城市发展在第一次世界大战之前影响巨大，但此后它的推动作用迅速下降。

3. 流动性和移民衡量的是人口—经济体系有效分配人力资源的能力。从这个角度看，近代欧洲历史可以分为三个时期。第一个时期是在20世纪20年代初，随着接收国实施移民限制而告终。它的特点是强有力的人口再分配过程，大量农村人口移民到欧洲以外。与此同时，欧洲国家内部和国家之间的移民也很密集。尽管交通不便、成本高昂，但还不存在移民的法律壁垒，国际劳动力市场相对具有流动性和灵活性。第二个时期在两次世界大战之间，其特征是欧洲以外的出路被关闭，欧洲大陆内部的逐步分化。[56] 劳动力市场萎缩、支离破碎。第三个时期是二战后，其特征是欧洲以外移民的"自然"终结，因为西欧内部发生了大规模人口再分配（与非市场经济的欧洲分离），以及越来越多的非欧洲劳动力开始移民。20世纪七八十年代，随着地中海欧洲的人口储备逐渐枯竭，欧洲内部的移民逐渐关闭。尽管大多数国家都采取了限制性政策，但来自欧洲以外国家的移民成为主导因素。金德尔伯格这样的经济学家强调了充足和流动劳动力的重要性，他们把西欧在战后不久的经济快速复苏归根于此。[57]

虽然我们有意保持结论的普遍性，但从这一分析中得出的结论相当薄弱。如果没有其他迹象，我们可以断言，在19世纪和20世纪，人口增长没有阻碍经济发展。事实上，有迹象表明情况正好相反。尽管我们在经济和人口增长的关系问题上保持中立立场，但事实是那些人口增长最快的国家承担了主导经济的作用。最后我们再举一个例子，可能有助于阐明这种关系。在1870—2000年间，美国和法国的人均GDP年增长率相同，都是1.9%，但人口增长率却大相径庭，美国为1.5%，法国为0.3%。以GDP来衡量和对比两国的经济规模，从1870年的1.4∶1（美国占优）变成如今的5∶1。许多人认为重要的是人均收入。在这种观点下，法国的表现和美国一样。但从地缘政治的角度来看，经济规模才是最重要的。美国的经济规模是法国的5倍，但其GDP所占的比例却与法国相当，因此美国现在可以用信贷、食品、药品、工具或电脑的形式向穷国提供比法国多5倍的援助，或者拥有5倍数量的飞机、导弹和军舰来发动战争。我们不得不反问一句：如果美国经历了更温和的人口增长，它还会成为西方世界的领导者吗？

注　释

1. D. S. Landes, "Technological Change and Development in Western Europe 1750—1914", in H. J. Habakkuk and M. Postan, eds., *Cambridge Economic History*（Cambridge University Press, Cambridge, 2nd edn 1965）, vol. 6, pt. 1, pp. 274–661.

2. 表4–1中的数据、乘数的概念以及上述转型模型的描述摘自J.-C. Chesnais, *La Transition Démographique* [*The Demographic Transition*]（PUF,

Paris，1986），p. 33；J.-C. Chesnais，"Demographic Transition Patterns and Their Impact on Age Structure"，*Population and Development Review* 16：2（1990）。

3. L. Del Panta，*Le Epidemie nella Storia Demografica Italiana（Secoli XIV—XIX）*[*Epidemics in Demographic History（XIV—XIX centuries）*]（Loescher，Turin，1980），pp. 160，168. C. Ó Gráda，*Famine：A Short History*（Princeton University Press，Princeton，NJ，2009）。

4. 根据模型寿命表：A. J. Coale and P. Demeny，*Regional Model Life Tables and Stable Populations*（Princeton University Press，Princeton，NJ，1966）。例如，假设女性的预期寿命为27.5岁，男性为25.3岁（西方模式），我们得到以下结果：40岁女性活到60岁的概率为0.536，10岁男孩活到30岁的概率为0.764。在20年期间，40岁和10岁的母亲和儿子有四种可能性：（1）两者都能存活下来，概率为0.536×0.764=0.410；（2）母亲比儿子活得长，概率为0.536:（1−0.764）=0.126；（3）儿子比母亲活得长，概率为0.764×（1−0.536）=0.354；（4）两者都死亡，概率为（1−0.536）×（1−0.764）=0.110。四种情况的概率之和等于1。如果母亲存活（概率为0.536），她比儿子活得长的概率为1/4（0.126:0.536=0.235）。考虑到目前的死亡率，这种情况发生的概率约为1/60。

5. K. F. Helleiner，"The Population of Europe from the Black Death to the Eve of the Vital Revolution"，in *The Cambridge Economic History of Europe*（Cambridge University Press, Cambridge，1967），vol. 4：*The Economy of Expanding Europe in the Sixteenth and Seventeenth Centuries*，ed. E. E. Rich and C. Wilson.

6. 关于这个问题有大量的文献，我只限于以下几个引文：关于意大利可参见 Del Panta, *Le Epidemie*；关于英国可参见 E. A. Wrigley and R. S. Schofield, *The Population History of England 1541—1871*（Edward Arnold, London, 1981）；关于西班牙可参见 V. Pérez Moreda, *Las Crisis de Mortalidad en la España Interior, Siglos XVI—XIX* [*The Mortality Crisis in the Spanish Interior, XV—XIX Centuries*]（Siglo Veintiuno, Madrid, 1980）；关于法国可参见 G. Cabourdin, J.-N. Biraben and A. Blum, "Les Crises Démographiques[Demographic Crises]", in J. Dupâquier, ed., *Histoire de la Population Française* [*History of the French Population*]（PUF, Paris, 1988）, vol. 2: *De la Renaissance à 1789* [*From the Renaissance to 1789*]。

7. 关于 19 世纪重大微生物的重大发现，见 G. Penso, *La Conquista del Mondo Invisibile*（Feltrinelli, Milan, 1973）。

8. T. McKeown, *The Modern Rise of Population*（Edward Arnold, London, 1976）。

9. G. Caselli, "Health Transition and Cause-Specific Mortality", in R. Schofield, D. Reher, and A. Bideau, eds., *The Decline of Mortality in Europe*（Clarendon Press, Oxford, 1991）。

10. 通过对不同国家的一系列数据进行线性内推（在某些情况下是线性外推）得到 e_0 等于 50。参见 L. I. Dublin, A. J. Lotka and M. Spiegelman, *Length of Life*（Ronald Press, New York, 1949）。瑞典、丹麦、比利时、荷兰、瑞士、澳大利亚和美国的女性预期寿命达到 50 岁是在 1880 年至 1900 年之间；英国、法国和德国在 1900 年至 1910 年之间；芬兰、奥地利和意大利在 1910 年至 1920 年之间；希腊、匈牙利和苏联是在 1920 年之后。

11. A. Maddison, *Monitoring the World Economy 1820—1992*（OECD, Paris, 1995）. 本章和下一章中使用的国内生产总值（GDP）和人均国内生

产总值以"1990年国际美元"——即1990年吉尔里-哈米斯美元（Geary-Khamis dollar）——为单位。国际美元也被称为购买力平价（PPP）美元。购买力平价美元是一种抽象的衡量标准，考虑了价格随时间和空间的变化，它"购买"了相同比例的福利，因此在历史和地理上具有可比性。在实践中，"国际美元"有许多固有的局限性，要么由于可获得的材料数量（相当稀少，而且往往不可靠，特别是在遥远的时代），要么是因为生产和可供消费的商品和服务的范围在不断变化。具体参见 A. Maddison, *Monitoring the World Economy 1820—1992*（OECD, Paris, 1995），pp.162–169。16个国家的名单见表4–5。

12. 其中最重要的一点是，这两个变量并不相互独立：虽然死亡率确实在一定程度上取决于生活水平，但死亡率不下降，就不会有物质上的改善。

13. 婚姻之外的生育通常（不恰当地）被认为是非法的。从历史上看，西方的非法生育水平是微不足道的，因为（至少直到最近几十年）绝大多数的生育都是在婚姻关系下进行的。

14. 将自愿和非自愿生育控制区分开来是一个概念上的微妙区别。人口统计学家称不受自愿控制的生育率为"自然生育率"。其水平因夫妇或母亲的行为而有很大差异（性禁忌、性交频率、母乳喂养时间长度等，见第1章）。尽管如此，这些类型的行为可能是"结构性"的，并不能反映出夫妇想要达到特定家庭规模的愿望；生育行为不会随着已经出生的孩子数量的变化而变化。另一方面，通过避孕或性交中断来控制自愿生育，目的是生产一定数量的孩子。最重要的是，控制是由那些子女达到预期数量的夫妇首先实施的，因此生育行为往往会随着孩子的出生而改变。母亲最后一次生育时的平均年龄或生育时最小年龄的下降，是人口生育率控制的一个迹象；这两种情况都导致生育率曲线的形状随年龄而变化。

15. M. Livi-Bacci,"Social-Group Forerunners of Fertility Control in Europe", in A. J. Coale and S. C. Watkins, eds., *The Decline of Fertility in Europe*（Princeton University Press, Princeton, NJ, 1986）.

16. 总体而言，城市的生育率要低于农村，尽管这部分是由于城市人口的特殊构成及其高流动性造成的。但是，与农村人口缓慢下降的模式相反，从18世纪后期开始，匈牙利某些地区的生育率开始下降。见R. Andorka,"La prévention des Naissances en Hongrie dans la Région Ormansag Depuis la Fin du XVIIIe Siècle [Birth Control in Hungary in the Ormansag Region since the End of the Eighteenth Century]", *Population* 26（1971）。

17. 普林斯顿人口研究办公室协调进行的研究由安斯利·科尔（Ansley Coale）指导，其总体目标、特征和结果可参见Coale and Watkins, *Decline of Fertility*。图4-6中的图形轨迹包括以下国家和地区：比利时、丹麦、英格兰和威尔士、芬兰、法国、德国、匈牙利、爱尔兰、意大利、荷兰、挪威、葡萄牙、苏格兰、西班牙、瑞典和瑞士。

18. 指数I_m、I_f、I_g（已婚育龄妇女比例、总生育率和合法生育率的指数）和I_h（非法生育率指数，未讨论过）通过以下方式计算。f_i、g_i和h_i分别代表年龄段为i的妇女的总生育数、合法生育数和非法生育数。同样，w_i、m_i和u_i代表相同年龄段的妇女总数、已婚妇女总数和未婚妇女总数。F_i是模拟人口的生育系数，即1921—1930年间已婚的赫特族妇女，这一群体在规范构成的人口中有着史上最高的生育率。根据以上信息，可以计算出以下指标：

总生育率　　　　　　　　$I_f = \sum f_i w_i / \sum F_i w_i$　　　　（1）

合法生育率　　　　　　　$I_g = \sum g_i m_i / \sum F_i m_i$　　　　（2）

非法生育率　　　　　　　$I_h = \sum h_i u_i / \sum F_i u_i$　　　　（3）

已婚妇女的比例　　　　　　　　$I_m = \sum f_i m_i / \sum F_i w_i$　　　　（4）

方程式（1）(2) 和（3）的分子分别是被研究人口的总生育率、合法生育率和非法生育率。F_i 的值是：年龄 15–19＝0.300，20–24＝0.550，25–29＝0.502，30–34＝0.447，35–39＝0.406，40–44＝0.222，45–49＝0.061。这 4 个指标由以下方程式关联：$I_f = I_g \times I_m + I_h \times (1 - I_m)$。当 I_h 非常低时，比如说低于 0.05（或 5%），就像传统上所有西方人口的情况一样，则总生育指数接近 $I_g \times I_m$。所有指数的值均低于 1。I_g 的值表示被研究人口的合法生育率与赫特人的理论最大值之间的比率。该值低于 0.6 通常表示存在某种程度的自愿生育控制。

19. 普林斯顿研究的结果包括 19 世纪下半叶至 1960 年的生育率和结婚率趋势。请参阅 Coale and Watkins，*Decline of Fertility*。有关"地理分布"的更多详细信息，请参阅国家专题，所有这些专题均由普林斯顿大学出版社出版：法国（E. van de Walle）、英国（M. Teitelbaum）、德国（M. Knodel）、苏联（B. Anderson，A.J. Coale 和 E. Harm）、意大利（M. Livi-Bacci）、比利时（R. Lesthaeghe）和葡萄牙（M. Livi-Bacci）。

20. 有几位作者认为，从长远来看，生育率将徘徊在 2 左右，而多次调查结果也显示，妇女和夫妇宣称想要或期望拥有或认为理想的孩子数量也是 2。与这种模式的实质性偏离主要是由于暂时性因素导致的生育"节奏"变化。持这一观点的是 J. Bongaarts，"Fertility and Reproductive Preferences in Post-Transitional Societies"，*Population and Development Review* 27：Suppl.（2001）。还有些人则持不同意见，他们认为，长期中社会可能会适应非常低的生育率模式，如德国和意大利的例子。关于"更替生育率"的概念还需要再多说几句。当每一代女性都完全替代了前一代女性，也就是每一名女性在她一生中都生育一个女孩，此时生育率就达到"更替水平"。出生的男孩多于女孩（出生时的性别比为1.05或1.06男孩对应1个女孩），或新生儿补偿生育年龄前夭折的孩子，此时更替生育率超过2个。死亡率越高，更替生育率越高。如今，发达国家的更替生育率低于2.1，而在发展中国家为2.4。有关认为低生育率时代已经结束，转折点即将到来的观点，请参见J. R. Goldstein, T. Sobotka and A. Jasilioniene, "The end of 'lowest-low' fertility", *Population and Development Review* 35：4（December 2009）。

21. 这里使用的*TFR*值是"期间"比率，而不是表4-6中使用的"同类"比率。期间比率是通过合并同一天（由于出生日期不同，生育史也不同）的不同年龄妇女的生育力水平而得出的，因此强调了经济因素的暂时影响。

22. A. Maddison, *Monitoring the World Economy, 1820—1922*（OECD, Paris, 1995）, pp. 61-64.

23. K. O'Rourke and J. G. Williamson, *Globalization and History: the Evolution of a Nineteenth Century Atlantic Economy*（MIT Press, Cambridge, MA, 1999）.

24. Chesnais, *La Transition Démographique*, p. 164.

25. 通过将美国移民统计数据与人口普查结果（要求被调查者的国籍）相结合，我计算出1880—1950年间有50.2%的意大利移民在停留了不同的时间后返回了意大利。M. Livi-Bacci, *L'Immigrazione e l'assimilazione degli Italiani negli Stati Uniti* [*Immigration and Assimilation of Italians in the United States*]（Giuffrè, Milan, 1961）, pp. 34-35. 为了计算1861—1961年间意大利净移民所带来的人口下降，我将意大利每10年的增长率应用于同期的净移民，假设直到1981年（第一批移民及其后代）一直维持这一水平。

26. Chesnais, *La Transition Démographique*, pp. 169-172.

27. P. Bairoch, *International Historical Statistics*, vol. 1：*The Working*

Population and Its Structure（New York，1969）.

28. D. Grigg，*The Transformation of Agriculture in the West*（Blackwell，Oxford，1992），Table 4.2，p. 35.

29. Grigg，*Transformation of Agriculture in the West*，Table 2.2，p. 19.

30. 见 D. S. Massey，J. Arango，G. Hugo，A. Kouaouci，A. Pellegrino and J. E. Taylor，*Worlds in Motion：Understanding International Migration at the End of the Millennium*（Oxford University Press，Oxford，1998）。T. J. Hatton and J. G. Williamson，*The Age of Mass Migration：Causes and Economic Impact*（Oxford University Press，Oxford，1998）.

31. 威尼斯就是一个典型的例子，在20世纪20年代，威尼斯是意大利中北部最后一个开始生育控制的地区。在合法生育率（I_g）下降开始之前，它经历了显著增长（在1881年和1911年之间几乎增长了20%）。影响这一增长的因素包括生活条件的改善和糙皮病的消除（糙皮病是由于过度依赖玉米而导致的维生素缺乏症）。参见 M. Livi-Bacci，"Fertility，Nutrition and Pellagra：Italy during the Vital Revolution"，*Journal of Interdisciplinary History* 16（Winter，1986）。

32. 然而人们普遍认为，20世纪生存率的提高显然是人口老龄化（也就是老年人口比例的增加）的原因。实际上，这种老龄化完全是由于生育率的下降造成的，其结果是年龄结构中的年轻人没有得到充分的补充。此外，较年轻的年龄组比较年长的年龄组在生存率的提高比例上更为显著。因此，在所有条件相同的情况下，年轻人的生存率要比老年人高。年龄结构实际上变得年轻了。但是，今天和不久的将来情况将不同。生存能力的提高几乎只会使老年人受益（实际上，年轻人几乎没有改善的余地）。结果，死亡率的进一步下降将导致人口老龄化。但是，从历史上看，这一情况还未出现。

33. 显然，生育率本身不能决定家庭规模。存活率、子女离家的年龄、丧偶和再婚、大家庭（由一个以上的生物核心组成）的频率以及非亲属同居也是决定家庭规模的因素。

34. 具有固定生育率和死亡率行为的人口最终实现固定年龄结构（由该行为决定）以及固定的粗出生率、死亡率和增长率。这种理论人口称为"稳定"人口。在表 4–7 中，所报告的参数是指 1881—1981 年意大利死亡率和生育率行为所产生的稳定人口。

35. J. A. Schumpeter, *Capitalism, Socialism and Democracy*（Harper & Brothers, New York, 2nd edn 1947），p. 83.

36. J. Simon, *The Economics of Population Growth*（Princeton University Press, Princeton, NJ, 1976）; J. Simon, *Theory of Population Economics*（Blackwell, Oxford, 1986）.

37. Y. Hayami and V. W. Ruttan, *Population Growth and Agricultural Productivity*（Johns Hopkins University Press, Baltimore, MD, 1985）.

38. W. S. Jevons, *The Coal Question*（Macmillan, London, 1865）.

39. Club of Rome, *The Limits to Growth*（Universe Books, New York, 1972）.

40. Maddison, *Phases*, p. 48。英国也出现了类似的趋势，该比例从 1855 年的每 1 000 美元产量的 2.55 TPE 下降到 1979 年的 0.99 TPE。对于美国和其他主要国家最近的趋势，见 http://data.worldbank.org/indicator/EG.GDP. PUSE.KO.PP.KD/countries?page = 5 [accessed July 21, 2016]。

41. A. Marshall, *Principles of Economics*（Macmillan, London, 1920），pp. xv–xvi.

42. 这些论点是在 S. Kuznets, *Modern Economic Growth*（Yale University Press, New Haven, CT, 1966）, p. 57。

43. J. J. Spengler, *Facing Zero Population Growth*（Duke University Press, Durham, NC, 1978）, pp. 136–139.

44. E. F. Denison, *Accounting for the United States' Economic Growth*（Brookings Institution, Washington, DC, 1974）, pp. 71–75, 和同一作者的 *Why Growth Rates Differ*（Brookings Institution, Washington, DC, 1967）, pp. 232–233。

45. E. A. G. Robinson, ed., *Economic Consequences of the Size of Nations*（Macmillan, London, 1960）, p. xxii of Robinson's Introduction. A. Alesina and A. Spolaore, *The Size of Nations*（MIT Press, Cambridge, MA, 2003）.

46. J. M. Keynes, "Some Economic Consequences of a Declining Population", *Eugenics Review* 4: 3（April 1937）。在 J. R. Hicks 对凯恩斯的评论"Mr. Keynes' General Theory of Employment"中, 更为明确地阐述了这些观点, 斯彭格勒（Spengler）在《面对零人口增长》(*Facing Zero Population Growth*) 中引用: "随着人口的增长, 对不断扩大的市场的期望对保持企业家精神是一件好事。随着人口的增加, 即使发明相当愚蠢, 投资也可能激增。因此, 人口增长实际上有利于就业。"

47. S. Kuznets, "Population Change and Aggregate Output"（NBER report）, in *Demographic and Economic Change in Developed Countries*（Princeton University Press, Princeton, NJ, 1960）, pp. 329–330.

48. 以 1990 年的国际美元价格衡量, 源自 Maddison, *Monitoring the World Economy*。另请参阅本章的注释 11。

49. 即使分别研究三个子期间, 也缺乏明显的关系。人口变化率与

GDP 的相关系数为：1870 年至 1913 年，+0.003；1913—1950，+0.180；1950—1970，–0.220；1970—1987，–0.119。

50. Kuznets, *Modern Economic Growth*, p. 68.

51. Keynes, "Some Economic Consequences", p. 15.

52. 引自 Spengler, *Facing Zero Population Growth*, p. 64.

53. S. Kuznets, *Economic Growth and Structure*（Norton, New York, 1965）, pp. 345–349. 有关库兹涅茨模型的完善和讨论，请参见 R. A. Easterlin, "Economic-Demographic Interactions and Long Swings in Economic Growth", *American Economic Review* 56（1966）。

54. I. Svennilson, *Growth and Stagnation in the European Economy*（United Nations Economic Commission for Europe, Geneva, 1954）, pp. 67–68.

55. 这 25 个城市的人口在 1870 年为 1 310 万，在 1910 年为 2 840 万，在 1940 年为 3 770 万，在 1970 年为 4 140 万。数据取自 B. R. Mitchell, *European Historical Statistics*（Macmillan, London, 1980）。

56. D. Kirk, *Europe's Population in the Interwar Years*（League of Nation, Princeton University Press, Princeton, NJ, 1946）, pp. 97–125.

57. C. P. Kindleberger, *Europe's Postwar Growth*（Harvard University Press, Cambridge, MA, 1967）. 同时参阅 M. Livi-Bacci and G. Tapinos, "Economie et Population", in J.-P. Bardet and J. Dupâquier, eds., *Histoire de la Population de l'Europe* [*The History of the Population of Europe*], vol. 3: *Les Temps Incertains, 1914—1998* [*Uncertain Times: 1904—1998*]（Fayard, Paris, 1998）。

延伸阅读

J. P. Bardet and J. Dupâquier, eds., *Histoire des Populations de l'Europe* [*The History of European Populations*], 3 vols.（Fayard, Paris, 1997—1999）.

A. J. Coale and S. C. Watkins, eds., *The Decline of Fertility in Europe*（Princeton University Press, Princeton, NJ, 1986）.

I. Ferenczi and W. F. Wilcox, *International Migration*, 2 vols.（NBER, New York, 1929—1931）.

M. W. Flinn, *The European Demographic System 1500—1820*（Johns Hopkins University Press, Baltimore, MD, 1981）.

M. Haines and R. H. Steckel, eds., *A Population History of North America*（Cambridge University Press, Cambridge and New York, 2000）.

T. J. Hatton and J. G. Williamson, *The Age of Mass Migration: Causes and Economic Impact*（Oxford University Press, Oxford, 1998）.

M. Livi-Bacci, *The Population of Europe: A History*（Blackwell, Oxford, 1999）.

C. Ó Gráda, *Famine: A Short History*（Princeton University Press, Princeton, NJ, 2009）.

R. Schofield, D. Reher and A. Bideau, eds., *The Decline of Mortality in Europe*（Clarendon Press, Oxford, 1991）.

E. A. Wrigley and R. S. Schofield, *The Population History of England 1541—1871: A Reconstruction*（Edward Arnold, London, 1981）.

第5章

贫穷国家的人口

The Populations of Poor Countries

非同寻常的阶段

随着世界上富裕国家完成人口扩张阶段，贫穷国家开始了自己的非同寻常且不可重复的人口扩张。客观数据描述了这种增长周期的特征，这些数字绘制了所谓的欠发达国家——即按西方标准，人口生活在贫困中的国家——近期人口增长情况。[1] 1900年贫穷国家的人口大约有10亿，到2015年增长了6倍；在20世纪，这些国家的人口扩张达到了富裕国家在工业革命后两个世纪中的水平。这种增长速度非同寻常。在1900—1920年之间，贫穷国家的增长率约为每年0.6%；在1920—1950年期间，翻了一番，约1.2%；在20世纪60年代再次翻了一番，达到2.4%，此后从1970年起的5个10年中逐渐下降（表5–1）。相比之下，西方国家（欧洲及其在海外的影响范围）在过去两个世纪人口增长率很少超过1%。自20世纪50年代以来，世界上最贫困地区的人口以2倍的速度增长。

表面上看，造成这种差异的原因很简单，尽管隐含复杂的现实。在富裕国家中，死亡率和生育率的逐步下降推动了人口逐渐转型。如上一章所述，死亡率的缓慢下降是由于知识积累——尤其是医学知识积累的结果，这个知识的积累过程从19世纪开始，一直持续到今天，这些知识有助于控制传染病。在贫穷国家中，死亡率直到现在仍然很高。例如，1950年贫穷国家的平均预期寿命仍在40岁左右。

但是，从20世纪中叶开始，富裕国家缓慢积累的知识迅速传播到贫穷国家，死亡率急剧下降。生育率主要取决于缓慢变化的

表5-1 世界人口、富裕国家和贫穷国家（1900—2020年）

年份	人口（百万）			年增长率（%）			百分比的比重		
	富裕国家	贫穷国家	世界	富裕国家	贫穷国家	世界	富裕国家	贫穷国家	世界
1940	794	1 473	2 267				35.0	65.0	100
1950	813	1 712	2 525	0.2	1.5	1.1	32.2	67.8	100
1960	915	2 103	3 018	1.2	2.1	1.8	30.3	69.7	100
1970	1 008	2 675	3 682	1.0	2.4	2.0	27.4	72.6	100
1980	1 082	3 358	4 440	0.7	2.3	1.9	24.4	75.6	100
1990	1 144	4 165	5 310	0.6	2.2	1.8	21.5	78.5	100
2000	1 189	4 938	6 127	0.4	1.7	1.4	19.4	80.6	100
2010	1 233	5 696	6 930	0.4	1.4	1.2	17.8	82.2	100
2020	1 266	6 492	7 758	0.3	1.3	1.1	16.3	83.7	100

资料来源：联合国估计；1900年为作者的估计。

文化因素，没有遵循死亡率的趋势，并且进展缓慢，因此死亡率和生育率这两个指数的水平大相径庭。

如上所述，此过程在表面上的简单具有误导性。贫穷国家包括了在环境、文化和政治环境上迥然的不同社会，这些差异反映在单个社会的人口行为中。贫穷国家也没有与富裕国家隔离，因此在 20 世纪 50 年代之前发生了一定程度的知识和技术转让。考虑到这些因素，与富裕国家所走的道路相比，近几十年来贫穷国家中的人口变化平均进展十分迅速（图 5-1）。

表 5-2 描述了以许多现在熟悉的指数衡量的全球人口多样性（1950—1955 年和 2010—2015 年的穷国和富国，广阔的大陆地

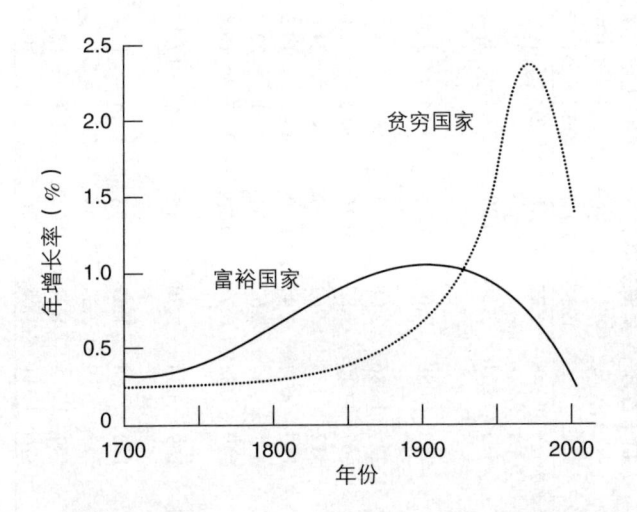

图 5-1 人口转型的比较：贫穷国家和富裕国家的增长率（1700—2000 年）

表 5-2 世界人口的人口统计指标（1950—2015 年）

地区	人口（百万）1950	人口（百万）2015	年增长率（%）1950—1955	年增长率（%）2010—2015	每千人出生率 1950—1955	每千人出生率 2010—2015	每千人死亡率 1950—1955	每千人死亡率 2010—2015	总生育率 1950—1955	总生育率 2010—2015	平均预期寿命 1950—1955	平均预期寿命 2010—2015
世界	2 525	7 349	1.77	1.18	36.93	19.6	19.2	7.8	5.0	2.5	46.5	70.59
较发达国家	813	1 251	1.19	0.29	22.4	11.1	10.6	10.0	2.8	1.7	66.6	78.3
欠发达国家	1 712	6 098	2.03	1.36	43.64	21.4	23.2	7.4	6.1	2.7	40.9	68.8
非洲	229	1 186	2.08	2.55	48.1	35.8	26.9	9.89	6.6	4.3	37.8	59.5
东亚	667	1 612	1.83	0.46	39.5	12.0	21.0	7.2	5.6	1.6	42.9	76.4
中南亚	512	189	1.762	1.37	43.8	21.6	26.3	7.1	6.0	2.6	39.3	67.8
东南亚	165	633	2.45	1.20	43.7	19.3	26.8	7.4	5.9	2.3	40.5	70.3
西亚	51	257	2.62	2.41	47.1	22.8	22.3	5.3	6.3	2.9	45.2	72.7
欧洲	549	738	0.98	0.20	21.5	10.8	11.2	11.1	2.7	1.6	66.2	77.0
拉丁美洲和加勒比海地区	169	634	2.70	1.15	42.8	17.83	15.7	5.9	5.9	2.2	51.4	74.6
北美洲	172	358	1.67	0.78	24.6	12.4	9.6	8.1	3.4	1.9	69.0	79.2
大洋洲	13	39	2.23	1.54	27.5	17.3	12.3	6.9	3.8	2.4	60.9	77.5
中国	544	1 376	1.91	0.52	42.2	12.4	23.1	7.0	6.1	1.6	40.8	75.4
印度	376	1 311	1.68	1.26	41.6	20.4	26.8	7.4	5.9	2.5	38.7	67.5

资料来源：United Nations, *World Population Prospects: The 2015 Revision*, New York, 2015。

区以及印度和中国——这两个国家的人口占贫困世界人口总数的一半）。这些数据使我们可以对富国和穷国的独特特征，近几十年来穷国的人口变化以及区域间差异三项进行总体观察。

贫穷国家和富裕国家之间的差异是巨大的：今天（基于2010—2015年的统计数据），贫穷国家的预期寿命为69岁，富裕国家的预期寿命为78岁，每个妇女的平均子女数为2.7∶1.7；尽管20世纪50年代死亡率和生育率水平的差距比今天要大，但贫穷国家的人口增长率为1.4%，几乎是富裕国家的5倍。另外值得注意的是，在1950年左右，即发展中国家人口转型之初，这些国家的死亡率或多或少地与19世纪中叶欧洲国家的水平相当（平均预期寿命约为40岁）；对于生育率并非如此，发展中国家每名妇女生育6.2个孩子，这一水平大大超过了一个世纪以前的欧洲（通常低于5个孩子）。不同之处在于，欧洲人实行马尔萨斯式的婚姻约束（晚婚和未婚率高），而如今的贫穷国家很少有这样的约束。

尽管表5-2不甚精准，但它仍然显示了发展中国家之间的巨大差异，比如非洲人口（几乎没有开始转型）和中国人口（完成了转型）的情况。非洲和中国的人口在1950—1955年的总生育率和预期寿命相近，但60年后非洲和中国的每名妇女生育子女数之比为4.3∶1.6，预期寿命分别为59岁和75岁。在不同的大陆地区，甚至居住在这些地区的不同人群中，我们发现了一系列中间状态。

比较发展中国家在多个大洲上的主要的28个人口最大的国家构成（它们的人口总数超过80%），考察它们的相同指标，我们可以更好地发现这种多样性。[2] 根据第 1 章中描述的方案，图 5-2 将这些国家都置于由预期寿命（e_0）和每名妇女生育的子女数（TFR）确定的增长策略空间（1950—1955 年、1980—1985 年和 2005—2010 年）中。差异是显而易见的，但需要一些解释。1950—1955 年策略空间中的坐标点比后面两个时期的策略空间更密集。生育率和死亡率变化不大，几乎所有国家都位于 2% 的等增长曲线以上。在 2005—2010 年间，人口坐标点占据了更大的空间，大多数人口下降到 2% 等增长曲线以下（有的介于 0 和 1% 之间），这清楚地表明了人口结构的转型进展顺利。但是，极端情况仍然存在：有的国家仅仅达到了旧体制下的预期寿命（撒哈拉以南的国家），有的国家达到了发达国家的预期寿命（拉丁美洲的国家）；有的国家没有生育控制（埃塞俄比亚、刚果），还有的国家生育率低于每名妇女生育 2 个孩子（巴西、中国、伊朗、韩国）。

最后的观察证实了不可逆转的转型。在与 1950—1955 年相对应的椭圆形中（图 5-2），死亡率与生育率之间似乎没有关系，因为在各个贫穷国家中，无论死亡率高低，生育率都普遍较高（由于自愿生育控制的传播范围有限）。而 20 世纪 40 年代以后知识和技术的大量注入使许多国家的死亡率下降了。在 2005—2010 年间，e_0 和 TFR 之间存在明显的负相关，因为预期寿命较高的国家生育率都下降。造成这种情况的部分原因是，物质生活水平的提高会对预期寿命和生育率产生反作用，而且生存率的提高也开始直接影响生育率，从而降低了高生育率的必要性，提高了生育的成本。一般而言，这一过程一旦开始就会一直持续下去，直到死亡率完全下降为止。

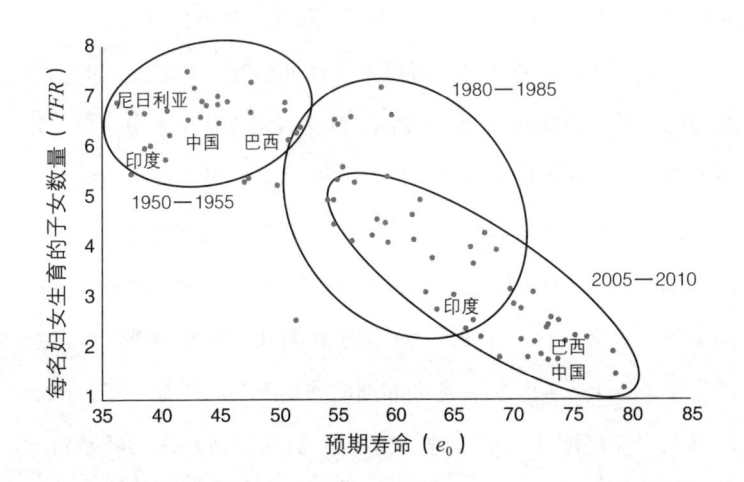

图 5-2　28 个欠发达国家的预期寿命（e_0）与每名妇女生育的子女数量（TFR）的关系

生存条件

死亡率下降以及由年龄决定死亡顺序是发展的先决条件。此外，降低婴幼儿的死亡率是生育率下降以及从人口"浪费"转向人口"经济"的必要条件之一。除了这些简单的观察之外，我们还需要稍微扩展一下关于贫穷国家死亡率下降的一般性讨论。[3] 首先，我们应考虑不同贫穷国家生存率改善速度不同背后的原因，从整体上看，20 世纪 50 年代初至 2000 年初的半个世纪中，人类的平均预期寿命以每年 5 个月的速度增加，不同区域的增加速度从非洲的每年增加不到 3 个月到中国的每年增加 7 个月不等，如果我们考虑更小区域内的预期寿命增长情况，则差异更大。

生存率的提高首先是通过降低婴幼儿的死亡率来实现的。据联合国[4]估计，2010—2015 年间，在全部不发达国家中，新生儿在 5 岁生日之前死亡的概率为每千人 56 人，但各地区之间的差异很大：撒哈拉以南非洲地区每千人 99 人，中亚南部每千人 55 人，东亚地区每千人 13 人，拉丁美洲每千人 26 人。相比之下，富裕国家仅为每千人 6 人。如果贫穷国家将婴幼儿死亡率降低到东亚的水平（每千人 41 个），那么非洲的预期寿命将增加 5 年，南亚的预期寿命将增加 2 年。[5] 换句话说，消除婴幼儿死亡率差异将消除预期寿命的大部分差异，因此是寻求改善生存率的主要目标：降低死亡率不仅代表总体死亡率的大幅下降，而且有利于生育行为的现代化，提高存活下来的人在关键年龄段内的健康水平，有助于其发展和日后的成就。

造成婴儿高死亡率的原因很多，也很复杂：有典型的婴儿期传染病（麻疹、白喉、百日咳、小儿麻痹症、破伤风），卫生条件差导致腹泻和肠胃炎发病率高，也有营养不良、贫困和感染的共同作用，以及巨大的疟疾病区。2013 年，撒哈拉以南非洲地区 5 岁以下的儿童中，有 3% 死于艾滋病，15% 死于痢疾，15% 死于疟疾。所有这些问题都有解决办法：可以通过接种疫苗和免疫接种计划来与婴儿期的典型疾病进行斗争；可以通过改善环境条件和卫生预防腹泻和肠胃炎；疟疾可以采用灭虫法得到治疗；营养不良的改善可以通过补充饮食，或是在许多地区还可以通过避免过早断奶来实现。疾病发生时，医疗干预往往可以降低其致命性；腹泻反复发作会使婴儿脱水致死，可由家庭成员通过简单的补水疗法治愈。[6] 解决办法是有的，但必须具备相应的物质资源、技术知识，提高集体和个人的认识，即教育和发展。

表 5-3 记录了选定国家若干健康指数，加以总结，提供了一幅伴随婴儿死亡率变化而出现的各种情况的清晰图画。婴幼儿死亡率高与分娩时缺乏专业助产、免疫力低以及发育不良的高发生率密切相关。图 5-3 显示了 53 个贫穷国家 0—4 岁幼儿的死亡率与运行良好的卫生系统（污水处理等）所服务的人口百分比之间的关系，显然存在逆相关性。

婴儿死亡率高的原因十分复杂，因此在从"中等"水平（进程初期的结果）过渡到发达国家那样的低水平的过程中，我们很难进行干预。在讨论了各种人口的一般死亡率情况之后，我将回到这个问题上来，这种情况最简明地用预期寿命（e_0）来表示。在图 5-4 中，我们将 28 个贫穷国家的预期寿命与经典的福利指数——人均 GDP（以国际美元计算）进行了比较。[7] 从该图中可以看到，这种关系与西方国家类似（见第 4 章图 4-4）：随着人均 GDP 从非常低的水平逐渐增长，预期寿命经历了大幅提高，但是随着产量的增加，生存率的提高逐渐减弱。换句话说，物质财富的增长在延长预期寿命方面的效果越来越差。这种关系与死亡率

表 5-3 婴幼儿死亡率和健康指数（2010—2014 年）

地区	调查年份	婴儿死亡率	婴幼儿死亡率	在卫生机构分娩的比例（%）	接种 8 种基础疫苗的儿童比例（%）	患痢疾的儿童得到治疗的比例（%）	发育不良儿童的比例（%）	瘦弱儿童的比例（%）	体重不足的儿童比例（%）	母乳喂养的持续时间（月）
非洲										
刚果（金）	2013—2014	58	104	80	45	42	42	8	23	2.3
埃及	2014	22	27	88	91	32	21	8	6	1.8
埃塞俄比亚	2011	58	88	11	24	30	44	10	29	2.3
加纳	2014	41	60	75	77	54	19	5	11	2.5
肯尼亚	2014	35	52	64	71	65	26	4	11	3.3
尼日利亚	2013	69	128	37	25	38	37	8	29	0.5
坦桑尼亚	2010	51	81	80	75	58	42	5	16	2.6
亚洲										
孟加拉国	2011	43	53	29	86	78	41	16	36	3.5
柬埔寨	2010	45	54	62	79	35	40	11	28	4.3

国家	年份									
印度尼西亚	2012	32	40	67	66	46	45	11		0.7
巴基斯坦	2012—2013	74	89	53	54	42			30	0.7
菲律宾	2013	23	31	66	76	54				0.7
拉丁美洲										
哥伦比亚	2010	16	19	95	68	61	13	1	3	1.8
海地	2012	58	88	38	45	57	22	5	11	1.7
秘鲁	2012	17	21	86	73	37	18	1	3	4.2
多米尼加	2013	27	31	99	52	52	7	2	4	0.4
洪都拉斯	2011—2012	24	29	85	85	60	22	1	7	0.7

资料来源：DHS 计划，http://www.dhsprogram.com/［摘自 2016 年 2 月 7 日］。

注：指标是指调查前的 5 年；婴儿死亡率是指调查前的 3 年；人体测量学指标是指低于平均值 2 个标准偏差的儿童所占的百分比。

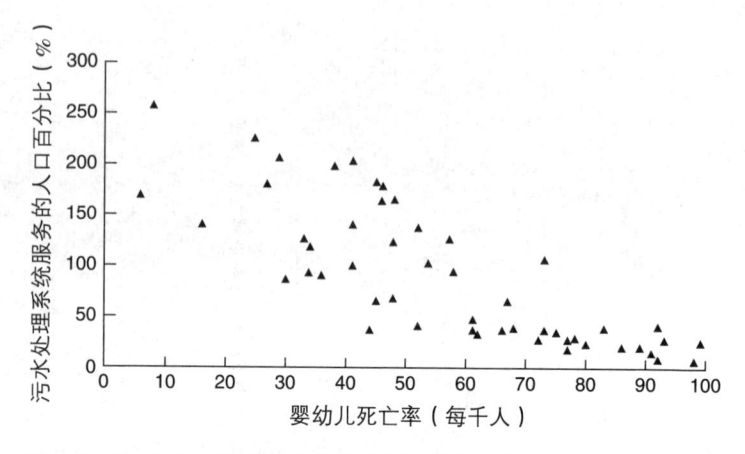

图 5-3　53 个欠发达国家中污水处理系统所服务的人口百分比与婴幼儿死亡率之间的关系（2000 年）

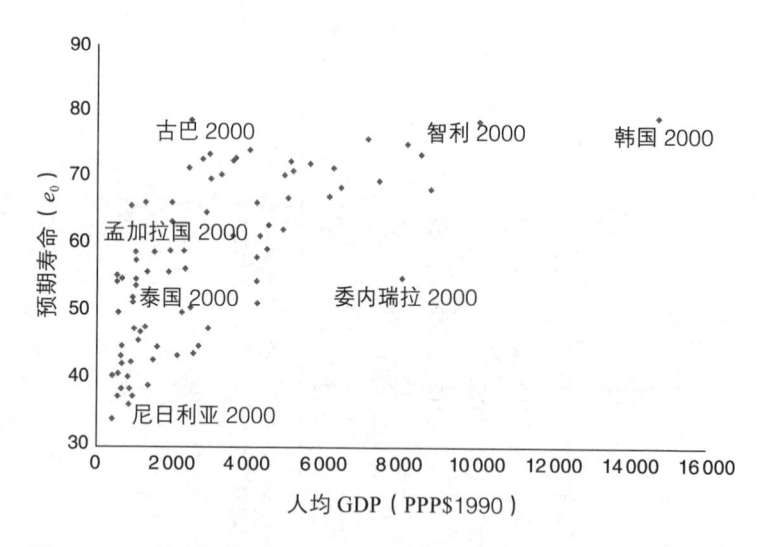

图 5-4　28 个欠发达国家的人均 GDP 和预期寿命（e_0）

下降的最初阶段一致——抗生素、滴滴涕杀虫剂（DDT）和疫苗这类廉价技术大规模引进推进了死亡率的大幅降低。[8] 死亡率在初期阶段迅速下降的一个例子是斯里兰卡，[9] 20世纪40年代末，斯里兰卡开始喷洒滴滴涕，疟疾发病率随之下降，粗略估计的死亡率从1945年的21.5‰下降至1950年的12.6‰。图5-5比较了斯里兰卡疟疾发病率最高和最低的两个地区的死亡率趋势；1946—1947年间的灭虫行动对渐进下降的死亡率的影响显而易见。

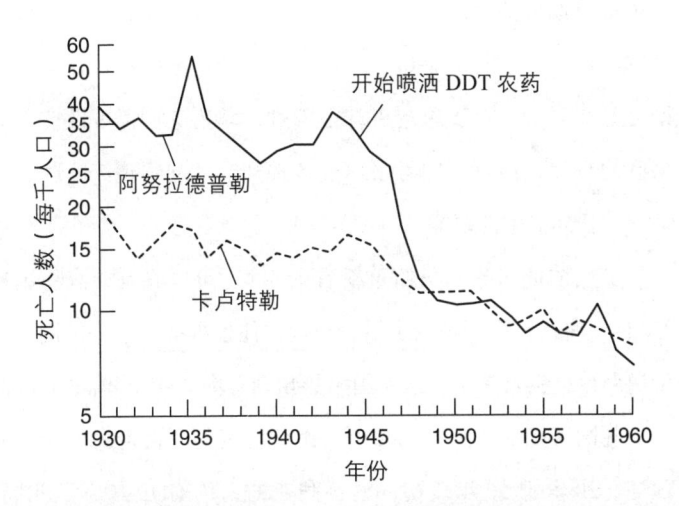

图5-5 斯里兰卡疟疾最高发地区和疟疾最少地区的死亡率（1930—1960年）

生存率的进一步提高并非易事。20世纪70年代，由于贫穷国家的死亡率下降显示出疲软的迹象，这些国家开始批评旨在模仿富裕国家模式的卫生计划以及依赖于复杂而昂贵的医院、诊所和学校。人们认为，这些方案往往无法为全体人民服务，尽管这些卫生机构擅长诊断和治疗，但它们并未消除造成高死亡率的原因。[10] 20世纪70年代末，国际卫生组织（世卫组织和儿童基金会）采取了一项新战略（称为初级卫生保健或PHC），该策略涉及社区的积极参与，并引入辅助医疗人员（更容易接受培训）以及简单有效的技术。[11] 除疾病预防和治疗服务外，该策略包括教育计划、水和卫生系统化，以及鼓励使用适当的农业技术。这一项战略旨在更广泛、更有效地传播简单技术，并发展个人和社区意识，这是降低死亡率必不可少的行为基础。不幸的是，这些战略的应用虽然在理论上是适当的，但实施起来却很困难，因为它们需要改变个人和家庭的行为，而且它们必须通过各种社会活动渠道来运作，包括学校、公共卫生计划等。

为了完成此讨论，我们重新看图5-4，可以看到，有些国家的GDP-e_0曲线远高于理论水平。我们往往根据福利水平预测一国的预期寿命，也就是说，这些国家的预期寿命要长于我们的预测，而另一些国家则低于我们的预测，因此他们的预期寿命低于我们的预期。20世纪50年代初，尼日利亚的人均GDP与泰国相同，但预期寿命比泰国低16年，而富裕的印度尼西亚预期寿命则比贫穷的中国少5年。阿玛蒂亚·森指出，非洲裔美国人的生存前景比喀拉拉邦的印度人或华裔的生存前景要差得多，尽管前者比后者更富裕（算上生活成本）。[12] 在新千年之交，古巴、智利和韩国的预期寿命相同（都是78—79岁），但人均收入差异很大，分别为

2 500 美元、10 000 美元和 15 000 美元。

即使我们使用其他发展指数也能体现这些巨大的差距，它证明了这一事实，即物质财富的积累本身并不能保证健康状况的改善，这不仅仅是因为物质财富在人口中分配不均，问题通常在于个人、家庭和社区的意识水平不一定随着经济发展而提高。相反，它们是根深蒂固的文化遗留或蓄意的社会和政治活动的产物。改善教育，特别是对妇女的教育（因为妇女在抚养子女、家庭卫生和食物准备方面有着决定性的作用），似乎是改善卫生条件的必要先决条件。某些伊斯兰国家尽管经济有了长足的发展，但死亡率仍然很高，我们可以这样来解释这一事实：妇女处于从属地位，她们受到的教育有限。[13]

此外，在抗击死亡方面取得巨大成功的国家是那些政府政策向卫生部门分配了足够人力和经济资源的国家。中国、斯里兰卡、古巴和哥斯达黎加都是在这一领域做出了巨大努力国家。他们的例子表明，即使最贫穷的人口也能实现低死亡率。[14] 世界卫生组织（WHO）估计，有 90% 的传染病死亡是由肺炎、腹泻、肺结核、疟疾、麻疹和艾滋病引起的。我们现在已经可以使用低成本的健康干预措施来轻松预防其中某些疾病造成的大量死亡。例如，前面提到的治疗腹泻的口服补液疗法，也可以通过使用浸有杀虫剂的蚊帐来大大降低疟疾的发病率，治疗结核病也有了便宜的药物。

高死亡率和高发病率要耗费数年的生命，对于那些身体不好的人来说，则丧失了好多年的健康生活。健康的生存是大多数发展的先决条件，只有健康才能获得体能、智力和技能，才能使人在较长的时间范围内规划未来。这也是改变对孩子的需求从而实施生育控制的先决条件。为了评估和比较这方面的改进，就要结合生存措施和疾病发生率。仅靠生存指标可能仅能显示一部分情况：药物可能延长一个因营养不足和缺乏基本卫生条件而痛苦的生命。就我们的论点而言，对生存措施的一项重要改进，是计算特定人群由于早夭或疾病和事故造成的残疾而失去的健康生命年数。在实践中，计算了两个数量：（1）丧失的生命年数：在低死亡率人群中，每一次死亡的死亡年龄与同一年龄预期寿命之间的差额；（2）因疾病或事故而失去的健康生命年数：疾病发作与缓解（或死亡）之间的差额，这些年数不像在死亡情况下那样全部计算在内，而是根据残疾的严重程度，为每种状况或疾病分配一定的权重（0和1之间）。

由于过早死亡而全部丧失的未来年数与因残疾而部分丧失的未来年数的总和，给出了丧失的年总数（世界银行已将这些标记为DALY，即残疾调整生命年）。2000年的死亡、疾病和事故使全球61亿居民丧失了28.7亿残疾调整生命年，相当于每千人失去了469年；2012年，人口增加了近10亿，失去的残疾调整生命年为27.4亿，相当于每千人失去了388年（表5-4）。最高发病率在撒哈拉以南非洲地区（每千人738个残疾调整生命年）；最低发病率在东亚和太平洋地区（每千人269个残疾调整生命年）。区域之间的不平等（三个因素之一）很大，掩盖了个别国家、社会群体之间更大的不平等。

表 5-4 2000 年和 2012 年按区域分列的残疾调整生命年估计数（DALYs）

地区	2000 人口（百万）	2000 DALY（百万）	2000 每千人DALY人数	2012 人口（百万）	2012 DALY（百万）	2012 每千人DALY人数	2012 每千人中传染病造成的DALY人数	2012 每千人中非传染病造成的DALY人数	2012 每千人中受伤造成的DALY人数	2000—2012 年每千人DALY人数变化百分比
世界	6 124	2 873	469	7 075	2 744	388	131	214	43	−17.3
非洲地区	656	715	1 090	894	660	738	483	187	68	−32.3
美洲地区	836	258	309	957	275	287	39	211	38	−6.9
东南亚	1 561	817	523	1 833	740	404	143	213	48	−22.9
欧洲地区	870	1 337	1 537	904	314	347	30	283	35	−77.4
东地中海地区	475	240	505	611	250	409	165	190	54	−19.0
西太平洋地区	1 696	498	294	1 845	497	269	36	204	30	−8.3

资料来源：世界卫生组织，http://www.who.int/healthinfo/global_bound_disease/estimates/en/index2.html（查阅日期：2016 年 7 月 21 日）。

生育率的地理分布

在过去的几十年中，贫穷国家的生育能力一直在变化，自愿生育控制越来越普及。现在，那些仍然遵循传统生育模式的地区与其他采用发达国家生育模式的地区并存。为了对过去50年来贫穷国家的整体变化有一个初步的印象，我们暂时回到表5–2。每位妇女平均生育的孩子数量下降了3个以上，从6.1个降至2.7个，主要是中国的生育率下降引起的，中国的生育率已降至更替水平以下（从6.1个降至1.6个）。大部分贫穷国家和地区的生育率差异很大：非洲的生育率已从每名妇女生育6.6个孩子适度下降到4.3个，撒哈拉以南仍然很少采取节育措施；[15] 中南亚的变化更大，每名妇女生育的孩子数量从6.0个降至2.6个，这一下降主要是由于印度生育率的下降引起的；东南亚（5.9—2.3）和拉丁美洲的跌幅更大。考虑到当今贫穷国家人口规模不同，当前的情况类似于20世纪初的西方世界，当时广泛实行生育控制的地区（如法国）与其他"自然"生育率盛行的地区共存（例如地中海欧洲的某些地区或欧洲大陆北部和东部的外围地区）。[16]

近年来，生育率的下降似乎加速了，这一观察得到了20世纪80年代后期至今的人口统计和健康调查（DHS）数据的支持。[17] 甚至在撒哈拉以南的非洲地区，生育控制也快速普及，该地区的人口增长率非常高，人们希望生育率更快下降。在一些国家（加纳、肯尼亚、尼日利亚、坦桑尼亚），生育率的下降停滞不前，引发了人们对未来趋势的担忧。[18] 在其他国家，如巴西、伊朗和越南等大国（中国和韩国除外），生育率低于俄罗斯、德国、意大利或西班牙等欧洲大国的最低水平，远低于替代水平。

要解释这些趋势，就需要对人类生育的主要组成部分进行分析，我们已经在第 1 章中讨论过。回顾一下，每位妇女的平均子女数（TFR）是由决定自然生育率的各种因素共同决定的，主要是生物学因素（生育间隔与母乳喂养的持续时间有关，等待时间主要与性关系的频率、胎儿死亡率有关）、婚姻模式（结婚年龄和未婚百分比）以及节育水平。

前面我提到贫穷国家的"初始"生育水平为每名妇女生育超过 6 个孩子，远高于人口转型之前的西方国家（少于 5 个）。这主要是由于贫穷国家的结婚率较高：传统上来说，贫穷国家的结婚年龄（或建立稳定的生育结合的年龄）很低，几乎没有人未婚，这与西方国家的情况不同。《世界生育力调查》（WFS）[19] 显示，在 20 世纪 70 年代后期，非洲 12 个国家的平均初婚年龄为 19.8 岁（最低年龄为喀麦隆的 17.5 岁，最高年龄为突尼斯的 23.9 岁）；13 个亚太国家平均初婚年龄是 21 岁（最低年龄为孟加拉国的 16.3 岁，最高年龄为菲律宾的 24.5 岁）；在 13 个拉丁美洲和加勒比国家中为 21.5 岁（最低年龄为牙买加的 19.2 岁，最高年龄为秘鲁的 23.2 岁）。这些地方的情况大大低于西方的平均水平 24 岁，但已经比 15 年前的水平提高了 1—1.5 岁。[20] 根据世界生育率调查的数据，生育期结束时还未结婚的妇女在非洲和亚洲的比例仅为 1%，拉丁美洲为4％，相比之下，西方通常超过10％。[21] 尽管速度不平等，但这种情况正在迅速发展，只要妇女初婚年龄提高，在教育、工资和收入方面的权利得到加强，歧视减少，家庭内外的不平等现象减少。[22]

然而，尽管马尔萨斯约束确实降低了生育率，但其有效性是有限的。例如，在没有自愿生育控制的情况下，结婚年龄从18岁提高到23岁（婚姻行为的根本变化）将导致每名妇女生育的子女人数减少1.5—2个。此外，晚婚必须转化为妇女生育的有效延迟，并意味着生育仅限于婚姻内部。尽管在亚洲非婚生育率几乎可以忽略不计，但在非洲、拉丁美洲和加勒比海地区，婚外生育很普遍。

对生育率的决定性约束是自愿生育控制。衡量其"流行"程度的一个简单指标是在某一特定时期内使用某些节育方法的育龄妇女的百分比。该百分比又可以根据使用的手段不同来进行细分（传统而效率较低的方法，例如性交中断或周期性禁欲；或现代且效率较高的方法，例如药丸、宫内节育器和绝育手术）。避孕措施普及率达到70％及以上则表明生育率与富裕国家一样低。[23] 世界生育率调查表明（20世纪70年代后期针对38个发展中国家），非洲的避孕措施普及率仅为10％，亚洲为23％，而拉丁美洲和加勒比海地区则为40％。在实行某种形式的节育措施的妇女中，约有3/4使用所谓的现代方法。[24] 从2011年至2014年接受人口和健康调查的国家显示，非洲的避孕措施普及率仍然很低，尼日利亚、刚果民主共和国和埃塞俄比亚等非洲大国的避孕措施普及率低于30%。尽管我们认为即使在最贫穷的国家，如亚洲的柬埔寨（56%）和孟加拉国（61%）、拉丁美洲的洪都拉斯（73%）和玻利维亚（61%），使用避孕措施的妇女比例是撒哈拉以南地区平均水平的两倍以上，但仍有很多地方需要我们去探索。[25]

图 5-6 是来自世界银行的一项调查，它描绘了 31 个贫穷国家中每名妇女的平均子女数从传统水平降低到更替水平的模型。[26] 该模型显示，结婚年龄、母乳喂养时间、避孕措施的普及程度、堕胎频率以及一系列其他因素对 TFR 降低有着积极或消极的贡献（从每名妇女最多生育 7 个孩子到最少生 2.1 个孩子）。其中母乳喂养时间的减少实际上促成了生育能力的提高。在这些国家中，

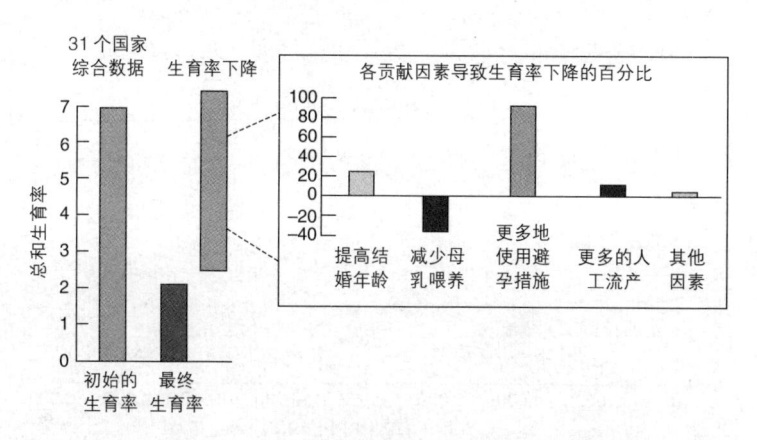

图 5-6　各种因素对生育率从自然水平降低到更替水平的贡献模型

资料来源：The World Bank, *World Development Report 1984*（Oxford University Press, New York, 1984）, p. 115. © World Bank 1984。

人口结构转型导致了母乳喂养时间的缩短，在所有条件相同的情况下，母乳喂养时间缩短将缩短生育间隔，并使总生育率提高（TFR）31%（相当于1.5个孩子）。然而，并非所有因素都是一样的，其他因素也导致了生育率整体下降。在这些因素中，促使生育率下降的因素首先是避孕措施的普及（-93% = -4.5个孩子），其次是更高的结婚年龄（-28% = -1.4个孩子），[27]和更高的堕胎频率（-10% = -0.5个孩子）。

我们可以参考图5-7来对贫穷国家生育率的讨论做一个总结，图5-7比较了20世纪50年代和21世纪初期28个大型发展中国家的人均国内生产总值（人均GDP）和总生育率（TFR）（如图5-4中对预期寿命的比较）。这种关系与富裕国家的类似比较所揭

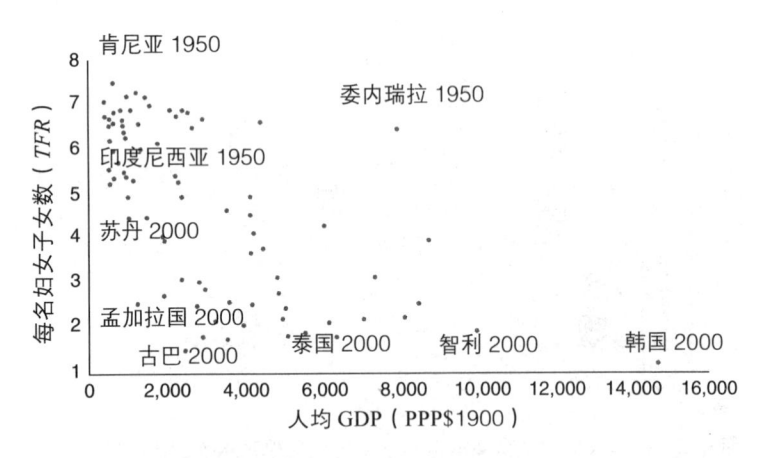

图5-7　28个欠发达国家的人均国内生产总值和平均每名妇女生育子女数

示的关系相似（见图4–8）：随着收入的增加，生育率下降，但下降的幅度逐渐减小。当然，只有大幅度简化复杂多样的现实，我们才能得出这种关系。我们很可能偏离图5–7的抽象收入—生育率曲线。在人均实际收入都在1 000美元左右的情况下，肯尼亚（20世纪50年代初期）的总生育率为7.2，而孟加拉国为2.4（2000年）。2000年，古巴、泰国、智利和韩国的生育率都低于更替生育率，他们的实际收入分别为2 500美元、6 000美元、10 000美元和15 000美元。换句话说，以人均GDP衡量的经济发展伴随着完全不同的生育率水平。在下文中，我们将试图理解原因。

生育率下降和人口政策

面对近几十年来贫困人口的快速增长，学者和社会工作者详细讨论了高生育率的原因以及可能导致生育率下降的因素，而生育率下降是适度增长的前提。上一节讨论了生育机制，分析了影响生育率的各种生物学因素和社会因素。我们已经看到，生育率下降的手段包括结婚年龄的提高，以及尤其重要的是节育措施的普及。为了使生育率下降，有必要改变夫妻的生育计划。因此，我们必须了解决定这些计划的因素以及更改它们的方法。借用经济学家的术语，我们必须了解是什么决定了父母对孩子的"需求"（在贫穷国家中这一需求仍然很高），以及可能改变这一需求的因素。[28]

首先，我们可以把维持个体、家庭群体或他们所属集体的生存看作人类固有的价值，其他动物也是如此。因此，生育率必须弥补死亡率。死亡率较高时，生育率也必须高，从这个角度来看，每个妇女有5—6个孩子是人口转型前的正常水平。通常来说，孩子死亡率较高会诱使夫妻生育多个子女，这是一种保险措施，结果就是总生育率高于总死亡率。如上所述，死亡率下降是生育率下降的必要先决条件。

在许多贫穷国家，死亡率大大降低，但生育率却没有降低。为什么生育率仍然很高？为什么父母对孩子的"需求"没有下降？首先，抚养孩子的成本很低。在农村地区和某些贫穷地区，子女能为父母带来净收益。儿童和青少年参与工作可以弥补家庭支出——在贫穷经济体中，家庭支出都不算高。[29] 其次，在许多社会环境中，父母认为孩子是他们晚年获得经济和物质的保障，也是情感上的依靠。在印度尼西亚、韩国、泰国、土耳其和菲律宾进行的研究表明，接受采访的父母中有80%—90%的人指望年老后从孩子那里获得经济支持。[30] 无论如何，依靠孩子是很自然的事。[31] 再次，文化因素也常常促使人们生育大量孩子：作为对家庭的肯定，作为世代延续的保证或源于根深蒂固的宗教原则。最后，对节育方法的无知、无法获得避孕药具以及医疗和卫生服务不足都助长了生育控制不到位或更多的流产。控制避孕药具传播的立法则进一步阻碍了生育率的下降。

如果这些是导致高生育率的原因，那么只有改变这些因素才能使出生率下降。最重要的是，死亡率必须下降。图 5-2 比较了生育率和死亡率，它表明几乎所有预期寿命超过 65 岁的国家总生育率都相对较低，这是独立于社会经济环境的某种程度的生育控制的结果。

抚养子女的"相对成本"增加似乎也是生育率下降的一个因素。例如，相对成本增加可能是女性教育程度提高的结果，因此女性不太愿意放弃有薪工作去做家务和抚养孩子。其他因素还包括儿童义务教育——这延迟了孩子开始工作的年龄，随之增加的是对儿童福利的投入加大和对孩子的投资增加。社会保障体制机制的建立减少了年迈的父母从子女那里获得抚养的需要，因此破坏了高生育率的另一种诱因。促使生育率下降的其他因素包括消除生育控制方面的立法障碍，积极支持计划生育政策，普及避孕知识和技术，使避孕药具价格合理且在心理上能够被接受。

上述因素都无法单独促成高生育率向低生育率的转变，并且我们往往难以确定是哪些因素组合造成了转变，因为这取决于所讨论的社会的许多特征。所有这些因素——医疗和卫生服务的改善、经济发展和社会变革（价值观改变、赋予妇女权利、行为世俗化）——本质上涉及社会发展的所有方面。任何单个因素都不会引发变化，每个国家都必须找到适当的组合。

尽管如此，某些形式的干预比其他形式更简单或更有效，因此更可能成为政策工具。例如，自 20 世纪 50 年代以来，计划生育一直是首选方法，并且可以说如果没有计划生育的服务网络，生育率下降的可能性就很小。[32] 今天，这种干预措施在政治上被理所当然地接受了，但情况并非总是如此。在20世纪五六十年代，天真甚至笨拙地引入计划生育项目在许多贫穷国家中通常会遭到反对。例如，在那些拥护社会主义政治制度或意识形态的国家中，有人声称经济发展会自发地调节生育率。在另一些国家中，执政的民族主义者则将计划生育政策视为对国家人口增长的一种攻击，而在那些宗教激进主义起着重要作用的国家中，计划生育政策因道德原因遭到反对。富裕国家，尤其是美国，对计划生育项目的支持通常带有可疑的动机，被认为是资本主义、帝国主义的一种微妙形式。但是，1974年，联合国在布加勒斯特举行的世界人口会议[33]（一次仅限于官方国家代表团参加的会议）上，以中国、阿尔及利亚、巴西和阿根廷为首的一大批国家反对旨在降低人口增长率的政策。另一方面，许多亚洲国家，特别是印度次大陆国家，都赞成这种政策。那次会议提出了一个令人难忘的口号："发展是最好的避孕药。"10年后联合国在墨西哥城再一次召开了世界人口会议，[34] 反对派消失了。所有国家都同意降低人口增长，但相关政策要不影响其他发展政策。1994年，在开罗人口与发展会议上，这一点得到重申并得到一致认可。[35]

人口政策（被狭义地理解为家庭计划项目）的成效如何？（我们暂时不考虑中国的特殊情况，中国的强制性生育政策是独一无二的。）这个问题的答案对今后旨在减少生育率和减慢人口增长速度的政策具有重要意义。按照传统的观点，贫穷国家生育率发生变化与它们面临的现实情况有关，即贫穷国家有很大一部分妇女不知道避孕措施或无法获得避孕药具（在某些情况下是出于成本考虑）而无法减少生育子女。因此避孕变得容易，或者说满足避孕的"未满足需求"将促使生育率迅速下降。满足这一需求是人口政策的目标，这一需求在过去几十年中已经在一定程度上实现了。[36] 存在"未满足需求"的证据是有一定比例的怀孕是不想要的或时机不当（因此在某一特定时刻不受欢迎），有一部分不采取避孕措施的妇女希望避免或推迟怀孕。[37] 在20世纪60年代至90年代初期，计划生育项目（如果设计合理并有效实施）似乎加速了那些发展较快的国家生育率的下降。[38] 但是，怎样衡量计划生育项目对生育率下降的"净"贡献（发展的"净"影响）似乎有些困难，计划生育对生育率的影响从几乎为零到下降了近50%。[39]

传统观点的一些较不成熟的支持者观察到，在生育率较高的地方，避孕普及率（目前采用避孕措施的育龄妇女的比例）较低，反之亦然，图5-8（c）显示了这些变量的密切相关性（基于2005年至2009年间在46个发展中国家进行的人口统计和健康调查的结果）。[40] 因此，增加避孕药具供应的政策将提高避孕的普及率，并使生育率成比例下降。但是，这种说法就像是说，建立新的学校将提升孩子接受小学教育的比率，而不管父母愿不愿意送孩子上学或老师可能失踪之类的情况。在生育方面，避孕只是实现欲望和愿望的一种手段。

侧重于"需求"的理论与传统的"供给侧"观点相反，需求

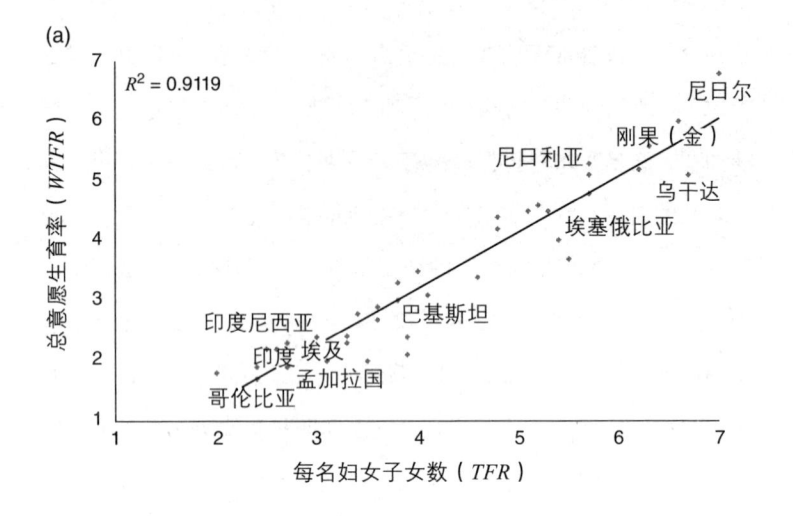

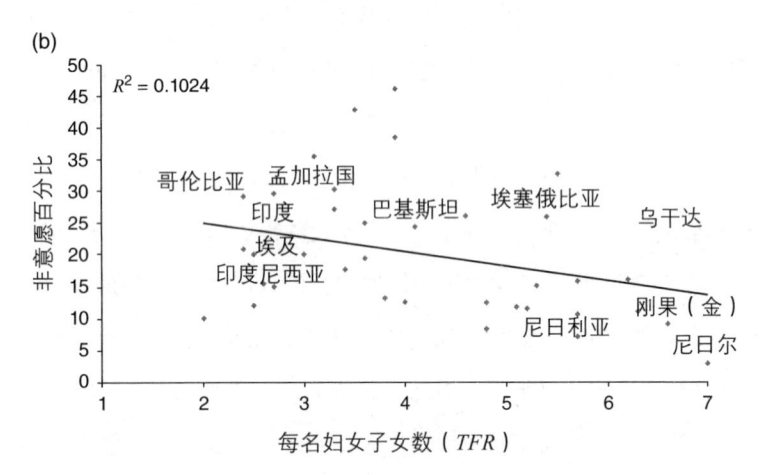

图 5-8 40个国家的人口中每个妇女的平均子女数（TFR）、意愿和非意愿的生育率以及避孕措施之间的关系（2005—2009年）

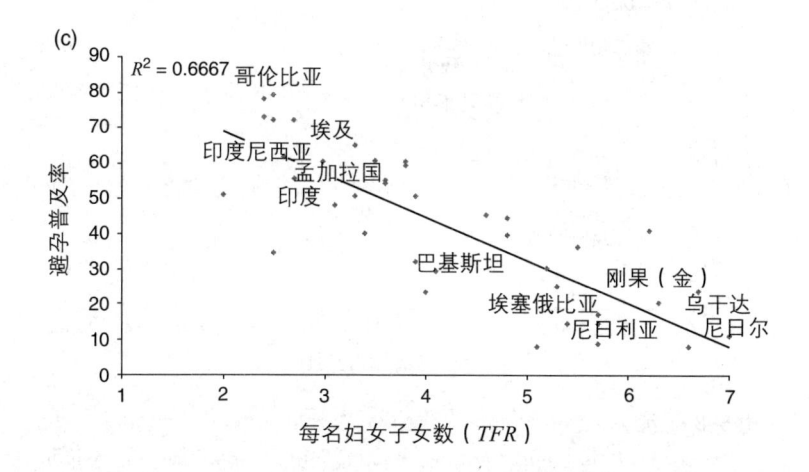

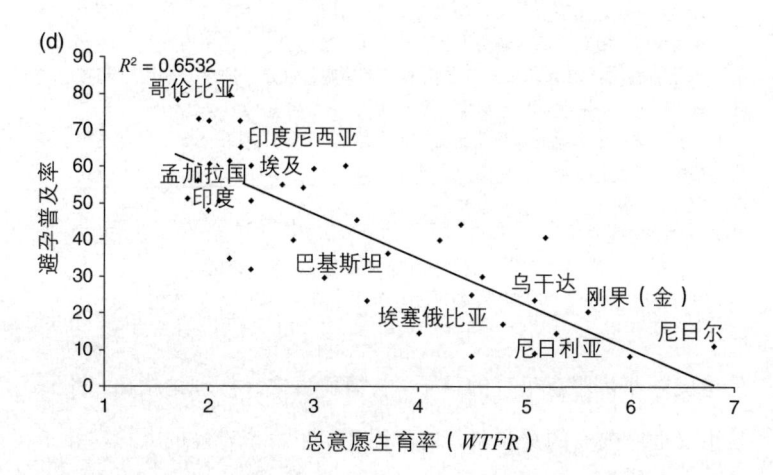

(c) 避孕普及率 vs 每名妇女子女数（TFR），$R^2 = 0.6667$

标注国家：哥伦比亚、埃及、印度尼西亚、孟加拉国、印度、巴基斯坦、刚果（金）、埃塞俄比亚、乌干达、尼日利亚、尼日尔

(d) 避孕普及率 vs 总意愿生育率（WTFR），$R^2 = 0.6532$

标注国家：哥伦比亚、印度尼西亚、埃及、孟加拉国、印度、巴基斯坦、乌干达、刚果（金）、埃塞俄比亚、尼日利亚、尼日尔

图 5-8（续）

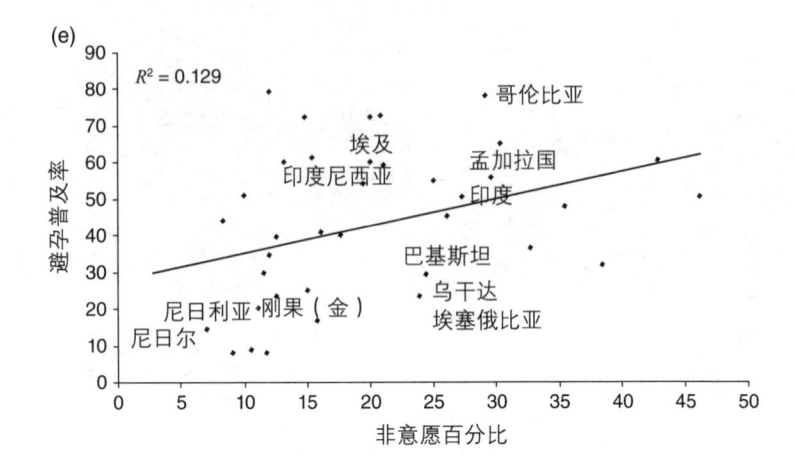

(e) 图表:纵轴为避孕普及率(0-90),横轴为非意愿百分比(0-50),$R^2 = 0.129$。标注国家:哥伦比亚、埃及、印度尼西亚、孟加拉国、印度、巴基斯坦、乌干达、埃塞俄比亚、尼日利亚、刚果(金)、尼日尔。

图 5-8 （续）

注：非洲国家：贝宁、刚果共和国、刚果民主共和国、埃塞俄比亚、加纳、几内亚、肯尼亚、利比里亚、马达加斯加、马里、纳米比亚、尼日尔、尼日利亚、卢旺达、塞内加尔、塞拉利昂、斯威士兰、乌干达、赞比亚、津巴布韦。
亚洲和北非国家：阿塞拜疆、孟加拉国、柬埔寨、埃及、印度、印度尼西亚、约旦、马尔代夫、尼泊尔、巴基斯坦、菲律宾。
拉丁美洲国家：玻利维亚、哥伦比亚、多米尼加共和国、萨尔瓦多、危地马拉、海地、洪都拉斯、巴拉圭。
TFR= 总生育率。
WTFR= 总意愿生育率。
避孕普及率 =15 至 49 岁已婚妇女中使用某种避孕方法的百分比。
非意愿百分比 =*TFR* 和 *WTFR* 占 *TFR* 的百分比之差。

是指父母非常愿意生育的孩子。[41] 简而言之，该理论指出，生育是由女性或夫妻的意愿驱动的。因此，生育率较高的人口对孩子有较高的需求。即使计划生育服务的供应量很大并且运行良好，但使用率仍然很低，生育率也仍然居高不下。这种情况在撒哈拉以南的非洲国家和许多伊斯兰人口中尤其常见。相反，即使没有计划生育项目，对孩子的低需求也与低生育率相吻合。实际上，在20世纪中上叶，尽管立法反对计划生育，避孕药具的供应有限，但西方国家的生育率下降了（在许多国家，直到20世纪五六十年代，避孕药具广告都是非法的）。因此，生育水平取决于动机、期望和意愿。如果这些改变了，那么生育率也将随之改变。图5-8为该观点提供了一些支持。确实，如我们所见，图5-8（c）显示了生育率与避孕措施普及率之间有着密切的反比关系，但意愿生育率与避孕普及率之间也存在着相同的关系，见图5-8(d)。[42] 如图5-8（a）所示，这两个数字的密切相似性意味着实际生育率和意愿生育率之间有着非常紧密的联系。换句话说，实际生育率的变化几乎可以完全由意愿生育率的变化来解释。生育率高的时候，意愿生育率也高。图5-8（b）和5-8（e）更有趣。图5-8（b）比较了实际生育率与非意愿生育率。[43] 我们可以看到，两个变量之间没有相关性：实际上，随着生育率下降并接近小家庭标准，非意愿生育率并没有随之下降。相反，在生育率转型的中间阶段，非意愿生育率似乎有所提高。图5-8（e）将非意愿生育率与避孕普及率进行了比较，可以得出类似的观察。人们会认为，避孕普及率能降低非意愿生育率，但事实并非如此。相反，有研究表明，避孕普及率的差异只能解释各国生育率变化（意愿不变）中极少的一部分（1%或2%）。[44]

综上所述：(1) 生育率是由动机和意愿驱动的；(2) 避孕是控制生育的必要技术手段，但在其他因素相同的情况下，避孕的有效性对生育率几乎没有影响，也不会降低非意愿生育率；(3) 旨在降低生育率的政策必须"以需求为导向"，影响那些决定夫妻生育倾向、意愿和动机的因素。

这场辩论有助于为政策提供更好的指导方针。显然，无论这些项目的构思和积极程度如何，植根于社会的小家庭规范不能仅通过计划生育项目来引导。保罗·德梅尼（Paul Demeny）确定了四个决定生育转型的重要因素：(1) 父母在抚养和教育子女方面必须承担的直接成本；(2) 父母生育孩子的机会成本（或一对夫妻——通常是妇女——因子女而放弃的收入）；(3) 儿童劳动对家庭收入的贡献；(4) 相对于其他形式的保障，子女对父母晚年的经济保障的贡献。[45] 因此，强调父母抚养子女责任的政策——比如承担部分教育和医疗费用、鼓励妇女参加劳动、儿童义务教育、童工非法、发展老年私人或公共保险计划——有利于降低生育率。这些政策与平衡良好的计划生育和生育健康项目相结合，有助于避孕，降低避孕的成本，减少堕胎，加速向低生育率平稳过渡。

印度和中国

到 20 世纪 80 年代中期，世界上几乎所有国家的政府都在某种程度上正式支持计划生育。联合国宣布，占世界人口 94% 的 127 个国家都支持了某种程度的计划生育。[46] 然而，在这些令人鼓舞的数字背后，既有成功也有失败。印度和中国的案例就极具代表性，值得我们关注，两国人口合计占发展中国家总人口的一半左右。

表5–5列出了两国的人口数据。从20世纪50年代初至21世纪的最初15年间，中国的生育率下降了75%，两国的平均预期寿命在20世纪60年代非常接近，但如今中国的预期寿命比印度延长了8年。中国的生育率已低于更替水平，如果继续保持这一水平，人口最终将下降（根据联合国的最新预测，21世纪20年代后期开始下降）。相比之下，印度的生育率（每名妇女比中国多生育1个孩子）仍保持了人口的持续快速增长。

要理解这些巨大的差异，我们必须考虑这两个国家采取的人口政策及结果。自1952年以来，印度政府一直追求慢速人口增长。第一和第二个五年计划（1951—1956年和1956—1961年）要求建立计划生育中心。第五个五年计划（1971—1976年）要求到1984年以前将总出生率下降到25‰（显然这一目标没有实现，1980—1985年的出生率比计划高了10个百分点）。[47] 这些计划成就很少，生育率下降也最小：1970年，使用避孕措施的夫妇（育龄妇女）的比例非常低，只有14%，最常用的方法是绝育。[48] 生育率下降仅限于少数几个邦、上层阶级和城市人口。由于投资不足，而且在一个具备多种语言、多种宗教和习俗的国家/地区实施该计划，面临很多困难，时常被中断。基于这些糟糕的结果，英迪拉·甘地（Indira Gandhi）政府于1976年决定加快计划实施。政府随之实施了一系列措施（包括加强现有计划并增加经济激励），

表 5-5 印度和中国的人口指数（1950—2020 年）

年份	人口（百万）印度	人口（百万）中国	15 岁及以下人口百分比 % 印度	15 岁及以下人口百分比 % 中国	时期	年增长率百分比 % 印度	年增长率百分比 % 中国	每名妇女子女数（TFR）印度	每名妇女子女数（TFR）中国	平均预期寿命（e_0）印度	平均预期寿命（e_0）中国
1950	544	376	38.9	33.6	1950—1955	1.91	1.68	6.11	5.90	43.4	36.6
1960	644	450	39.8	38.9	1960—1965	1.84	2.04	6.15	5.89	44.1	42.7
1970	809	554	40.4	39.7	1970—1975	2.27	2.31	4.85	5.41	61.3	49.4
1980	978	697	39.8	39.5	1980—1985	1.47	2.30	2.52	4.68	67.5	55.0
1990	1 154	871	38.0	28.0	1990—1995	1.23	1.97	2.00	3.83	69.4	59.2
2000	1 269	1 053	34.7	25.4	2000—2005	0.55	1.65	1.50	3.14	72.9	63.6
2010	1 341	1 231	30.6	20.0	2010—2015	0.52	1.26	1.55	2.48	75.4	67.5

资料来源：United Nations, *World Population Prospects: The 2015 Revision*, New York, 2015。

鼓励各邦立法机关通过法律，规定第三个孩子出生后必须进行绝育手术（只有马哈拉施特拉邦通过了这样的法律，但并没有真的执行）。[49] 这条强制性路线激发了暴力抗议活动，这些抗议活动造成了甘地国会党在1977年3月的大选中落败。[50] 该政策显然遭受了重大挫折。英迪拉·甘地于1980年重新执政，而1981年的人口普查结果出乎意料（结果显示人口数量大大超出预期），该人口政策又得到恢复。1986—1990年的第七个五年计划要求到2000年达到更替生育率水平。这是一个不切实际的目标，因为它要求实现印度生育率下降的过程与20世纪70年代中国经历的生育率下降类似，而中国当时处于一种异常的状态，根本无法再现。实际上，到2000年，印度的生育率仍比更替生育率高50%。印度计划加大对计划生育项目的投资，比如增加经济激励、推广绝育方法和使用宫内节育器以及其他形式的节育措施，并将计划生育服务与母婴服务相结合。[51]

尽管官方支持计划生育（长达30年），但印度政府仍无法组织起有效的计划生育项目，没有足够的人员，也没有长期稳定的服务。相关机构在不同的时间推广了不同的避孕方法，也尝试了不同的组织方法。起初，现代避孕药具还没有得到广泛使用时，人们对此寄予希望，但很快就失望了。周期性节制（安全期避孕法）可能会降低印度的出生率，这种方法似乎很符合甘地主义的原则。后来，人们主要依靠宫内节育器，但卫生和计划生育网络从未具备熟练地放置、正确监测和提供充分咨询的能力，因此无法反驳对夸大宫内节育器危险性的报道，也就无法打消病人的疑虑，从总体上来说，宫内节育器的使用率并不高。由于各种原因，印度从未批准使用口服避孕药。[52]

这是印度人口状况专家安斯利·科尔的严厉评判。该计划唯一获得一定程度的成功的是绝育，1976—1977年间绝育急剧增加（两年内做了800万次绝育，而前10年平均每年才200万次）。然而，在甘地失败后，绝育计划突然停止，直到最近几年才有复苏的迹象。

20世纪80年代本应采取新的策略，不仅着重计划生育，而且着眼于有利于生育率下降的社会和经济发展方面：提高结婚年龄、提高妇女地位、提高女性素养、提高儿童生存率、降低贫困并为老年人提供保障。[53] 然而，这些良好的打算收效甚微。尽管增加了资源，但由于20世纪80年代发挥作用的是官僚而不是专家，"计划生育和公共卫生实践的质量急剧下降"。[54] 拉吉夫·甘地（Rajiv Gandhi）在总理任期结束时对印度人口政策的失败发表了尖锐的批评，过度的官僚集权化使该政策缺乏灵活性，无法适应全印度千差万别的需求。[55] 近年来，政府似乎采取了更加多样化的方法：向夫妇提供广泛的有关计划生育方法的信息，并取消了各个地区设定的计划生育目标，以消除人们对强制执行的恐惧。2005—2006年的一项调查（全国家庭健康调查）估计，印度的总生育率为2.7（在上一次调查，即1998—1999年的调查中，总生育率为2.9，而在1992—1993年的调查中为3.4）；56%的妇女使用避孕药具，主要是绝育；大约 80% 的避孕药具是从公共渠道获得的。尽管我们还不清楚政府行动到底发挥了怎样的作用，但他们已经采取了新的措施。目前，城市人口的生育率处于更替水平，印度南部的人口生育率甚至低于更替水平。但是在人口众多的北方邦、中央邦、比哈尔邦和拉贾斯坦邦，共有 4.5 亿人口，总生育率仍高于 3，人口控制仍然进展缓慢。2011 年人口普查显示印度的人口总数为 12.1 亿，增长率为 1.6%，按照这一速度，印度将在 2022 年成为世界上人口最多的国家，为此印度政府对本国的人口前景持谨慎态度。2000 年，印度启动国家人口政策，目标是到 2045 年实现人口稳定（但根据联合国的最新预测，2068 年印度人口将达到 17.54 亿）。政府意识到了民众对强制性政策的强烈反对，因此申明新的人口政策将不使用胁迫和武力的手段，并将基于"知情同意和民主原则"来实施。[56] 该政策希望地方当局更密切地参与，以及男性的参与，该政策增加了提高结婚年龄的激励措施，鼓励夫妇生育的孩子不超过两个。更确切地说，这些措施针对的是推迟结婚（法定为 21 岁）并生育不超过两个孩子的贫困夫妇，或在第二个孩子出生后接受绝育的夫妇。但是，该政策的某些方面引发了强烈的批评，尤其是妇女在政府资助的计划生育营地进行绝育可以获取金钱收益的举措。说服偏远社区中受教育程度低的妇女使用避孕药具，要比进行大规模绝育运动更为昂贵，而激励措施通常被视为间接的胁迫形式。印度人口的发展如今出现了一个非常令人担忧的方面。在生活水平较高的哈里亚纳邦、旁遮普邦和古吉拉特邦等地区，新生儿中的男女比例正在迅速失衡。由于夫妻对男孩的偏爱导致选择性流产，这在中国和东南亚是一种普遍现象。在印度的许多地区，新生儿性别扭曲的恶化加剧了人口性别构成的不平衡，将导致相当一部分男人，特别是最贫穷阶层的男人被排除在婚姻之外，并带来复杂的负面影响。为了应对这一危险趋势，印度和其他地方正在尝试各种措施。

中国的计划生育历史与印度有很大的不同。[57] 1949年，毛泽东宣布："中国人口众多是一件极大的好事。再增加多少倍人口也完全有办法，这办法就是生产……根据革命加生产即能解决吃饭问题的真理。"[58] 然而，随着革命的巩固和1953年人口普查结果的公布，人们开始关注人口问题。周恩来在1956年中国共产党第八次全国代表大会上说道："为了保护妇女和儿童，很好地教养后代，以利民族的健康和繁荣，我们赞成在生育方面加以适当的节制。"[59] 最初的生育控制要求建立一个援助网络，生产避孕药具，并制定一项计划，鼓励人们使用这些计划生育服务和用具。但是，审慎的人口政策不符合1958—1959年雄心勃勃的社会经济发展计划（"大跃进"）以及对巨大生产力目标的盲目信心。结果，该计划突然终止，但经历了"大跃进"和1959—1961年的粮食歉收、饥荒，中国政府又发起了第二次生育控制运动，成立了计划生育委员会。在这一次运动中，还引入了宫内节育器并提倡晚婚，而在"文化大革命"期间，这些生育控制手段基本上都中止了，直到政府在1971年发起了第三次运动进行生育控制。相关的政策基于三个原则：晚（晚婚）、稀（更长的生育间隔）和少（更少的孩子）。女性晚婚年龄在农村地区为23岁，城市地区为25岁；更长的生育间隔意味着第一个和第二个孩子之间的间隔为4年；更少的孩子意味着城市家庭的孩子不超过2个，农村家庭的孩子不超过3个。1977年，对城市和农村的孩子数量都限制为2个。毫无疑问，该计划在20世纪70年代取得了成功，这都归功于出生配额制度：

> 根据这一制度，中国政府开始制定各省人口自然增长率的年度数字目标……各省级权力机关和官员负责增长率转化为生育指标，并把这些指标分配到省内各地方行政区域。指标会继续细分，最终落实到生产队或农村的相应机构。[60]

在这些集体中，领导会与打算生育子女的夫妇会面，以确定哪些人有权在第二年生育1个孩子。大约有一半的夫妇使用宫内节育器，还有1/3的夫妇采取绝育，其余夫妇则选择了其他多种方法，包括使用类固醇。[61] 终止妊娠也变得普遍且方便，免费且不需要丈夫的同意。

毛泽东逝世和"四人帮"倒台之后，人口目标变得更加明确，也更加雄心勃勃。在1979年的第五届全国人民代表大会第二次会议上，华国锋肯定了人口增长大幅下降是实现"四个现代化"（工业、农业、国防和科学技术）的必要条件之一。最初的目标是在

1985年将人口的自然增长率降低到0.5%，到2000年降低为0。1980年9月，华国锋修正了这些目标，新的目标是使人口在2000年不超过12亿。为了实现这一目标，1979年制定了每对夫妇生育1个孩子的上限，少数民族、边境地区和情况特殊家庭除外。为了实现这个艰巨的目标，中国采取了一系列奖惩措施。最主要的手段是地方当局颁发独生子女证书，该证书可保证夫妇及其子女享受一系列福利，条件是只生育1个孩子。这些福利包括工资和养老金的增加、更大的住房、免费医疗服务以及孩子入校的优先权。拒绝合作生育第二胎或第三胎的夫妇将受到减薪、取消特权和其他限制措施的惩罚。[62]

中国独生子女政策的执行力度各不相同。直到1983年，随着强制性手段大规模实施，政策压力不断增加。然而，政策的实施在一段时期内仍充满了不确定性。一方面，在"大跃进"之后，生育率上升期间出生的育龄妇女人数不断增加（1983年至1993年之间，年龄在21—30岁之间的妇女人数从8 000万增至1.25亿），面对这一状况，中国需要计划生育政策；[63]另一方面，有人要求缓和该项政策。1990年的人口普查统计的中国人口为11.34亿，可以想见，要实现官方设定的目标面临着巨大的困难。一直到1985年，政府政策都是以2000年人口不超过12亿为目标，但是后来这个说法变得更具弹性，变成了"大约12亿"，实际上这意味着将上限提高到了12.5亿。该限额也被正式修订为13亿，高于当年人口普查统计的12.65亿。[64]

20世纪80年代的确出现了一定程度的政策放宽。农村地区第一胎是女孩时，可以生育第二个孩子；情况特殊或生活在偏远地区的家庭可酌情放宽。[65] 生育率下降在20世纪80年代初期有所停滞，1985年至1987年间生育率甚至增加了（总生育率从2.3上升至2.5）。社会主义公社制度原本是执行计划生育政策的重要工具，而它在取消之后，导致了干部权力的流失，经济奖惩制度随之崩溃，而这一制度是计划生育政策能够施行的基础。[66] 此外，经济自由化和政府对个体行为控制的普遍削弱，增加了全面实施该政策的障碍。

尽管如此，在20世纪90年代初，中国领导人恢复了独生子女政策，保留了所有规定并加强了执行力度：在全国范围内进行的生育率调查显示，1992年的总生育率为1.9，远低于20世纪80年代的平均水平。显然，中国共产党领导下的新举措取得了成功，各层级责任主体对计划生育加强了力度——执行经济激励和惩罚措施，并推出了养老保险计划等。[67] 持续快速的经济增长和相关的社会变革也影响了生育规范和价值观，有助于决策者完成生育控制的任务。现在，中国已经全面实施一对夫妇可生育两个孩子。多年来，人们已经普遍认为应放弃或逐步取消一胎政策，原因有三个。首先，低生育偏好已根植于夫妻的行为，强制性政策有可能与年轻一代的愿望和生活方式发生冲突。据观察，农村地区允许生育第二个孩子的夫妇有很大一部分放弃了生育二胎。各种研究表明，放弃独生子女政策对中国的总生育率影响很小。第二个因素是，独生子女政策和根深蒂固的渴望男性继承人的愿望结合，极大地改变了新生儿性别比例，这一比例增加到了120（自然水平是105—106，1982年是108）。由于各种形式的对儿童的忽视和歧视，导致了至今为止仍然存在性别选择性流产，以及比同龄男孩更高的女婴死亡率。确实，东南亚（和印度）没有实行独生子女政策的国家也存在类似的扭曲现象。但是在中国，这种扭曲已达到创纪录的水平。第三个因素是，极低的生育率会改变年龄结构，加速老龄化过程，并削弱老年人口的保障系统。在21世纪第二个和第三个10年中，20世纪50年代和60年代出生的庞大人口将进入老年阶段（2000年，超过65岁的人口占总人口的7%，据推测，到2050年，超过65岁的人口将增长3—4倍），老龄化进程将会加速。缺乏长期的养老金制度，以及传统的抚养方式——养儿防老——因为独生子女政策而崩溃以及儿女远离年迈的父母，使老一辈得不到社会保证，在未来几十年中，这将会造成严重的问题。[68]

经过长达35年的时间——一代人的时间跨度，独生子女政策最终被取消。2015年10月，中共十八届五中全会公报宣布："促进人口均衡发展，坚持计划生育的基本国策，完善人口发展战略，全面实施一对夫妇可生育两个孩子政策，积极开展应对人口老龄化行动。"[69]尽管困难重重，中国的人口政策显然实现了其他亚洲人口大国都没有达到的目标。成功的原因很多，但可以归纳如下：

1.中国在公共卫生领域的社会改革更快、更有效。因此，死亡率下降的速度比印度快，这有利于生育率的下降。

2. 在中国的政治体制中，中国共产党领导集体的权力通过各级行政机关下达至生产小队。该制度有助于快速执行人口政策指示，而广泛的宣传教育也有助于完成这项任务。

3. 建立了有效的分配和援助网络，采用了包括终止妊娠在内的各种节育方法。

4. 由于复杂的文化原因，华人社会可能更容易接受生育控制。在某种程度上，其他东亚社会在各种社会经济背景下也都经历了生育率的快速下降，包括日本、韩国、新加坡以及中国的台湾和香港。[70]

图 5-9 比较了 1950 年和 2025 年中国和印度的年龄结构（后者根据联合国的预测，顺便说一下，联合国的预测并没有预言中国能完全实现目标）。1950 年，两国人口结构的形状相似，中国在每个年龄段的人口都更庞大：印度人口总数为 3.76 亿，中国人口总数为 5.44 亿（比印度多 44.7%）。由于 1970 年以来生育率迅速下降，到 2025 年，中国在 35 岁以下的各个年龄段的人口数都将少于印度，而老年人口数量远超印度（中国人口总数为 14.15 亿，印度人口总数为 14.62 亿）。从 1950 年到 2025 年，印度的人口将翻两番，而中国的人口将增加 2.6 倍，到 2022 年，印度的人口规模可能将超过中国。

现在对这两个亚洲巨人所采取的人口发展路径进行历史评估还为时过早。自 20 世纪 70 年代以来，中国人口增长锐减可能对

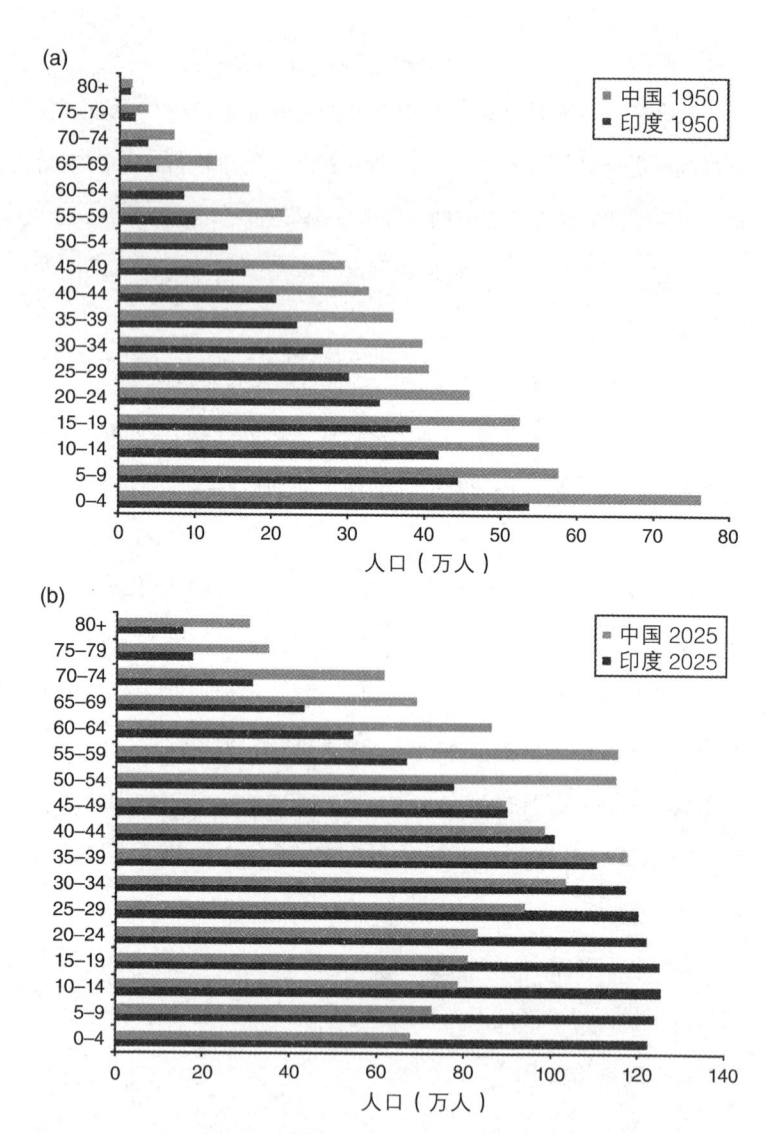

图 5-9 （a）中国和印度（1950 年）的年龄结构；（b）中国和印度（预测 2025 年）的年龄结构

经济的飞速发展做出了重要贡献，但中国在未来几十年中必须准备好接受迅速老龄化带来的冲击。另一方面，印度的持续人口增长可能成为该国现代化的障碍，并使许多社会问题恶化，尽管它并未阻碍经济增长，也可能使该国免受年龄结构剧烈变化的冲击。两个国家哪个将走得更好？这个问题一直以来都充满了争议，除了人口因素，我们还必须考虑复杂的伦理、政治和经济等方面的因素。

两种模式

假设在某个大陆的热带地区，有两个毗邻的国家，分别叫费蒂利亚和斯特里利亚，两个国家都在温暖的高原地区从事农业经济。斯特里利亚有一个出海口，是该国的主要城市。几个世纪以来，它一直是海上贸易的中心，并与包括前殖民大国在内的许多国家进行贸易。由于几次移民潮涌入，斯特里利亚的人口，尤其是在沿海地区，呈多族裔混居。另一方面，费蒂利亚是内陆国家，民族单一，文化较为传统。它在政治上由上层阶级大地主统治，与外界的接触极少。两国的非殖民化发生在同一时期，此时两国人口规模大致相同，人口特征相似：生育率很高且不受控制，按照西方标准衡量，死亡率也很高。尽管如此，两国在殖民地时期引进青霉素、喷洒滴滴涕消除疟疾，使死亡率大大下降，因此两个国家的人口增长率都很高，在2%—3%之间。独立后的费蒂利亚由大地主阶级掌权,斯特里利亚则由商人阶级获得了统治权。除贸易自由化外,斯特里利亚最早的政令之一包括强有力的计划生育政策,该政策通过内部信息传达系统在全国范围内推广,并得到外国投资的支持,很快建立了一支训练有素的人员队伍和一个机动的咨询网络。其他措施包括终止妊娠和绝育、对避孕药具的补贴以及对计划生育参与者的激励措施。我们可能永远无法确定这一政策是否真正导致了随之而来的生育行为的深刻变化,或者仅仅是加速了即将开始的人口转型。在这两种情况下,生育率均迅速下降,很快达到更替水平。相比之下,较为传统的费蒂利亚政府受到宗教激进主义团体的影响,统治着一个很少与外国接触和贸易的人口,只是正式承认联合国指令,尊重每对夫妇决定要多少孩子的权利。尽管有来自前殖民国家的压力,提供了大量的经济援助,但仍未启动积极的计划生育政策。如果说政府有什么行动,那就是阻止了私人机构提出的类似计划,因此生育控制普及缓慢,独立30年后,费蒂利亚的妇女比斯特里利亚的妇女平均多生育两个孩子。

这两项政策对两国的人口增长和经济发展的影响截然不同。对人口的影响包括不同的增长率和年龄结构。独立时,两国人口数量相同,而30年后两国人口比例为1.4∶1(自然是费蒂利亚人口更多),60年后人口比例为2∶1。在斯特里利亚,独立时15岁以下的人口占总人口数的42%;30年后,这一数字下降到27%,60年后降至21%(那时增长率大约为零)。另一方面,在费蒂利亚，独立时，15岁以下人口的比例与斯特里利亚相同（42%），下降速度较慢，在30年后占总人口数的38%，60年后占总人口数的30%。后来的人口增长率仍保持在每年1.5%左右。相比之下，革命60年后，斯特里利亚65岁以上人口的比例（占12%）是费蒂利亚的2倍。

经济发展的差异也同样显著。费蒂利亚的人口高增长率导致劳动年龄人口增长了3倍，随之而来的是农业无法吸收这么多劳动力。大量人口流向首都，首都挤满贫困人口。费蒂利亚的平均家庭规模仍然很大，费蒂利亚人的小额收入几乎完全用于获取生存必需品，没有积蓄。这不利于投资，于是投资只能勉强跟上人口增长的步伐。政府掌握的财政资源不足，不足以扩大基础设施和服务。尤其是教育普及一直很缓慢：尽管生育率缓慢下降，但5—15岁的学龄人口在60年间增长了2倍。缓慢的农业发展速度和快速的城市化进程相结合，使该国从热带产品出口国转变为粮食净进口国。缺乏投资限制了费蒂利亚脆弱的制造业发展，国家积累了巨额的外债。人均收入缓慢增长，边际贫困人口和文盲的绝对数量（如果不是百分比）急剧增加。

斯特里利亚与费蒂利亚截然不同。生育控制政策确保了斯特里利亚自独立以来的60年间学龄人口规模保持不变（而不是像费蒂利亚那样增加了3倍），因此斯特里利亚有足够的公共资金用于教育系统大幅扩展和改善。于是，斯特里利亚下一代劳动力在人数上比费蒂利亚劳动力更少，更加训练有素。劳动力效率迅速提高，推动了传统经济部门和现代经济部门的发展。生育控制还意味着家庭人数减少，妇女解放，以及个人财富不再全部用于满足基本需求，可以用于个人储蓄。更多的储蓄使投资超过了人口增长，使基础设施现代化，农业生产的产量提高和经济更加多样化。此外，年龄结构的变化降低了抚养比（每100个生产性成员中非生产性社会成员——老年人和幼儿——的数量）同样有利于经济发展。同样的过程在费蒂利亚要慢得多。较低的人口增长水平和城市化水平，尤其是农业生产率的提高，确保了斯特里利亚仍然是食品净出口国，为发展制造业购买机械提供资金。人均收入增长迅速，独立60年后，斯特里利亚的人口只有费蒂利亚人口的一半，国民生产总值较大，有着其邻国羡慕的生活水平。

这两个国家纯粹是虚构的。[71] 在第二次世界大战后的数十年间，类似这两个国家的分析非常普遍。在这几十年间，发展中国家的人口迅速增长，这使得人口增长成为当代社会的主要关切。费蒂利亚和斯特里利亚之间的对比，说明了较贫穷的国家在最近几十年中或在不久的将来可能的发展道路。但是，尽管上面的分析在其总体推理方面颇具说服力，但它所做的基本假设却不那么令人信服。

第一个假设是，人口的快速增长不可避免地导致劳动力和其他生产要素的回报率下降，从而导致资本稀释，在所有条件相同的情况下，贫穷加剧。根据这个公式，斯特里利亚的人口增长较慢显然是一个优势。第二个假设是，家庭越小，储蓄越多，投资也越多，这是斯特里利亚的另一个优势。第三是人口增长放缓意味着劳动力效率提高，从而促进生产力的提高。第四个假设认为，与人口规模有关的规模因素无关紧要，因此这些规模因素对增长较快的人口没有好处。同样，人口增长被认为对技术进步没有积极影响。简而言之，成功的限制人口增长一定是经济发展的决定性因素。自20世纪六七十年代以来，人口增长和经济发展是成反比的。

最后一点总结了前面的几点，可以进行一阶测试。这是一个相当粗略的测试，类似于在第4章中西方国家所做的测试，它比较了28个贫困国家的人口增长率和人均收入。[72] 在这里，我不再重复前文已经详细阐述过的关于这个测试的注意点。

图5-10绘制了1950—2000年间人口增长率与人均GDP增长率之间的关系图：这两个变量之间存在相对紧密的逆相关关系。人口增长与发展之间的联系可能因一系列能够相互抵消的因素而变得模糊。有人认为，人口增长可能不是增加福利的一个不可逾越的障碍，并且由于各种复杂的原因，那些对费蒂利亚和斯特里利亚起着重要作用的因素实际上在最近几十年间的影响要小得多。[73] 下面我将讨论这个问题。

解释一个悖论

在费蒂利亚和斯特里利亚的例子中体现的人口增长与经济发展的模型关系难以验证，这一事实引起了广泛的争论。因此，学

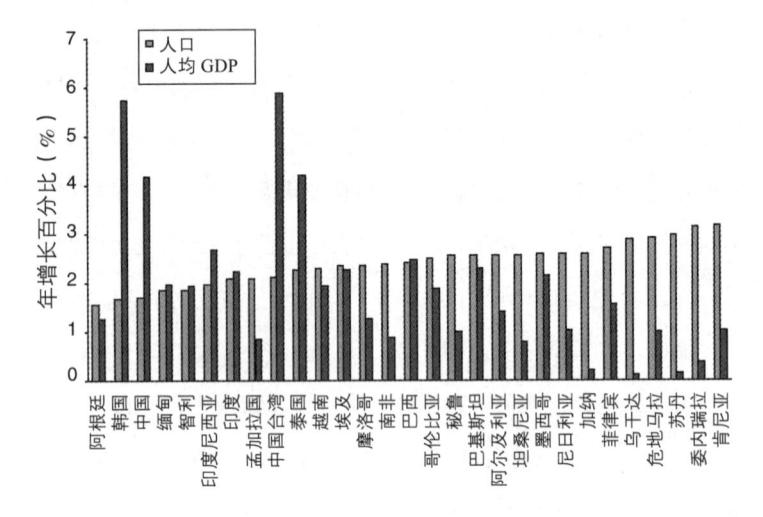

图 5-10　28 个主要欠发达国家的人均国内生产总值和人口年增长率（1950—2000 年）

者们对模型所基于的理论前提进行了实证检验，也对模型所缺乏的论证进行了补充解释。[74] 在 20 世纪 80 年代，具体来说是 1984 年在墨西哥举行的联合国会议上，人们普遍接受了人口增长必须得到控制，以及生育率控制本身被认为是一个目标，而不是实现其他目标的手段，因此人口与经济增长现象之间是否存在明确的关系也开始遭到质疑。但这并不奇怪，因为限制增长的想法本身已被接受为是一个有价值的目标，而与实证检验无关。

回到问题的核心，与斯特里利亚相比，费蒂利亚更快的人口增长对经济增长有害，原因有很多，简单来说就是：

1. 人口增加，每名工人占有的有形资本（工具、机械、基础设施和建筑物之类的资本财货）存量下降或被"稀释"。结果，人均生产量也下降了。[75] 费蒂利亚的人口比斯特里利亚增长得更快，因此受到这一障碍的困扰。提高投资率（用于投资的国内生产总值的比例）可以克服这一障碍，那么消费占收入的比例就必须下降，而消费又与生活水平挂钩。表5-6报告了2015—2025年间劳动年龄人口的人均总投资绝对值以及劳动年龄人口的预期变化。非洲国家、孟加拉国和玻利维亚的人均投资（禀赋）仅为几百美元，而这些国家20—65岁的人口将迅速增加20%—40%。泰国和中国的人均禀赋高得多，活跃人口却在减少。墨西哥和巴西处于中间状态，禀赋适中，劳动力增长预期适中。美国和韩国的禀赋很高，但活跃人口几乎停滞。贫穷国家（尤其是自然增长率较高的国家）的问题更加严重，因为它们的劳动力在未来的增长速度将远远超过富裕国家，为了缩小差距，它们的投资增长率必须超过富裕国家。但是，就劳动力的变化而言，欠发达国家之间的前景差异很大。图5-11比较了1980—2010年亚洲和撒哈拉以南非洲地区劳动力的年增长率，并预估了2010—2040年的增长率。如图5-11（a）反映了在大多数亚洲国家，未来增长率远低于过去的增长率，而在几乎一半的撒哈拉以南国家，未来增长率将高于过去的增长率。此外，非洲劳动力的平均增长率远高于亚洲。这些差异无疑将对未来的经济发展产生重大影响。[76]

2. 当自然资源——尤其是生产所需的土地和水——稀缺或昂贵时，它们也受到人口过度增长的影响，收益逐渐减少，我们已

表 5-6　2014 年总投资额和劳动年龄人口

国家	2014 年按市场价格（当前美元）计算的 GDP（10 亿）	2014 年 GDP 中资本形成占比	2015 年劳动年龄人口（百万）	2025 年劳动年龄人口（百万）	2015—2025 年劳动年龄人口变动（%）	2015 年劳动年龄人口人均投资总额（美元）
中国	10 355	46	928.6	906	-2.4	5 130
印度	2 046	32	736.6	859	16.6	889
孟加拉国	173	29	97.5	119.1	22.2	515
韩国	1 410	29	33.4	32.5	-2.7	12 243
泰国	405	24	44.4	43.5	-2.0	2 189
尼日利亚	557	16	182.2	233.6	28.2	489
埃塞俄比亚	56	38	46.5	66.1	42.2	458
埃及	287	14	48.5	57.5	18.6	828
巴西	2 346	29	126.2	139	10.1	5 391
墨西哥	1 295	22	71.8	84.1	17.1	3 968
玻利维亚	33	21	6.2	7.7	24.2	1 118
美国	17 419	19	192.5	195.1	1.4	17 193

资料来源：http://data.worldbank.org/indicator/NY.GDP.MKTP.CD。

经对此进行了详尽的讨论（请参阅第3章）。在许多亚洲国家，劳动年龄的农业人口持续快速增长，这些国家的特征是农业人口的密度很高，失地率很高，并且土地所有者的平均持有量很小。随着农村人口的增加，"影响将是严峻的。农民的人均耕地面积将进一步减少，从而降低劳动生产率和收入，增加农村贫困率，加剧不平等现象"[77]。

3. 人力资源通过人口的物质和技术效率表现出来，它遵守

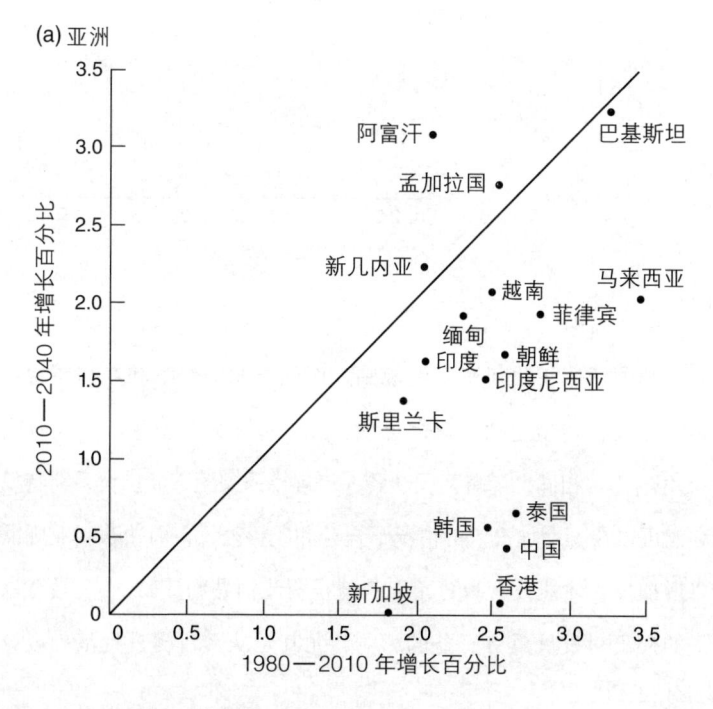

图 5-11　过去和未来的劳动力增长

(b) 撒哈拉以南非洲

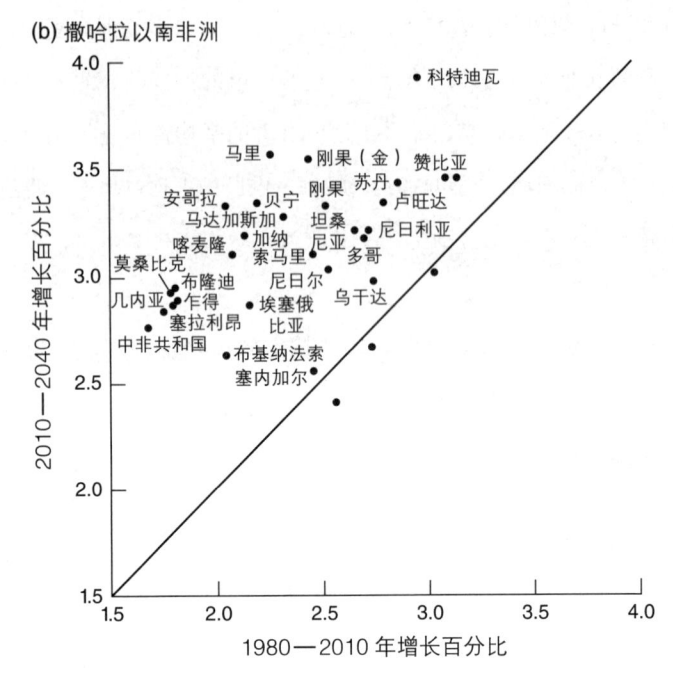

图 5-11 （续）

的规则即适用于物质资本的规则。例如，如果费蒂利亚和斯特里利亚在人口转型之初，对社会项目（教育和公共卫生）的投资占GDP的比重相同，随着两国学龄人口规模的差距不断扩大，斯特里利亚可以在不增加投入的情况下提升和改善教育，而费蒂利亚则需要增加投入才能改善教育（以其他投资或消费为代价）。[78] 教育水平的提高对发展具有有益的影响，尤其是从文盲提升到基础教育的过程。[79]

4. 人口快速增长可能会造成公共支出的普遍扭曲。由于教育和公共卫生通常放在首位，与人口增长缓慢的情况相比，人口快速增长可能需要在总预算中拨出更大的部分用于教育和公共卫生。[80] 于是用于固定资本投资的资源将会减少，这通常被认为在短期或中期更有利可图，因此其增长要低于其他情况。

5. 人口的快速增长也抑制了家庭储蓄。家庭储蓄是可用于投资的私人储蓄的主要部分。[81] 快速增长意味着高生育率和大家庭。因此，家庭收入主要用于满足基本需求，只剩下很少一部分用于储蓄。随着每个家庭子女数量的减少，家庭资源中有更大的比例可用于储蓄和投资。这与经济增长的联系很明显。

6. 前面的几点表明，人口增长（或经济绝对规模的增长）不会产生积极的规模因素。换句话说，更多的人口不会为生产要素（自然资源、资本、劳动力）的使用创造更好的条件。[82]

为了验证上述几点（简化了更为复杂的理论），我们应该看到过去几十年来人口增长与经济发展的负相关关系。如果我们没有发现这一点，那是因为贫穷国家的情况各不相同，也是因为贫穷国家中动荡的政治、经济和社会历史以意想不到的方式改变了上述机制。

回想一下对贫穷国家的发展做出重要贡献的固定资本投资：1960年之后的30年中，据估计，约2/3的产出增长是资本投入增加的结果，1/4来自劳动力投入，1/7来自全要素生产率或技术进步。在同一时期的工业化国家中，固定资本投资带来的贡献要低得多，估计为总增长的1/4—1/3。[83] 在所有条件都相同的情况下，理论上应该存在人均资本稀释效应。[84] 许多国家，尤其是最贫穷的国家，采取了同样的措施，提高了投资占GDP的比重：根据世界银行的数据，在1970—1993年间，低收入经济体的投资占GDP的比重从20%增至30%。在印度和南非，1990—2009年间投资占GDP的比率提高了8—9个百分点。[85] 于是人口快速增长对资本产生的"稀释效应"至少已部分中和。

关于固定的自然资源，特别是土地，农业的发展使发展中国家能够以比人口增长更快的速度增加农业产量，这主要是由于土地的产出增加了（绿色革命），而不是耕种新土地。[86] 事实上，许多地区采用了绿色革命技术，这得益于人口高密度，有利于基础设施的发展和技术转让。[87] 然而，在其他地区，土地稀缺及成本高昂造成了严重的发展障碍。[88]

最近的研究也对以下理论提出了质疑，即人口的快速增长改变了公共支出的比重，偏向于"社会投资"，特别是教育，而牺牲固定资本投资。一些人认为，贫穷国家的人口增长率没有影响识字和教育的进程，也没有扭曲公共支出而损害固定资本投资。尽管人口压力很大，但更经济地使用可用资源（例如限制教师的工资）有助于实现各项目标。[89] 自1980年以来，许多国家将越来越多的资源用于教育。[90]

关于储蓄，理论和经验上的考虑都对以下假设提出了挑战，即人口迅速增长必然意味着家庭规模扩大，储蓄率降低。这种影响似乎可以通过几种机制抵消。首先是家庭内部的成年人劳动强度并不是固定不变的，而是随着家庭规模的变化而变化。大量的受抚养子女会导致生产活动的加强（特别是在农村地区），资源增加，或许还有储蓄的增加。[91] 恰亚诺夫（Chayanov）在他对农民经济的经典研究中指出，沙皇俄国农民家庭的人均劳动强度和受抚养的人数之间存在明显的关系。强度随着家庭的扩容而增加，随着家庭的萎缩而下降。[92] 其次，在快速增长的人口中，青年工人（储蓄的人）比老年或退休工人（储蓄为负的人）的比例更高，这往往能抵消大量受抚养子女对储蓄的负面影响。[93] 最后，贫穷国家的家庭储蓄主要来自少数非常富裕的家庭，因此几乎不受家庭规模的影响。照目前情况来看，对人口增长（更不用说年龄结构、抚养比等）与储蓄率之间的关系进行的大量测试，并没有产生明显的结果。相反的力量似乎相互抵消，而且数据不足可能也导致了结果的不确定性。[94]

最后一点涉及规模经济，这一点我已经讨论过了（请参阅第3章）。支持人口增长与经济发展之间负相关这一假设的人认为，存不存在规模经济无关紧要。然而，另一些人则认为，人口增长和人口密度增加推动了经济发展所必需的基础设施（特别是通信和交通）的发展。[95] 如上所述，在许多国家，农业发展和绿色革命似乎得益于人口密度，而不是受制于较高的人口密度。因此，从广义上讲，规模因素似乎产生了重大的积极影响。还应该补充一个事实，即一个国家的地理、气候和生物病理环境、通达程度和自然形态、原始资源禀赋与人口和经济特征密切相关。[96]

人口与经济之间的关系引发的问题错综复杂，涉及的变量与其他因素之间的相互作用和因果关系既不稳定，也不容易理解。上面的讨论可能有助于解释为什么近几十年来人口与经济的关系在发展中脱离了简单的理论模式。在人口和经济两个方面，人类行为的极端适应性在面对外部制约的时候推翻了那些为了便于分析而将这一行为转化成简单公式的简化模式。此外，技术的快速无序发展会削弱、扩大和扭曲人们通常认为理所当然的关系。

尽管如此，人口增长与经济发展之间没有明确而直接的关系，这一事实并不意味着这种关系不存在或无法衡量。凯利（A. C. Kelley）在对该问题深入研究后得出的结论今天仍然有意义：

> 人口增长较慢的发展中国家的经济增长（以人均产值衡量）本来会更快，尽管在许多国家，人口的影响可能微不足道，在某些国家可能产生积极的影响。人口的不利影响最有可能发生在可耕种土地和水资源特别稀缺或获取成本高昂的地方、土地和自然资源的产权界定不明确的地方，以及政府政策对劳动力这一最丰富的生产要素存在偏见的地方。人口的积极影响最有可能发生在自然资源丰富、规模经济可能性很大、市场和其他机构（尤其是政府）在时间和空间上以合理有效的方式分配资源的地方。[97]

因此，费蒂利亚和斯特里利亚两种人口发展路径，人们一般会选择斯特里利亚的模式，尽管我们要记住，这一模式可能并不总能成功。

注　释

1. 在本章中，我经常使用"穷国""贫穷国家"来描述"欠发达国家"或"发展中"国家，以及"富国""富裕国家"来描述"发达国家"或"较发达"的国家。富国和穷国当然是抽象的分类，主要作为一种概念体系。富裕国家包括欧洲、北美国家、澳大利亚、新西兰和日本。拓展一下的话，东欧国家也包括在内。有时，我使用"西方国家"一词来指代西欧国家及北美和大洋洲（不包括日本），日本有着独特的人口历史。在"贫穷国家"或发展中国家中，读者会发现韩国等生活水平较高的国家，但这些国家仅在过去二三十年中才摆脱贫困。关于穷国和富国人口转型的对比分析，参阅 D. S. Reher, "The Demographic Transition Revisited as a Global Process", *Population, Space and Place* 10（2004）。世界银行的 *Global Monitoring Report 2015/16: Development Goals in an Era of Demographic Change*（Washington, DC, World Bank 2016）也提供了一个很好的综合报告。

2. 所涉及的 28 个国家不是绝对意义上的人口最多的 25 个欠发达国家，而是各个大陆上人口最多的国家：非洲 9 个（刚果民主共和国、埃及、埃塞俄比亚、肯尼亚、摩洛哥、尼日利亚、南部非洲、苏丹和坦桑尼亚），亚洲 11 个（孟加拉国、中国、印度、印度尼西亚、伊朗、巴基斯坦、菲律宾、韩国、泰国、土耳其和越南），美洲 8 个（阿根廷、巴西、智利、哥伦比亚、古巴、墨西哥、秘鲁和委内瑞拉）。这些国家的总人口占贫穷国家总人口的4/5以上。从历史和人口增长的角度来看，阿根廷和智利比起其他拉丁美洲国家来说，与欧洲国家的共同点更多。排除小国和地区（例如中国的香港和台湾、新加坡、毛里求斯、哥斯达黎加），即排除那些早熟的人口转型过渡的有趣个案，人口转型过程得益于其面积小或岛国状态。

3. 关于各大洲死亡率转型的各个阶段，请参见 J. C. Riley, "The Timing and Pace of Health Transition Around the World", *Population and Development Review* 31：4（2005）。

4. United Nations, *World Population Prospects: The 2015 Revision*（New York, 2015）. M. Mahy, *Childhood Mortality in the Developing World: A Review of Evidence from the Demographic and Health Surveys*, DHS Comparative Reports, no. 4（ORC Macro, Calverton, MD, 2003）.

5. 这些数据假设5岁以上的"新幸存者"的死亡率是各个地区的死亡率。

6. 即 ORT 或口服补液疗法。这些是独立的小包，可溶于水，并含有婴儿因腹泻发作而流失的重要的盐分，患病的婴儿通过喝下这种溶液能够弥补损失的养分。这种疗法由孩子的母亲或其他家庭成员就能轻松实施。如果仍然觉得太昂贵，简单的糖盐水溶液可以为婴儿提供从腹泻中恢复所需的足够的液体、卡路里和盐分。有关儿童病理学及其护理的信息，请参见 R. Y. Stallings, *Child Morbidity and Treatment Patterns*, DHS Comparative Reports, no. 8（ORC Macro, Calverton, MD, 2004）。

7. 图5-4和5-7代表的国家已在注释2中列出。

8. 这些疫苗不仅包括天花疫苗（实际上天花已在20世纪70年代末消失了），还包括针对麻疹、百日咳、新生儿破伤风以及由于出生时脐带感染、小儿麻痹症、结核病和白喉病造成的数百万受害者的疫苗。参见

"Immunizing the World's Children", *Population Reports*, series L (Mar.– Apr. 1986)。

9. S. A. Meegama, "The Mortality Transition in Sri Lanka", in *Determinants of Mortality Change and Differentials in Developing Countries* (United Nations, New York, 1986).

10. W. H. Mosley, "Will Primary Health Care Reduce Infant and Child Mortality? A Critique of Some Current Strategies with Special Reference to Africa and Asia", in J. Vallin and A. D. Lopez, eds., *Health Policy, Social Policy and Mortality Prospects* (INED/IUSSP, Ordina, Liège, 1985).

11. WHO–UNICEF, *Alma Ata 1978: Primary Health Care* (WHO, Geneva, 1978); WHO, *World Health Report 2003: Shaping the Future* (WHO, Geneva, 2003, Chapter 7).

12. A. Sen, "Health in Development", *Bulletin of the World Health Organization 77* (1999), p. 8; A. Sen, "The Economics of Life and Death", *Scientific American* (May 1993), pp. 18–25.

13. 这一观点的阐述参见 J. C. Caldwell, "Routes to Low Mortality in Poor Countries", *Population and Development Review* 12: 4 (1986)。

14. Caldwell, "Routes to Low Mortality in Poor Countries", pp. 209–211. 关于发展中国家的死亡率趋势可见 R. R. Soares, "On the Determinants of Mortality Reductions in the Developing World", *Population and Development Review* 33: 2 (2007); R. Kuhn, "Routes to Low Mortality in Poor Countries Revisited", *Population and Development Review* 36: 4 (2010)。

15. 实际上，在撒哈拉以南非洲的某些国家，有明显的证据表明生育率提高了，这是由于母乳喂养时间缩短，出生间隔缩短（参见本节后面）以及卫生条件的改善，降低了某些导致不育或降低生育能力的传染病的发生率。例如，联合国估计，1950—1955 年至 1975—1980 年间，西部非洲的 TFR 从 6.7 增加到 6.9，东部非洲的 TFR 从 6.7 增加到 7。M. Garenne, *Fertility Changes in Sub-Saharan Africa*, DHS Comparative Reports, no. 18（ORC Macro, Calverton, MD, 2008）. 有关生育率趋势的一般评估，请参见 United Nations, *World Fertility Report 2013: Fertility at the Extremes*（UN, New York, 2014）。

16. 当然，这个比喻仅在一般意义上适用，并且随之而来的情况也大不相同。欧洲的死亡率下降是逐渐发生的，因此可以逐步调整生育率。此外，即使在高生育率地区，节育也是由重要的社会阶层（如城市阶级和受过良好教育的人）实行的。另一方面，许多欠发达国家目前的发展情况表明，生育率可能低于富裕国家近期历史上的更替水平。见 D. S. Reher, "Long-Term Population Decline, Past and Future", XXV International Population Conference, Tours, 2005。根据联合国的评估，低生育率国家（TFR 为 2 以下）的数量已从 1994 年的 51 个增加到 2014 年的 70 个。参见 United Nations, *World Fertility Report 2013*。

17. 自 1986 年以来，已经在许多发展中国家开展了人口与健康调查（DHS），抽样调查了 2 000 人到 30 000 人的育龄妇女。调查问卷包括与人口特征、生育史、避孕药具的使用、妇女和儿童健康以及许多社会经济变量相关的问题。其中有一些国家进行了多次调查，而且在许多情况下，还包括了对男性和丈夫的调查样本。参见 DHS + Dimension, *Newsletter* 3: 1（2001），3: 7（2005）。

18. G. Mboup and T. Saha, "Fertility Levels, Trends and Differentials", *Comparative Studies* 28（Macro International, Calverton, MD, 1999）. 关

于撒哈拉以南非洲缓慢的生育转型，请参见 A. Romaniuk, "Persistence of High Fertility in Tropical Africa", *Population and Development Review* 7: 1（2011）。

19. 关于世界生育率调查的一般特征和主要结果，请参见 WFS, *Major Findings and Implications*（London, 1984）。这些调查通常是对 41 个发展中国家和 21 个发达国家的 3 000 至 10 000 育龄妇女群体进行的；大多数是在 20 世纪 70 年代下半叶进行的。

20. United Nations, *Fertility Behavior in the Context of Development. Evidence from the World Fertility Survey*（UN, New York, 1987), pp. 78, 82; United Nations, *First Marriage: Patterns and Determinants*（UN, New York, 1988）。

21. The World Bank, *World Development Report 1984*（Oxford University Press, New York, 1984), pp. 115–116. United Nations, *Fertility Behavior*, p. 78. 也见 P. Xenos and S. A. Gultiano, *Trends in Female and Male Marriage and Celibacy in Asia*, in "Papers of the Program in Population", no. 120（East-West Center, Honolulu, 1992）; C. Westoff, A. K. Blanc and L. Nyblade, *Marriage and Entry into Parenthood*, DHS Comparative Studies, no. 10（1994）。

22. Mboup and Saha, *Fertility Levels*; J. Bongaarts, "The Fertility Impact of Changes in the Timing of Childbearing in the Developing World", Working Paper, no. 120（Population Council, New York, 1999); "World Marriage Patterns 2000", *Population Newsletter*（December, 1999); United Nations, *World Population Monitoring. Reproductive Rights and Reproductive Health*（UN, New York, 2003), pp. 133–135. United Nations, *World Fertility Report 2013*, pp. 37–41.

23. W. P. Mauldin and S. J. Segal, "Prevalence of Contraceptive Use: Trends and Issues", *Studies in Family Planning* 19（1988），p. 340. 当然，这些措施只提供了一个非常笼统的画面，因为各种避孕方法的有效性部分取决于避孕方法本身（避孕药和宫内节育器是非常有效的，而性交中断和节欲则不太有效），部分取决于夫妇的意愿和频率。M. Garenne, "Trends in marriage and contraception in sub-Saharan Africa: A longitudinal perspective on factors of fertility decline",（DHS Analytical Studies, No. 42. ICF International Rockville, Maryland, 2014）.

24. United Nations, *Fertility Behavior*, p. 133.

25. 数据可在线获取，http://www.dhsprogram.com/。

26. The World Bank, *World Development Report 1984*（New York, Oxford University Press, 1984）, pp. 115–116.

27. 20世纪40年代以来的经验表明，结婚年龄的增长对生育率的降低影响相对较小，而且是渐进的。

28. R. D. Lee and R. A. Bulatao, "The Demand for Children: A Critical Essay", in R. D. Lee and R. A. Bulatao, eds., *Determinants of Fertility in Developing Countries*, vol. 1（Academic Press, New York, 1983）.

29. 关于养育孩子的成本的不同解释，见J. C. Caldwell, "Direct Economic Costs and Benefits of Children"和P. H. Lindert, "The Changing Economic Costs and Benefits of Having Children", 两者均在Lee and Bulatao, *Determinants of Fertility*。

30. The World Bank, *World Development Report 1984*, p. 52.

31. M. Cain, "Risk and Insurance: Perspectives on Fertility and Agrarian Change in India and Bangladesh", *Population and Development Review*

7: 3（1981）. 关于父母对子女养老的期望，参见：A. I. Hermalin and Li-Shou Yang, "Levels of Support from Children in Taiwan: Expectations Versus Reality", *Population and Development Review* 30: 3（2004）。

32. 这实际上只适用于发展中国家。在西方，几乎所有的生育转型都是通过传统的方法进行的，比如性交中断。事实上，直到第二次世界大战之后，在西方大部分地区，生育控制方法的推广和广告都是非法的。

33. United Nations, *Report of the United Nations World Population Conference*（UN, New York, 1975）.

34. United Nations, *Report of the International Conference on Population*, 1984（UN, New York, 1984）.

35. United Nations, International Conference on Population and Development, *Programme of Action*, Cairo, 1994. 关于1994年之后的国际行动，可见 United Nations, *Review and Appraisal of the Progress Made in Achieving the Goals and Objectives of the Programme of Action on the International Conference on Population and Development*（UN, New York, 2004）; UNFPA, *ICPD at 15 – Report. Looking Back, Moving Forward*（UN, New York, 2011）。

36. J. Bongaarts, *The Role of Family Planning Programs in Contemporary Fertility Transition*, Working Paper, no. 71（Population Council, New York, 1995）.

37. 关于未满足需求，见 J. Bongaarts and J. Bruce, *The Causes of Unmet Need for Contraception and the Social Content of Services*, Working Paper, no. 69（Population Council, New York, 1994）; C. F. Westoff and A. Bankole, *Unmet Need: 1990—1994*, DHS Comparative Studies, no. 16（Macro

International, Calverton, MD, 1995)。United Nations, *World Fertility Report 2013*, pp. 42–43.

38. P. W. Mauldin and J. A. Ross, "Family Planning Programs: Efforts and Results", *Studies in Family Planning* 22: 6 (1991).

39. J. Bongaarts, *The Fertility Impact of Family Planning Programs* (Population Council, New York, 1993), p. 4.

40. 46个国家中有22个来自撒哈拉以南非洲，10个来自亚洲和北非，10个来自拉丁美洲，4个来自欧洲。

41. 针对有效地批评传统观点和以需求为导向的方法，见 L. H. Pritchett, "Desired Fertility and the Impact of Population Policies", *Population and Development Review* 20: 1 (1994)。

42. 避孕普及率是指15—49岁已婚妇女中使用任何方法避孕的百分比。意愿生育率与"期望生育率"的概念很接近，但并不完全相同。这可以根据对DHS调查问题的回答来评估："如果你能回到还没生孩子的时候，你会选择生几个孩子？"用实际生育的孩子数量减去超过每个妇女期望的孩子数量，就可以计算出期望总生育率。回答期望生育率问题显然受到母亲过去行为合理化的影响。或者，通过回答未来生育愿望问题，可以间接估计意愿生育率。这个答案指的是未来，而不是过去，不受事后合理化的影响。对想要更多孩子的妇女来说，过去的生育被归类为意愿，通过其他的调整，可以估算出意愿总生育率。关于期望生育率，见 C. Westoff, "Reproductive Preferences: A Comparative View", *Demographic and Health Surveys, Comparative Studies*, no. 3 (IRD/Macro Systems, Columbia, MD, 1991)。意愿生育率的概念，见 J. Bongaarts, "The Measurement of Wanted Fertility", *Population and Development Review* 16: 3 (1990)。关于各种措施的讨论，见 Pritchett, "Desired Fertility"。

43. 定义为（$TFR-WTFR$）/ TFR × 100。

44. Pritchett, "Desired Fertility", p. 15. For a contrary view, see B. Feyisetan and J. B. Casterline, *Fertility Preferences and Contraceptive Change in Developing Countries*, Working Paper, no. 130（Population Council, New York, 1999）.

45. P. Demeny, "Policies Seeking a Reduction of High Fertility", in United Nations, *Population Policies and Programmes*（UN, New York, 1993）.

46. "Law and Policy Affecting Fertility: A Decade of Change", *Population Reports*, series E（Nov. 1984）, p. E–117.

47. A. Mitra, "National Population Policy in Relation to National Planning in India", *Population and Development Review* 3: 3（1977）; A. J. Coale, "Population Trends in India and China", *Proceedings of the National Academy of Sciences* 80（1983）, p. 1, 759.

48. Mauldin and Segal, "Prevalence of Contraceptive Use", Table A.3.

49. K. Singh, "National Population Policy: A Statement of the Government of India", P*opulation and Development Review* 2: 2（1976）.

50. Mitra, "National Population Policy in India", p. 207.

51. United Nations, *Population Policy Briefs: The Current Situation in Developing Countries*, 1985（New York, 1986）.

52. Coale, "Population Trends", p. 1, 760.

53. United Nations, *Review of Recent Demographic Target-Setting*（New York, 1989）, pp. 96–108.

54. D. Banrji, "Population Policies and Programmes in India during the Last Ten Years", in S. N. Singh, M. K. Premi, P. S. Bhatia, and A. Bose, eds., *Population Transition in India*, vol. 1 (B. R. Publishing, New Delhi, 1989), p. 49.

55. 1989年9月20日，拉吉夫·甘地在新德里举行的第21届国际人口科学研究联合会（IUSSP）大会开幕式上的讲话："然而，在很大程度上，我们的计划生育方案在全国各地或多或少是统一的。实际上，在人口增长率高的地区和人口增长低的地区也是同样的一揽子方案……每对夫妇对理想家庭规模的看法，尤其是女性的看法……受当地社区或邻里的期望和精神影响最大。这怎么可能由一个中央机构单独决定？"

56. *Populi* 22: 4 (1995), p. 2; East-West Center, "New Survey Finds Fertility Decline in India", *Asian Pacific Population Policy* 32 (Jan.-Feb. 1995); International Institute for Population Studies and ORC Macro, *National Family Health Survey* (NFHS-2), *India*, 1998—1999 (IIPS, Mumbai, 2000), *National Family Health Survey* (NFHS-2), *India*, 2005—2006; "India Considers Adopting Family Planning Incentives", *Popline* 22 (Mar.-Apr. 2000). Ministry of Health and Family Welfare, *National Health Policy* 2015, New Delhi, 2014, http://www.mohfw.nic.in/WriteReadData/l892s/35367973441419937754.pdf, accessed July 22, 2016.

57. 关于20世纪80年代中国人口政策研究见 M. Aglietti, *La politica di pianificazione familiar in Cina dalla Fondazione della Repubblica a oggi* [*The Family Planning Policy in China from the Founding of the Republic to the Present Day*], degree thesis in Demography, Political Science Faculty, University of Florence, 1987。也见 T. Scharping, *Birth Control in China*,

1949—2000（RoutledgeCurzon, London and New York, 2003）; "Population and Birth Planning in the People's Republic of China", *Population Reports*, series J（January–February 1982）; J. Banister, *China's Changing Population*（Stanford University Press, Stanford, CA, 1987）.

58. Aglietti, *La politica*, p. 20.

59. Aglietti, *La politica*, p. 28.

60. Aglietti, *La politica*, pp. 152–153.

61. "Population and Birth Planning in China", p. 590.

62. Aglietti, *La politica*, p. 217.

63. K. Hardee-Cleaveland and J. Banister, "Fertility Policy and Implementation in China", *Population and Development Review* 14: 2（1988）, p. 247.

64. "China's Experience in Population Matters: An Official Statement", *Population and Development Review* 20: 2（1994）; 1994年3月28日, 中国驻联合国人口委员会代表彭玉在联合国人口委员会第27届会议上发言, 提到了官方人口政策指导方针。

65. Jiali Li, Population Council Working Paper no. 65（1994）. 在1983—1988年允许河北省农村生育二胎或更多子女的农村夫妇中, 有33%是因为第一个孩子死亡或残疾; 7%是由于再婚; 25%是因为这对夫妇生活在偏远地区或有特殊情况（少数民族或当过矿工、残疾等）; 14%是因为获得了"特别许可"; 21%是因为希望有一个可以继承家业的男孩。

66. S. Greenhalgh, C. Zhu and N. Li, "Restraining Population Growth in Three Chinese Villages", *Population and Development Review* 20: 2（1994）.

67. Greenhalgh et al., "Restraining Population Growth", pp. 382–389.

68. 关于中国最近的人口和政策趋势的调查, 见 Wang Feng, "Can

China Afford to Continue Its One-Child Policy?", *Asia Pacific Issues* 77(March, 2005); T. Scharping, *Birth Control in China*; Zeng Yi, "Options for Fertility Policy Transition in China", *Population and Development Review* 33：2 (2007); Gu Baochang, Wang Feng, Guo Zhizang and Zhang Erli, "China's Local and National Fertility Policies at the End of the Twentieth Century", *Population and Development Review* 33：1(2007); S. P. Morgan, Z. Guo and S. R. Hayford, "China's Below Replacement Fertility: Recent Trends and Future Prospects", *Population and Development Review* 25：3（2009）; Y. Cai, "China's Below Replacement Fertility: Government Policy or Socio-Economic Development?", *Population and Development Review* 36：3（2010）; Y. Cai, F. Wang, Z. Zheng and B. Gu, "Fertility Intention and Fertility Behavior: Why Stop at One?", paper presented at the Population Association of America meeting, Dallas, TX, April 15–17, 2010; Z. Zhao, "Closing a Sociodemographic Chapter of Chinese History", *Population and Development Review*, 41：5（2015）。

69. 中共十八届五中全会公报，新华社北京，2015年10月29日。Zhao, "Closing a Sociodemographic Chapter"。

70. Coale, "Population Trends", p. 1, 761.

71. 费蒂利亚和斯特里利亚的名字和想法来自一位著名学者，参见J. E. Meade, "Population Explosion, the Standard of Living and Social Conflict", *Economic Journal* 77（1967）。有关费蒂利亚和斯特里利亚两个岛屿的例子见239—242页，包括许多关于人口增长和经济发展关系的深刻观察。

72. 所列国家见注释2。

73. 对于人口与经济发展的关系，罗贝尔·卡桑（Robert Cassen）写道:"单一经济学似乎表明,从长远来看,人口增长较快的国家最终将以较低的人均收入收场……但迄今为止,无论是理论还是计量经济学都无法毫无疑问地证明这种关系。"见 R. Cassen, "Overview", in R. Cassen, ed., *Population and Development: Old Debates, New Conclusions*(Transaction Publishers, Oxford, 1994), pp. 10—11。对于安斯利·科尔而言,人口与经济增长之间缺乏关联是由于这样一个普遍的事实,即人口增长是出生率和死亡率之间的差异(不考虑人口迁移),而这两者均与发展梯度具有强烈的反比关系。结果,在不同的发展水平上可能出现相同的人口增长速度,从而模糊了任何与经济增长速度的明显联系。见 A. Coale, "Population Trends and Economic Development", in J. Menken, ed., *World Population and the U.S. Policy: The Choices Ahead*(W. W. Norton, New York, 1986)。

74. 关于这一主题有大量文献。我将列举一些在我看来对它们的广泛范围和系统性方法都至关重要的成果:The World Bank, *World Development Report 1984*, esp. chapters 5 and 6; G. McNicoll, "Consequences of Rapid Population Growth: An Overview and Assessment", *Population and Development Review* 10: 2(1984); E. Hammel et al., *Population Growth and Economic Development: Policy Questions*(National Academy Press, Washington, DC, 1986); A. C. Kelley, "Economic Consequences of Population Change in the Third World", *Journal of Economic Literature* 26, 1685–1728(1988); Cassen, *Population and Development*; A. C. Kelley and R. M. Schmidt, "Economic and Demographic Change: A Synthesis of Models, Findings and Perspectives", in N. Birdsall, A. C. Kelley and S. W. Sinding, eds., *Population Matters*(Oxford University Press, New York, 2001); D. D. Headey and A. Hodge, "The Effect of Population Growth on Economic

Growth", *Population and Development Review* 35: 2 (2009)。根据这些作者的文献回顾，1980年以后人口增长与经济发展之间的负相关关系更加突显。

75. 关于这一点和接下来的几点，见 A. J. Coale and E. M. Hoover, *Population Growth and Economic Development in Low-Income Countries* (Princeton University Press, Princeton, NJ, 1958), pp. 19–20。

76. R. Eastwood and M. Lipton, "Demographic Transition in Sub-Saharan Africa: How Big Will the Demographic Dividend Be?", *Population Studies* 65: 1 (2011)。

77. J. Bauer, "Demographic Change and Asian Labor Markets in the 1990s", *Population and Development Review* 16: 4 (1990), p. 631.

78. Coale and Hoover, *Population Growth*, p. 25.

79. 一项针对一组发展中国家的研究表明，将劳动力的平均受教育量增加1年，可使GDP增长9%，但这种提高速度仅适用于教育的前3年，此后每增加1年的教育，收益将减少至约4%。见 The World Bank, *World Development Report 1991* (Oxford University Press, New York, 1991), p. 43。

80. Coale and Hoover, *Population Growth*, p. 285.

81. Coale and Hoover, *Population Growth*, p. 25.

82. 关于规模因素在制造业中的最小关联性，见 National Research Council, *Population Growth*, p. 52。

83. The World Bank, *World Development Report 1991* (Oxford University Press, New York, 1991), p. 45. 也见 E. F. Denison, *Trends in American Economic Growth* (Brookings Institution, Washington, DC, 1985)，他估计

在 1929 年至 1982 年之间资本积累对美国 GDP 增长的贡献不到 1/5。也见 A. Maddison, *Phases of Capitalism Development*（Oxford University Press, Oxford, 1982）, pp. 23–24; Kelley, "Economic Consequences of Population Change", pp. 1, 704–705。

84. National Research Council, *Population Growth*, pp. 40–46.

85. The World Bank, *World Development Report 1995*（Oxford University Press, New York, 1995）, Table 9. 印度、南亚和其他国家参见 http://data.un.org/Explorer.aspx。

86. Y. Hayami and V. W. Ruttan, "The Green Revolution: Inducement and Distribution", *Pakistan Development Review* 23, 38–63（1984）; 也见 The World Bank, *World Development Report 1993*, p. 135, 针对面积和产量变化对谷物生产的贡献的区域性进行了估计。

87. P. L. Pingali and H. R. Binswangen, "Population Density and Agriculture Intensification: A Study of the Evolution of Technologies in Tropical Agriculture", in D. G. Johnson and R. D. Lee, eds., *Population Growth and Economic Development*（University of Wisconsin Press, Madison, 1987）.

88. Kelley, "Economic Consequences of Population Change", pp. 1, 712–715.

89. T. P. Schultz, "School Expenditures and Enrollments, 1960—1980: The Effects of Income, Prices and Population Growth", in Johnson and Lee, *Population Growth*; 也见 J. G. Williamson, "Human Capital Deepening, Inequality and Demographic Events along the Asia-Pacific Rim", in N. Ogawa, G.W. Jones and J. G. Williamson, eds., *Human Resources in Development along the Asia-Pacific Rim*（Oxford University Press, Singapore, 1993）;

Crook, *Principles of Population*, pp. 203–205。

90. A. Cammelli, "La Qualità del Capitale Umano [The Quality of Human Captial]", in M. Livi-Bacci and F. Veronesi Martuzzi, eds., *Le Risorse Umane del Mediterraneo [Mediterranean Human Resources]*（Il Mulino, Bologna, 1990）.

91. 人口增长和储蓄之间的关系，可见 A. Mason, "Saving, Economic Growth, and Demographic Change", *Population and Development Review* 14: 1（1988）; Kelley, "Economic Consequences of Population Change", pp. 1, 706–708; The World Bank, *World Development*, pp. 82–84。

92. A. V. Chayanov, *The Theory of Peasant Economy*（Irwin, Homewood, IL, 1966）.更有系统更新的疗法，参见 J. Simon, *The Economics of Population Growth*（Princeton University Press, Princeton, NJ, 1977）, pp. 185–195。

93. National Research Council, *Population Growth*, p. 43.

94. National Research Council, *Population Growth*, pp. 43–45; Kelley, "Economic Consequences of Population Change", pp. 1706–1707.

95. Simon, *Economics of Population Growth*, pp. 262–277.

96. 这些考虑是显而易见的，因为它们经常被遗忘，见 J. Sachs, *Tropical Underdevelopment*, NBER, Working Paper, no. 8119（Cambridge, MA, 2001）; J. Sachs, *The End of Poverty: How We Can Make it Happen in Our Lifetime*（Penguin, London, 2005）。

97. Kelley, "Economic Consequences of Population Change", p. 1715. 也见 A. C. Kelley and W. P. McGreevey, "Population and Development in Historical Perspective", in Cassen, *Population and Development*。为了维持发展而要实现人口目标的观点，请参见 United Nations, *Population Challenges*

and Development Goals（UN，New York，2005）。

延伸阅读

J. Banister，*China's Changing Population*（Stanford University Press，Stanford，CA，1987）.

R. A. Bulatao and R. D. Lee, eds., *Determinants of Fertility in Developing Countries*, 2 vols.（Academic Press，New York，1983）.

J. Casterline, "The Onset and Pace of Fertility Transition: National Patterns in the Second Half of the Twentieth Century", *Population and Development Review*（supplement to vol. 27, 2001）.

A. J. Coale and E. M. Hoover, *Population Growth and Economic Development in Low-Income Countries*（Princeton University Press，Princeton，NJ，1958）.

K. Davis, *The Population of India and Pakistan*（Russell & Russell，New York，1968 [1951]）.

A. Deaton, *The Great Escap: Health, Wealth and the Origins of Inequality*（Princeton University Press，Princeton，2013）.

R. D. Lee and D. S. Reher, eds., "Demographic Transition and Its Consequences", *Population and Development Review*（supplement to vol. 37, 2011）.

M. R. Montgomery and B. Cohen, eds., *From Death to Birth: Mortality Decline and Reproductive Change*（National Academy Press，Washington，DC，1998）.

A. Sen, *Poverty and Famines* (Clarendon Press, Oxford, 1981).

Xizhe Peng, ed., *The Changing Population of China* (Blackwell, Oxford, 2000).

WHO, *World Health Report 2010* (Geneva, 2011).

第6章

未　来

The Future

人口和自我调节

两个世纪前，在实现更大的人口秩序和效率的过程中，人口开始了前所未有的增长周期；尽管富裕国家的这一周期已经结束，但贫穷国家的人口增长周期仍在如火如荼地进行中。随着蒸汽机彻底改变了运输方式，世界人口突破了10亿大关。第一次世界大战之后，人口达到20亿，而飞机已成为一种越来越普遍的运输工具。在航空航天时代之初，世界人口达到了30亿。当人口分别在1974年和1987年达到40亿和50亿的时候，类似的运输革命却没有发生。1998年世界人口达到60亿，2012年达到70亿。许多人口统计学家打赌世界人口将在2023年达到80亿，他们肯定会获胜。当前年轻人的年龄结构和高生育率确保了在这个时间范围内，世界人口能够轻松达到这一水平。长期预测失去了确定性，甚至完全变成纯粹的数学问题。但这种不确定性不会阻止我们探讨21世纪的潜在人口增长。

许多人将这种增长过程看作弹簧，它被压缩得越来越紧，稍一触动就会释放积聚起来的毁灭性力量。从经济学的角度来看，收益递减必然会降低生活水平，因为土地、水、空气和矿物都是固定不变的有限资源，只能部分地被替代，因此必然会限制人口增长。从工业扩张造成的污染以及与农业、工业、住宅和其他人类活动的增加相关的总体生态退化来看，人口增长与环境恶化之间的联系似乎也很明显。鉴于粮食生产不可能无限扩大，以及个人、群体和民族之间为了寻求更高的生活水平而不可避免地发生竞争和冲突，人口增长对健康和社会秩序也造成了威胁。

相反，另一群人则完全相信人口有巨大的调整能力。他们指出，技术进步可以替代主要资源并促进农业生产不断增长。此外，能源、主要资源和粮食的相对价格正处于历史低位，在任何情况下，市场都会通过提高价格来应对稀缺性，从而刺激技术进步，提高生产率和发展替代资源。目前人类不受管制的生产成本普遍以环境恶化的形式支付，人口乐观主义者坚持认为这些成本可以"内部化"，即由负有责任的人来承担。他们的最后论点是，由于科学和经济的发展，世界人口的物质和经济状况正在不断改善，没有理由担心这种情况会改变。

我们很难在这两种预测未来的模式中做出选择。我们再次回到了马尔萨斯模式，它是上述论点的更激进的版本，这似乎是灾难论者与乐观主义者辩论的卷土重来。但辩论没有抓住问题的关键，如果采用前面几章提到的替代方法也许可以更好地理解这个问题。我将人口史描述为约束和选择这两种力量之间的不断妥协。不利的环境、疾病、可用粮食和能源的限制以及危险的环境形成了各种约束。选择包括灵活的婚姻和生育策略、流动、迁移和定居以及防御疾病的策略。约束与选择的相互作用不断改变了人口均衡点，并产生了长期的增长周期，也产生了停滞和倒退的时期。持续不断地寻求动态平衡不应被视为最大限度地减少痛苦和损失的自发调节机制的产物，而应该是一个艰难的适应过程，在这个过程中那些更有弹性的人口得到激励，而那些较脆弱和停滞的人口则受到惩罚。许多人口成功地实现了自我调控，而其他人口要么没有做到，要么调整得太晚，付出了沉重的代价——死亡率上升、人口退化，甚至灭绝。还有一些人口因错误的决策削弱了防御灾难的能力，从而增加了脆弱性。[1]

展望未来，我们不仅应反思未来几十年人口的大规模增长以及更长远的预期增长，还应反思人类可用的"选择"机制，以及它们是否足以应对客观约束，是否比过去更有效率。

未来的人口数量

我已经提到，当今人口的特征是发展势头强劲，因此对未来几十年的人口预测是相当合理的。例如，到2035年，年龄在20岁以上的人口是2015年之前出生的那几代人，也就是说这些人已经出生并被统计过。只需要在此基础上减去死亡率，而死亡率是相当稳定的。但2015—2035年间出生的20岁以下人口规模是未知数，这取决于两个变量。第一个变量是育龄人口的规模，这不是一个秘密，在未来20年进入生育期的人都已经出生。第二个未知的变量是这部分人口的生育意愿，在这一点上，我们只能猜测。从长远来看，即使预测是基于复杂的具有美学吸引力的方法论，预测也变得越来越不确定，并且预测只能说明未来可能的情形，而不是对未来的现实探索。在此我们不考虑这么多，我仅举例说明到21世纪末的人口预测，差不多是未来的三代人。这些预测基于对尚未出生的女性（和男性）生育行为的假设，以及对他们的孩子和他们孩子的孩子的生育行为的假设，在未来30、60或90年的社会环境中，他们将做出自己的决定。

在较短的时间内，比如从现在起几十年内，人口变化的巨大惯性会让人口预测变得容易。我们可以用几种方法来衡量人口惯性（或动量）。[2] 其中一种是想象人们从今天起开始采用更替生育率，而不是放弃更替生育率——更替生育率最终将导致人口趋于稳定（零增长），同时保持死亡率固定不变，净迁移为零。但如果所讨论的人口直到最近才具有高水平的生育率，并因此具有年轻的年龄结构（与许多发展中国家一样），那么它将在一定时期内继续增长。在接下来的几十年中，许多最近出生的孩子将进入生育年龄，即使他们每个人生育的子女很少，但由于他们数量众多，他们仍将生育大量的婴儿。新生人口数量将远远超过死亡人数，因为后者主要来自老年人，而老年人属于几十年前出生的人数较少的那几代人，当时的人口远远少于今天。随着在新生育制度下出生的人达到生育年龄，出生人数将逐渐下降，直到与死亡人数持平。例如，根据联合国的预测（中位数变量，2015年修订版），预计在2015—2050年间，贫穷国家的人口将从61亿增加到84亿。即使在更替生育率水平，贫穷国家的人口仍将在2050年增长到79亿。这18亿人口的增长——而不是预期的23亿——是当前年轻的年龄结构或当前惯性的结果。

联合国在一段时间内对世界人口的演变做出了准确的预测，并进行了定期修订。[3] 表6-1包括到2100年的主要回顾性预测和所谓的中位数变量预测的结果。后者基于生育率和死亡率的演变，被认为是最合理的，即较不发达国家的生育率将继续下降，从2010—2015年的每名妇女生育2.65个孩子下降到2045—2050年的2.15个，同一时期的平均预期寿命将从69岁增加至75岁；至于发达国家，预计将有适度的生育率恢复（从1.7个到1.9个），平均预期寿命会进一步增加（从78岁到83岁）。

这项预测最有趣的结果如下：

1. 世界人口将在2023年达到80亿，在2037年达到90亿。[4]

2. 世界人口增长率在2010—2015年间为1.1%，到2045—2050年将逐渐下降到0.4%。

3. 然而，这种下降速度基于的人口数量非常庞大，因此人口增长从2010—2015年间的8400万逐渐下降到2045—2050年间的5400万。

4. 2050年的目标人口为97亿，这取决于预期生育率的下降，就整个世界而言，生育率应从2010—2015年的总生育率预估值

2.51 下降到 2045—2050 年的预估值 2.25。在此期间结束时，总生育率高于或低于 2.25 这一目标都将意味着到 2050 年增加或减少大约 2.2 亿居民。

5. 在 2010—2050 年间，世界人口增长几乎全部来自发展中国家。

6. 地理人口变化将是巨大的：在 2015—2050 年之间，发达国家在世界人口中所占的份额将从 17% 下降到 13.2%，而欧洲人口所占比重将以更快的速度从 10% 下降到 7.3%。贫穷大陆的人口增长将不均衡，非洲人口的比重将从 16.1% 增加到 25.5%。

7. 联合国大胆地预测了 21 世纪末的人口状况。世界人口将在 2056 年达到 100 亿大关，在 2088 年达到 110 亿大关，在 2100 年达到 112 亿大关，到那时增长率几乎保持稳定，接近于零。在 2100 年，全球 10 个居民中有 4 个居住在非洲，是目前比例的 2.5 倍。

表 6-1　根据联合国估计和预测的世界和大陆人口（1950—2100 年）

	1950	2000	2015	2050	2100
世界	2 525	6 127	7 349	9 725	11 213
较发达国家	812	1 189	1 251	1 286	1 277
欠发达国家	1 712	4 938	6 098	8 439	9 936
非洲	229	814	1 186	2 478	4 387
北非	49	172	224	355	452
撒哈拉以南地区	180	642	962	2 123	3 935

续表

	1950	2000	2015	2050	2100
亚洲	1 394	3 714	4 393	5 267	4 889
中国	544	1 270	1 376	1 348	1 004
印度	376	1 053	1 311	1 705	1 659
其他地区	474	1 391	1 706	2 214	2 226
欧洲	549	726	738	707	646
北美洲	172	314	358	433	500
拉丁美洲与加勒比海地区	169	527	634	784	721
大洋洲	13	31	39	57	71
分布百分比 %					
世界	100	100	100	100	100
较发达国家	32.2	19.4	17.0	13.2	11.4
欠发达国家	67.8	80.6	83.0	86.8	88.6
非洲	9.1	13.3	16.1	25.5	39.1
撒哈拉以南地区	1.9	2.8	3.0	3.7	4.0
其他地区	7.1	10.5	13.1	21.8	35.1
亚洲	55.2	60.6	59.8	54.2	43.6
中国	21.5	20.7	18.7	13.9	9.0
印度	14.9	17.2	17.8	17.5	14.8
其他地区	18.8	22.7	23.2	22.8	19.9
欧洲	21.7	11.8	10.0	7.3	5.8
北美洲	6.8	5.1	4.9	4.5	4.5
拉丁美洲与加勒比海地区	6.7	8.6	8.6	8.1	6.4
大洋洲	0.5	0.5	0.5	0.6	0.6

续表

	1950	2000	2015	2050	2100
年增长率%					
世界		1.8	1.2	0.8	0.3
较发达国家		0.8	0.3	0.1	0.0
欠发达国家		2.1	1.4	0.9	0.3
非洲		2.5	2.5	2.1	1.1
撒哈拉以南地区		2.5	1.8	1.3	0.5
其他地区		2.5	2.7	2.3	1.2
亚洲		2.0	1.1	0.5	−0.1
中国		1.7	0.5	−0.1	−0.6
印度		2.1	1.5	0.8	−0.1
其他地区		2.2	1.4	0.7	0.0
欧洲		0.6	0.1	−0.1	−0.2
北美洲		0.6	0.1	−0.1	−0.2
拉丁美洲与加勒比海地区		1.2	0.9	0.5	0.3
大洋洲		2.3	1.2	0.6	−0.2

注：2015 年和 2050 年，联合国预测的中位数变量。
资料来源：United Nations, *World Population Prospects: The 2015 Revision* (UN, New York, 2015)。

20 世纪 50 年代以来人口的急剧增长和变化以及对未来几十年人口的预测，将大大改变世界上人口最多的国家的排名（表 6-2）。1950 年，进入人口前 10 名的国家有 4 个欧洲国家，还有美国和日本 2 个发达国家。在这些国家中，只有美国在 2050 年时仍然在前 10 行列，可见西方在世界"地理人口学"中将走向衰落。1950 年没有一个非洲国家进入前 10 名，但 2050 年人口最多前 10 个国

表6-2 世界上人口最多的10个国家（1950—2100年）

	1950 国家	人口（百万）	2000 国家	人口（百万）	2050 国家	人口（百万）	2100 国家	人口（百万）
1	中国	544	中国	1 270	印度	1 705	印度	1 659
2	印度	376	印度	1 053	中国	1 348	中国	1 004
3	美国	158	美国	283	尼日利亚	399	尼日利亚	752
4	俄罗斯联邦	103	印度尼西亚	212	美国	389	美国	450
5	日本	82	巴西	176	印度尼西亚	322	刚果民主共和国	389
6	德国	70	俄罗斯联邦	146	巴基斯坦	310	巴基斯坦	364
7	印度尼西亚	70	巴基斯坦	138	巴西	238	印度尼西亚	313
8	巴西	54	孟加拉国	131	孟加拉国	202	坦桑尼亚	299
9	英国	51	日本	126	刚果民主共和国	195	埃塞俄比亚	243
10	意大利	47	尼日利亚	123	埃塞俄比亚	188	埃及	209
	世界前10总计	1 555		3 658		5 296		5 296
	世界总计	2 525		6 127		9 725		11 213
	世界前10占比	61.6		59.7		54.5		50.7

注：2050年和2100年联合国预测，中位数变量。人口是指目前的境内。

家包括了尼日利亚、刚果民主共和国和埃塞俄比亚。巴基斯坦在1950年仅排在第13位，它在2050年将排在第6位。而在2050年，印度将取代中国成为世界上人口最多的国家。

世界各国发展态势各不相同，因此传统上处于冲突或相互联系的人口之间的数量比率将发生变化。尽管国家之间的关系主要受政治、文化和经济因素的影响，但国家间的相对人口规模如果发生了重大变化，必然也会产生影响。[5] 例如，格兰德河将北美洲的富裕世界与墨西哥和中美洲的贫穷世界隔离开来。这两个地区的人口比例在1950年为4.6∶1，在2050年将是2.1∶1。很难想象人口发生了这样重大的变化却不会改变国家间的关系。1950年，地中海北岸的人口数量是南岸和东部沿海穷国人口的2.1倍。到2050年，这一比例将为0.4∶1。这种逆转必然会带来某些后果。实际上，持续的动荡也是人口转型的结果。传统上处于竞争或冲突并且人口以不同速度增长的国家有哪些呢？土耳其和希腊、巴西和阿根廷、以色列和附近的阿拉伯国家（或其境内的阿拉伯人口），还有中国和印度。

预测未来人口意味着需要假设未来几十年里的生育、生存和移民情况。联合国预测人口时使用的主要假设是不同国家之间行为的会"趋同"：生育率过高的地方会下降，生育率过低的地方则会上升；各地的生存率都会得到改善，但在预期寿命高的地方，生存率改善的步伐较慢，在预期寿命低的地方，生存率改善的步伐较快；移民输出国和移民接收国的移民占比都将逐渐下降。借助适当的技术，2010—2050年间的人口变化可以分解为四个组成部分：生育率、死亡率、移民占比和初始年龄结构。如果死亡率保持在2010年的水平并且净迁移等于零，则可以计算出2050年的人口数量，从而得出生育率的贡献。死亡率的贡献（生育率保持在2010年的水平，移民为零）的计算方法与此类似。最后，计算初始（2010年）年龄结构（也称为人口的"惯性"或"动量"）的贡献，将2010—2050年的生育率水平设定为更替水平，并假设死亡率在整个时期保持在2010年的水平固定不变，净迁移量为零。对驱动未来人口趋势的因素发挥的作用进行量化，有助于我们制定平衡人口变化与社会、经济和环境目标的政策与方案。[6]

表6–3描述了这些因素的作用，包括较发达地区和较不发达地区，以及日本、尼日利亚、中国、印度、巴西和美国6个人口大国。从2010年到2050年，全球人口将增长40%，其中大部分增长（+26%）归因于人口惯性或当前的年轻人口结构；生育率（+8%）和死亡率（+6%）也会发挥作用，而移民的影响为零。以尼日利亚为例，总人口增长率为151%，对未来人口增长的贡献最大的是生育率（+107%），其次是惯性（+39%），而死亡率（下降）对人口增长的贡献为+7%，移民只会略微抵消增长率（-2%）。显然，旨在减缓人口快速增长的政策必须集中精力控制生育率。另一方面，日本将在2010年至2050年之间减少2000万居民，人口将下降16%，其中惯性（老龄化的人口结构）造成人口减少11%，低生育率将使人口减少12%，而进一步下降的死亡

表6-3 2010年和2050年世界各区域和选定国家的人口及其对移民、生育率、死亡率和增长动力的贡献

世界主要地区和国家	人口 2010（千）	人口 2050（千）	人口变化 2010—2050（千）	对2010年人口的影响 发展趋势	对2010年人口的影响 死亡率	对2010年人口的影响 生育率	对2010年人口的影响 移民	对2010年人口的影响 总计	对人口构成的影响 对2010—2050年人口变化的影响 发展趋势	死亡率	生育率	移民	总计
世界	6 929 724	9 725 147	2 795 423	26	6	8	0	40	63	16	20	0	100
发达地区	1 233 375	1 286 421	53 046	-2	6	-10	10	4	-44	135	-229	238	100
欠发达地区	5 696 349	8 438 726	2 742 377	32	7	12	-2	49	66	14	25	-5	100
撒哈拉以南非洲	840 390	2 123 232	1 282 842	45	10	101	-3	153	29	6	66	-2	100
日本	127 300	107 411	-19 908	-11	5	-12	2	-16	69	-33	79	-14	
尼日利亚	159 425	398 508	239 083	39	7	107	-2	151	26	4	71	-2	100
中国	1 340 969	1 348 056	7 088	12	7	-18	-1	0	2 300	1 362	-3 329	-233	100
印度	1 230 985	1 705 333	474 348	36	6	-1	-2	39	93	15	-4	-5	100
巴西	198 614	238 270	39 656	28	8	-16	0	20	140	40	-80	0	100
美国	309 876	388 865	78 989	8	5	-5	18	26	30	21	-21	70	100

资料来源：联合国，http://www.un.org/en/development/desa/population/theme/trends/dem-comp-change.shtml。

率(+5%)和移民(+2%)会抵消部分的人口减少。政策对于老龄化的人口结构无能为力，而日本的死亡率已经是世界最低水平。但是，如果要限制人口下降的幅度，日本可以制定政策设法提高生育率和移民人数。

南北分界线与国际移民

第一次世界大战前的半个世纪中，全球化进程不仅包括经济全球化，还包括人口全球化。资金流动和商品贸易伴随着数千万人从欧洲跨洋移民，从一个人力资源丰富、土地贫乏的地区转移到土地资源丰富、人力资源贫乏的地区。在移民过程结束时（请参见第4章），欧洲和美洲之间更加紧密、更加趋同、更加富裕。[7]这不是一场零和博弈，尽管成本由领导者承担，特别是在移民过程的初始阶段。当前的全球化阶段与一个世纪前有着不同的特征。国家之间的经济一体化迅速发展：1950年，在国际市场上交换的商品价值约为全球GDP的1/10，而今天已经达到1/4。但相对而言，人口在国家、地区和大洲之间迁移比全球化的前一个阶段要少。贫穷国家移民流出压力巨大、移民的绝对数量增长，而富裕国家极力遏制移民压力，这些听起来可能令人震惊。在20世纪60年代，富国和穷国之间的净人口迁移数量为每年60万，在20世纪七八十年代大约每年翻一番，净人口迁移数量达到每年130万，并在20世纪90年代增长到250万，在21世纪的前10年里，世界净人口迁移数量已达到320万（表6–4）。[8] 这确实是快速的增长，而同期世界人口也翻了一番。在19世纪初，美国人口还不到1亿，在第一次世界大战之前的5年中，每年接收的净移民超过100万。另一个需要考虑的问题是，人口从贫穷国家"转移"到富裕国家已成为结构性特征。任何人口的更新都应归功于新生儿（生物更新）和移民的涌入（社会更新）。在21世纪的前10年中，富裕国家的出生人口数量为1.36亿，移民（净移民）为3200万，总计有1.7亿"新"人构成了社会更新的积极组成部分。换句话说，移民为富裕国家的人口更新做出了实质性贡献（在过去10年中占1/5）。表6–5估计了1960—2015年各大洲的移民人口数量。该表将国家和地区的移民人口定义为生活在该国或该地区，但在其他地方出生或具有外国公民身份（采用两个标准之一）的人口，各个国家和地区的总和即为世界总存量。表中数据只是近似值，因为每个国家对移民的定义都不尽相同，根据这些估计数进行的人口普查在计算移民人数时并不完全精准。在1960年至2015年期间，世界移民人口增加了两倍多（从0.755亿人增加到2.44亿），但是由于同期世界人口的快速增长，每100名居民中的移民数量增加幅度很小（1960年为2.5%，2015年为3.3%）。发展中国家的移民数量下降（从2.1%下降到1.7%），而富裕国家的移民则增长了3倍（从3.4%到11.4%）。在沙特阿拉伯，每100名居民中有32名移民，大洋洲为21名，北美洲为15名，欧洲为10名，而在中国和印度，移民非常少。

表 6-4　1950—2010 年每 10 年世界净移民量（百万）

时期	发达国家	欠发达国家（除去最不发达国家）	最不发达国家	非洲	亚洲	欧洲	北美洲	拉丁美洲和加勒比海地区	大洋洲
1950—1960	0.6	0.5	−1.1	−1.2	1.4	−3.8	2.9	−1.2	0.8
1960—1970	5.7	−4	−1.5	−1.9	0.8	0.1	3.2	−3.5	1.2
1970—1980	13.1	−3.9	−9.2	−4.3	−2.7	4.2	7.9	−5.5	0.4
1980—1990	13.1	−3	−10.1	−3.9	−2.5	4.2	8.2	−6.9	1
1990—2000	25.1	−23	−2.1	−2.2	−14.7	9.1	14.7	−7.6	0.7
2000—2010	32.2	−19.5	−12.7	−3.4	−19.3	16.7	12.5	−8.2	1.7

资料来源：*World Population Prospects: The 2015 Revision*, New York, 2015。

移民现象非常复杂，模型和范例无法完全描述其中的作用机制，因此我们很难预测移民情况。移民的流量和存量是各因素相互作用的结果，如人口在增长上的差异、生活水平的差异、法律法规对移民流动及构成的影响、移出地与移入地的距离，换句话说，人口、经济、政治、自然和地理因素都会影响移民，更不要说自然或政治的例外事件。就未来几十年而言，目前正在起作用的一些因素将继续决定未来的移民流动，我们可以预见一些结果，后文中我们将结合起来讨论。

人口不平等

这个问题已经得到解决：让我们回顾一下，在富裕国家和贫穷国家中，适龄人口的增长率的差距将继续扩大。在富裕国家，

表 6-5　1960—2015 年世界移民存量

年份	世界	较发达国家	欠发达国家
百万			
1960	75.5	32.3	43.2
1965	78.4	35.4	43.0
1970	81.3	38.4	42.9
1975	86.8	42.5	44.3
1980	99.3	47.5	51.8
1985	111.0	53.6	57.4
1990	154.2	82.3	71.9
1995	165.1	94.9	70.2
2000	174.5	103.4	71.1
2005	190.6	115.4	75.2
2010	220.7	129.7	91.0
2013	231.5	135.6	95.9
2015	244.0	142.9	101.1
移民每 1 000 居民			
1960	25.0	34.0	20.8
1965	23.5	35.2	18.4
1970	22.0	36.5	16.3
1975	21.3	38.7	14.9
1980	22.4	41.7	15.7
1985	22.9	45.6	15.6
1990	29.3	71.7	17.6
1995	29.0	80.8	15.5
2000	28.5	86.7	14.4
2005	29.3	95.0	14.2
2010	31.9	104.5	16.0
2013	32.3	108.2	16.2
2015	33.2	114.2	16.6

注：移民人口是指居住在某一国家但出生在其他国家的人或者具有外国公民身份的人。2015 年：联合国初步估计。

资料来源：United Nations, *International Migrant Stock: The 2013 Revision*, POP/ DB/ MIG/Stock/Rev.2013。

过去三四十年的极低出生率压缩了人口的增长，并导致年轻群体的人口下降，在某些国家甚至出现了年轻人口的急剧下降。另一方面，贫穷国家的出生率下降是最近几年开始的，并且大量年轻人将在很长一段时间内继续进入劳动力市场。从2015年到2050年，贫穷国家中年龄在20—45岁的人口——这个年龄段群体是移民的主要组成部分——将增长22%，而在富裕国家则下降11%；在撒哈拉以南地区，这一年龄段的人口将发生巨大的增长，而在日本、俄罗斯、德国、意大利和西班牙等国中，这一年龄段的人口将明显大幅下降（下降1/5至1/3）。

经济不平等

如果过去几十年的趋势是未来的指南，那么发展中国家与发达国家之间的鸿沟必将扩大。1950年至2000年间，西方经济体（欧洲和北美）与亚洲、非洲和拉丁美洲之间的人均国民总收入（以1990年国际美元表示）的差距有所增加。1950年，欧洲和北美的人均收入比另外三个大洲的人均收入高出4 000至6 000美元；2010年，这一差距已扩大到16 000至22 000美元。更令人惊讶的是，在本报告所述期间，差异不仅是绝对的，而且是相对的：西方经济体的人均国内生产总值与非洲的人均国民总收入之比从1950年的7∶1增加到2010年的12∶1，与拉丁美洲的比例从3增加到了4；只有在亚洲，相对差距才缩小，这主要是由于中国和日本的表现。⁹

当前的这一趋势是否注定差距会在未来继续扩大？当前的增长主要依靠技术创新来维持，就生产和拥有技术而言，南北半球之间存在巨大的不平衡。在科学知识和技术创新方面处于领先地位的国家，也最有能力进一步发展创新和拓展知识，这是典型的连锁反应，而其他地区则自然而然就落后于人。正如20世纪上半叶发生的，只有当科技创新的积累过程开始减弱时，技术扩散过程才会加速，世界也更加趋同。但这需要时间，因此国家之间的不平等可能会继续增加，就像过去几十年来所发生的那样。

移民政策

移民政策仍在不断演变，我们已经可以看到一些方向上的变化。首先是难民流动受到严格限制，2015年，难民达到创纪录的1500万人。在所有国家，甚至是那些有着非常自由传统的国家，庇护权都受到限制，2015年有100万难民流入欧洲，促使欧洲加强了这一限制。第二个趋势是加强对非法移民的壁垒，或加强对非法移民的管制。此外，家庭团聚类移民变得更加困难，移民国家越来越多根据专业技能或其他属性选择移民工人。可以预见，政策似乎倾向于更多的控制、限制和甄选。[10]

尽管移民数量不断增长，但各经济体之间的一体化进程比人口交流要快得多。实际上，通过一系列有利于自由贸易和降低关税的文化和政治行动，以及建立了像世界贸易组织（WTO）这样的强有力监管机构，经济全球化得以维持。但与此同时，也提高了移民的壁垒，遏制了全球力量的行动。如果没有共同利益的愿景，我们很难呼吁国际合作，更不用说国际治理。很少有国家批准明确涉及移民工人的两项国际劳工组织公约（1949年的第97号公约有49个国家批准，1975年第143号公约只有23个国家批准），《保护所有移徙工人及其家庭成员权利国际公约》经过13年才能生效，但截至2015年，也只有48个国家（欧洲只有1个）批准了该法案。现实中有强大的利益冲突，移民呼声很微弱，而各国对共同的长期利益的认识太弱。

经过两年的磋商和辩论，联合国秘书长科菲·安南（Kofi Annan）于2003年成立了全球移民与发展委员会，2005年提出了一个相当谨小慎微的建议，成立一个机构间的全球移民基金（IGMF），目的是协调跨机构职权范围和综合政策规划，例如人口贩卖、移民与避难联结以及国际移民的影响（包括汇款）。[11] 换句话说，IGMF协调的是联合国机构（如UNCHR或ILO）和联合国以外的各个机构（如IOM、WTO）的职能，当然这些机构将继续履行它们的职能。IGMF负责的领域包括能力建设、政策规划和分析、发展数据收集、促进与区域机构（如非政府组织）的磋商等。但即使是这种协调分散职能的折中建议也仍然没有得到重视。联合国的报告中将"现有的与移民有关的联合国机构和非联合国机构整合在一个组织中"称为"长期方针"，这意味着短期内都无法实现。

哪怕是最低限度的提议都被搁置了，那么逐步建立一个超国家机构——像世贸组织那样——的想法又如何呢？在与移民有关的问题上,各国政府会愿意将一部分主权(甚至最小部分的主权)让与该机构吗?显然,这种提议在国际会议中并不受欢迎,常常只有个别的声音:

> 世界迫切需要开明的移民政策,然后去推广和实行这些政策。要做到这一点,世界移民组织需要把每个国家对移民的入境、出境和居留政策列出来,无论这些政策是合法的还是非法的、是经济的还是政治的、是专门的还是非专门的。政策制定者应该重点关注这样的项目。[12]

这类讨论往往应者寥寥。令人沮丧的是,联合国大会在2015年9月批准的17个可持续发展目标和169个相关目标中都没有提及国际移民的治理问题,连雏形都没有,这实际上将威胁到未来几十年发展的可持续性。

地理和移民体系

尽管全球化进程迅速,移民人数有所增长,但在20世纪下半叶,移民体系却保持不变。所谓移民体系是指某个区域吸引的移民流主要来自特定地理区域。比如以北美为中心的体系主要吸引拉丁美洲的移民;以欧洲为中心的体系主要吸引地中海南缘和西缘国家的移民;以波斯湾产油国为中心的第三个体系吸引来自中东的移民。第四个体系是最近发展起来的,中心是东南亚快速增长的经济体。这是我们可以确定的几个移民体系。由于复杂的原因，非洲、亚洲和拉丁美洲的广大地区仍然与移民进程无关。苏联解体并没有像1992年后所预言的那样，导致数百万人口从东到西迁移。移民体系并未显著扩大其影响范围，这是由于原籍国和目的地国之间形成黏性惯性，长期以来移民输出国和移入国形成较强的政治、经济和社会联系，移民在移入国中形成大型族裔社区也加强了这种联系。因此，体系往往很难有新的入口。

体系的集中程度也提高了。1960年，美国和欧洲的移民存量占世界移民存量的39%，这一比例在2000年增加到53%。然而，在本世纪上半叶，移民体系的范围扩大了，开始包括其周边之外的地区，比如欧洲开始出现越来越多的撒哈拉以南地区的移民。流动成本较低，与原籍国的关系无须切断，信息即刻流通，以及严重的人口差异和日益扩大的经济不平等决定了移民的紧张局势和压力，而日益僵化的移民政策试图控制和约束这种移民压力。因此国际移民形式仍有巨大的不确定性，即使很大一部分富裕国家出现严重的人口赤字，对移民的需求不断增加。最近的经济危机无疑抑制了南北向移民流动，但是一旦经济恢复正常，历史力量也将恢复其影响。

气候变化与环境

一个热门话题是气候变化对移民的影响（请参阅第6章），以及由于全球变暖，来自干旱地区或高风险地区（低洼沿海地区）

的"环境移民"可能增加。国际气候变化专门委员会（IPCC）已经仔细研究了这个问题。由于全球变暖，极端天气事件的发生频率和强度都会增加，并可能成为移民的额外因素。但是，"由于天气相关事件而导致的流离失所的证据表明，大多数流离失所者试图回到原来的住所并尽快重建"，2010年巴基斯坦发生大规模洪灾之后的情况就是如此。历史还表明，那些因长期干旱而被迫离乡背井的人在干旱结束时往往会回到原籍。在气候影响的许多情况下，迁移似乎是万不得已的一种适应措施。[13] 鉴于全球变暖的过程和强度具有不确定性，以及决定移民流动的因素具有复杂性，我们很难预测未来可能发生的"环境移民"。另一方面，正如本书经常提到的那样，人类具有很强的韧性和适应能力，气候变化似乎不太可能成为人口迁移的主要驱动力。

寿命延长的可持续性

我们提出的预测结果依赖于该领域大多数专家的共同假设。甚至连审慎而现实的观察家也认为：老年人死亡率的持续下降会提升下一两代人的预期寿命；大趋势的逆转似乎是不可能的；21世纪以来的健康状况改善、寿命延长仍然会持续；贫富之间的差距将迅速缩小。[14] 根据联合国的预测（中位数变量），例如发达国家的预期寿命（男性和女性）将从2010—2015年的约78岁进一步增加到2045—2050年的83岁，而较不发达国家的预期寿命将从69岁上升到76岁。预计到21世纪中叶，日本、法国、意大利和西班牙等人口大国的预期寿命将达到90岁。的确，在20世纪，西方国家的寿命一直在延长，第二次世界大战后，贫穷国家的寿命也不断延长。科学知识大大增长，控制疾病的技术手段也大大增加了，几乎所有地方的基本生活条件都得到了改善。在畅想未来时，乐观主义似乎很有道理，很少有人会质疑当前趋势的可持续性。许多人认为21世纪初出生的女婴一定能活到下个世纪，因为预期寿命将会达到100岁。然而在讨论未来时，我们必须意识到，看似合理的预测有一定程度的不确定性，当前趋势的可持续性受到多种因素的威胁，这些因素可能是生物、政治或经济。如果我们要用批判的眼光看待未来，就有必要对这些因素进行讨论。[15]

寿命延长在生物上的可持续性

在生物学的世界里，没有什么是固定不变的，因为主要参与者之间存在着持续的相互作用和相互适应：人类（我们的分析对象）、病原微生物（细菌、病毒、原生动物、螺旋体、立克次氏体等）或动物（微生物的载体）。历史学家有许多证据表明，人类与病原体之间的相互作用在不断变化，新疾病出现，某些疾病变异，还有一些疾病会消失。鼠疫、斑疹伤寒、天花、梅毒、肺结核、疟疾，这些疾病来了又去，在一个地区消失，在另一个地区重现，而每一次的发病率和致死率各不相同。

病原微生物携带的DNA或RNA数量相对较少，生长速度很快且数量庞大，因此微生物病原体可以快速地演化和适应。演化机制使它们能够适应新的宿主细胞或宿主物种，产生"新的"毒素，绕过或抑制炎症或免疫反应，并对药物和抗体产生抵抗力。任何微生物形态的生命要在竞争和演化中生存下来都需要适应能力，对于病原体来说，适应能力尤其重要，因为病原体在应对微生物间竞争的同时，必须克服宿主防御。[16]

相互作用以及行为和环境的变化不断地改变着总体状况。在20世纪五六十年代，随着抗生素和其他药物的成功应用，人们期望根除传染病。其他许多疾病的发生、消失和再次出现，要么是由于病毒和微生物的生物演化所致，要么是动物和人类世界相互作用的结果，要么是在隔离环境中的入侵，要么是由于社会行为或忽视。流感、黄热病、脑炎、艾滋病、登革热、土拉菌病、莱姆病、拉沙热、埃博拉、非典、禽流感，都属于上述情况之一。我们认为在20世纪五六十代战胜的其他疾病，如肺结核、疟疾或霍乱，只要环境条件恶化，就会重新出现，可能发生在城市贫民窟，也可能发生在贫穷的农村地区。[17]

艾滋病传染对寿命延长的影响

艾滋病（HIV/AIDS）感染于1981年被发现，随后在1982

年被定义和命名。但是早在20世纪70年代,艾滋病在非洲中部地区就已经流行了一段时日,并且有证据表明1959年刚果就出现了艾滋病的踪迹。我们尚没有证据明确它是如何在人与人之间传染的,有人给出了一个合理的假设,认为源头是大猩猩。感染者可以通过性接触或血液(输血、共用针头)将病毒传播给健康人。孕妇可以感染胎儿,母亲可以感染她们哺乳的婴儿。一旦感染了艾滋病,病毒的潜伏期长达10年,而一旦艾滋病发作(感染艾滋病毒最终都将发展为艾滋病),死亡将随之而来,在大多数情况下,艾滋病人会在出现首次症状后的4年内死亡。[18]

艾滋病是一种新的疾病,并以年轻人和性活跃者为对象,已在世界各地蔓延。它的黑暗形象让人想起过去的灾祸,它像瘟疫一样致命,像梅毒一样通过性接触传播,像天花一样影响儿童和年轻人,像结核病一样长时间潜伏。尽管尚未开发疫苗,但新开发的抗逆转录病毒药物(ART)可以降低阳性个体的感染,并推迟艾滋病发作,从而延长感染者的寿命。

艾滋病的传染扩散中心是位于赤道附近的非洲中部地区(卢旺达、乌干达、赞比亚、刚果),感染源通过与前殖民地国家的移民接触而传染到比利时和法国。20世纪60年代非殖民化之后,一批具有专业技术的海地移民来到刚果民主共和国,后来这些海地移民有些返回海地,有些移居美国,其中一些人就将艾滋病毒带到了北美。艾滋病毒于是从北美、海地和西印度群岛传播到中美洲和巴西,并传播到拉丁美洲其他地区。战争、国际贸易和货运路线使艾滋病毒从非洲中部向非洲南部扩散，南非的艾滋病毒来自从安哥拉战争中返回的军队。而全球紧密联系的网络使艾滋病毒通过国际移民和国际旅行传播到世界各地。[19]

对特定人群进行艾滋病流行病学分析需要考虑一系列因素，包括性行为的模式、受感染女性或男性的滥交和伴侣数量，以及处于危险中的人群的健康状况（尤其是性病的患病率和生殖器皮肤损伤的发生率）。感染病毒的男性或女性"性工作者"是强大的传播媒介。像非洲发生的那样，从农村迁移到城市的男性与受感染妓女多次接触后又定期返回原来村庄，都助长了高传播率。[20] 当性传播主要发生在同性之间时，感染者中的男性比女性比例高；当传播主要发生在异性恋者之间时，感染者中男性与女性的比例接近1，非洲就是这种情形。此外，高比例的女性感染者也意味着高比例的儿童感染。[21]

根据官方估计，表6-6描绘了2014年艾滋病流行的某些特征。据估计，全世界大约有3 700万人受到感染，其中2/3在撒哈拉以南非洲地区。成年人口的患病率通常仅为1%，很小的一部分，但在加勒比海地区患病率超过1%，在撒哈拉以南非洲地区则为5%。到21世纪初，南非的患病率超过20%，津巴布韦和博茨瓦纳的患病率超过30%。1999年的一项研究预测，到2003年，南非与艾滋病相关的死亡人数将超过所有其他原因造成的死亡，这一结果成为当时的头条新闻，而同一项研究还预测，到2009年，南非的预期寿命（20世纪90年代初已达到61岁）将降至40岁。[22] 由于引

表6-6　2014年艾滋病流行情况

地区	流行开始时间	感染艾滋病毒的人口（千）	每100名成人中的感染者	2014年新增艾滋病的人数（千）	2014年死于艾滋病的人数	每1000名感染者的死亡人数	主要传播途径
东亚和太平洋地区	20世纪80年代末	5 000	0.2	340	240	48	IDU, Hetero
加勒比海地区	20世纪70年代末	280	1.1	13	9	32	Hetero, MSM
非洲东南部地区	20世纪70年代末	19 200	7.4	940	460	24	Hetero
东欧和中亚	20世纪80年代末	1 500	0.9	140	62	41	IDU, MSM
拉丁美洲	20世纪70年代末	1 700	0.4	87	41	24	IDU, MSM
中东和北非	20世纪80年代末	240	0.1	22	12	50	IDU, Hetero
非洲中西部地区	20世纪70年代	6 600	2.3	420	333	50	Hetero
西欧、中欧和北美地区	20世纪70年代末	2 400	0.3	85	26	11	IDU, MSM
世界		36 920	0.8	2 000	1 200	33	

注：成人指15～49岁；传播方式：MSM指男性之间的性传播；IDU指通过注射毒品传播；Hetero指异性传播。
资料来源：联合国艾滋病规划署（UNAIDS）（2015）。

进了成本较低的新的有效药物，南非的情况目前还没有发展成预期的那么悲惨。但是，2005—2010 年南非的预期寿命仍然下降到 52 岁（在 2010—2015 年恢复到 58 岁）。博茨瓦纳是一个极端的例子，据估计，约有 1/3 的成年人口感染了艾滋病毒，预期寿命从 1985—1990 年的 63 岁下降到 2000—2005 年的 49 岁，平均每年下降一岁。由于采用了新疗法，人们对传染病潜在的传播机制有了更多的认识，生活方式逐渐改变，政府承担了更加积极的领导作用，而以往各国政府都不太愿意承认这场流行病的悲剧性影响。因此，与 10 年前相比，对整个撒哈拉以南非洲地区的预测已有所改变。这场灾难的后果超出了人口统计学的范围：他们影响到文化、社会和经济。孤儿的比例大幅度提升，这些孤儿只能交由亲戚照顾或被遗弃自谋生路；病患无法工作，家庭负担加重；疾病还给社会造成了生产损失和额外的医疗费用。仅在几年前，延长感染人群寿命的药物所需的成本已经超过了整个地区的生产总值。[23] 在等待开发有效疫苗的同时，至关重要的是国际社会必须开发出进一步降低新疗法成本的手段和方式。

寿命延长在政治上的可持续性

我们要考虑的第二个问题涉及寿命延长在政治上的可持续性。政治这一术语定义了广泛的社会制度环境。延长寿命不是一项简单的成就，因为它是科学知识、技术设备、正确行为、环境安全、物质资源和有效社会行动不断积累的结果。20 世纪正处在这一缓慢过程的发展起点。一定不要忘记，即使在19世纪末期的许多欧洲国家，以及在20世纪中叶的大多数发展中国家，生存状态与1000年前相比也没有什么改善。在20世纪，富裕人口的寿命持续延长，只有在最糟糕的两次世界大战期间出现了短暂和特殊的挫折。

在下两代人中保持这种不懈的进步步伐，就意味着我们在20世纪取得进步的各个支柱领域都不会出现重大问题。历史证明这并非不可能：苏联，也就是现在的俄罗斯，在20世纪60年代初的预期寿命（包括男女）为69岁，非常接近西方人口的预期寿命，随后出现重大挫折，然后停滞不前，到20世纪90年代中期，平均预期寿命下降到65岁，下降了4岁，而西方国家则增长了大约7岁。[24] 男性人口的预期寿命下降幅度更大，在2000—2005年跌至59岁，回到半个世纪前的水平。政治体系的失灵和解体是造成寿命下降的主要原因。营养水平下降；酒精消耗增加，而产品质量恶化；卫生方面的公共支出实际下降，药品和高科技护理的价格上涨；赤贫激增，几乎影响了1/4的家庭；社会压力综合征出现，酗酒、暴力和自杀现象迅速增加。[25] 政治解体导致心血管和呼吸系统疾病、与酒精有关的疾病、暴力等引发的死亡率上升，特别是在成年人中。在一种较温和的形式下，中欧和东欧的其他前社会主义国家也发生了类似的事态发展。[26] 发展中国家也有类似的例子：在20世纪60年代和70年代初期的石油繁荣之后，尼日利亚经历了一段时间的政治动荡和贫困，伴随着卫生系统的恶化。类似的情形可能将来不会在富裕国家发生。但我们能否排除危机和停滞的可能性，即使是谨慎的预测，这种危机和停滞也可能危及，甚至在未来50年内损害寿命延长？

寿命延长在经济上的可持续性

第三个问题涉及寿命延长的经济可持续性。最近的研究指出，虽然欧洲发达国家人口的平均预期寿命比美国人口高，但美国的高龄老人死亡率较低。[27] 老年人死亡率"交叉"的原因很复杂，但可能与更好的医疗保健以及医疗保健的科技水平较高有关。持续获得高科技药物，享受生物学、遗传学和药理学研究进步的好处，可能是延长寿命的关键。然而，死亡率下降也造成了当前的人口老龄化；随着人口老龄化，医疗保健需求增加、医疗保健技术含量的增加以及整个部门高于平均水平的价格上涨等因素的综合影响，可能会进一步导致卫生保健方面的经济负担加重。从社会可能追求其他支出优先权的角度来看，这可能不是可持续的：由于公共资源有限，医疗保健可能与教育、环境或犯罪控制等竞争。因此，对医疗保健的投资增加会导致老龄化，老龄化导致对医疗保健的需求不断增加，这与高科技医疗密切相关，导致经济负担增加，社会可能不愿意或无力承担。[28]

到2010年，发达国家中65岁以上的人口约占总人口的16%，预计到2050年将增长近一倍。在老年人中，高龄老人的比例将迅速增加。这将对医疗保健支出产生重要影响：在1990—2013年间，经济合作与发展组织中的6个最大的经济体（美国、日本、德国、法国、英国和意大利）的医疗保健支出占 GDP 的平均份额都有所上升，从 7.5% 增加到 11%；同一时期美国的医疗保健支出从 11.3% 增至 16.4%。[29] 推动医疗保健支出增长的因素有几个：老龄人口比例的增加是一个原因，高科技药物的成本增长快于通货膨胀是另一个原因，第三个原因是伤残的发生率可能不会像死亡率那样快速下降，预期寿命超过 60 岁或 70 岁时，因疾病而丧失的时间延长了。事实上，许多人认为，医疗进步延长了体弱者的寿命，而体弱者往往容易伤残，从而提高了老年伤残的普遍发生率。这是一个全新的研究领域：长期中的跨国比较是相当困难的，发展趋势具有不确定性。在某些国家，因疾病（或生活状况欠佳）而丧失的年数所占比重似乎有所下降，而在另一些国家则停滞不前甚至上升，但伤残的趋势对于确定医疗保健支出的趋势至关重要。[30] 图 6-1 绘制了富裕国家和贫穷国家的人均医疗保健支出与预期寿命的关系图，从中可以得到一些有意思的思考。医疗保健支出超过一定程度，预期寿命会保持不变，这证实了我们先前所说的：金钱无法衡量与人类寿命相关的非物质因素（比如知识、组织、最佳实践和行为）。如果医疗保健支出继续增加将会怎样？如果医疗系统开始削减高科技治疗将会发生什么？老龄人口低生存率会继续改善吗？

我们的生命不是永恒的，但如果发明了长生不老药，而我们又希望将世界人口数量维持在目前的 70 亿到 80 亿之间——许多人认为这已经是一个过于庞大和密集的人口，那么地球上将不允许生

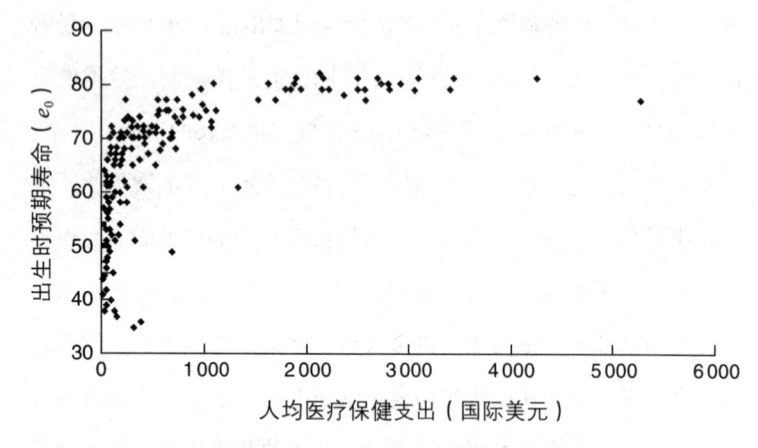

图 6-1　人均医疗保健支出（国际美元）和出生时预期寿命（2002 年）

育新的人口。延长寿命必须与我们的人口和社会制度相适应；必须通过对生物世界的持续控制和监视来维持；有相当稳定的政治制度做保证，并且政治体制的必要改变不会导致许多国家在 20 世纪承受破坏性后果；并基于持续可用的资源进行研究、预防和治疗。世界人口在 20 世纪里能够以每年 4 个月的速度延长其寿命，而在 21 世纪这将是不可能的，在 21 世纪，我们的使命是保持已经取得的成果，把它们推广到整个贫穷世界，防止倒退，提高生活质量。[31]

移民的极限

21 世纪后半叶的人口可能会比现在多 50%。但很难说这种增长是否会危害经济和社会进步，因为正如我一再指出的那样，人口不是一个自变量，它是对人口增长所带来的可能性做出的反应和适应。在过去几个世纪中，许多学者都坚定地认为，在特定的空间和技术局限性下维持生活质量和避免环境恶化，我们会面临全球"承载能力"的问题，或最大可持续规模的问题。[32] 当然，我们可以像贾马里亚·奥尔泰斯（Giammaria Ortes）那样，就生活质量问题进行冗长的辩论，我们不希望看到人类"增长到超出地球可以承载的人口数量，地球表面满山满谷都是人，拥挤不堪，像干鲱鱼一样挤在桶中"，[33] 某种技术进步或许可能造成这一情形。

确定"承载能力"存在许多概念上的困难，因而实质上毫无用处。它来自生物学和动物生态学，旨在测量某种环境维持动物生命的能力。但是，对于人类而言，我们还需要考虑技术的发展、生活质量这一概念的弹性以及在复杂的动态系统中适应和互相影响的能力。但我们确实生活在一个有限的世界中，我们如何确定人口数量与资源发生冲突的界限是一个重要的问题。图6-2取自《增长的极限》[34]，描述了人口与"承载能力"之间相互作用的四种可能的模式。前两种模式如图6-2（a）和图6-2（b）表示，代表了一种乐观的观点，认为两种力量并没有冲突。在第一种模式下，随着人口的增长，由于技术的进步，承载能力（CP）也随之增加，两条曲线不相交。在第二种模式下，承载能力保持不变，但随着人口缓慢增长并接近有限的环境所施加的极限。图6-2（c）和图6-2（d）的曲线图代表冲突模式。在第一个模式（超调与振荡）中，存在连续的调整。在第二个模式（超调与崩溃）中，人口增长引发了环境崩溃、资源减少和人口灾难。那么哪种模式描述了未来？未来有没有可能不存在冲突而无限扩展，如图 6-2（a）？不可避免的冲突是不是或多或少会导致剧烈和痛苦的振荡，如图 6-2（c）或图 6-2（d）？还是随着人口接近环境极限而适应增长的限制，如图 6-2（b）？

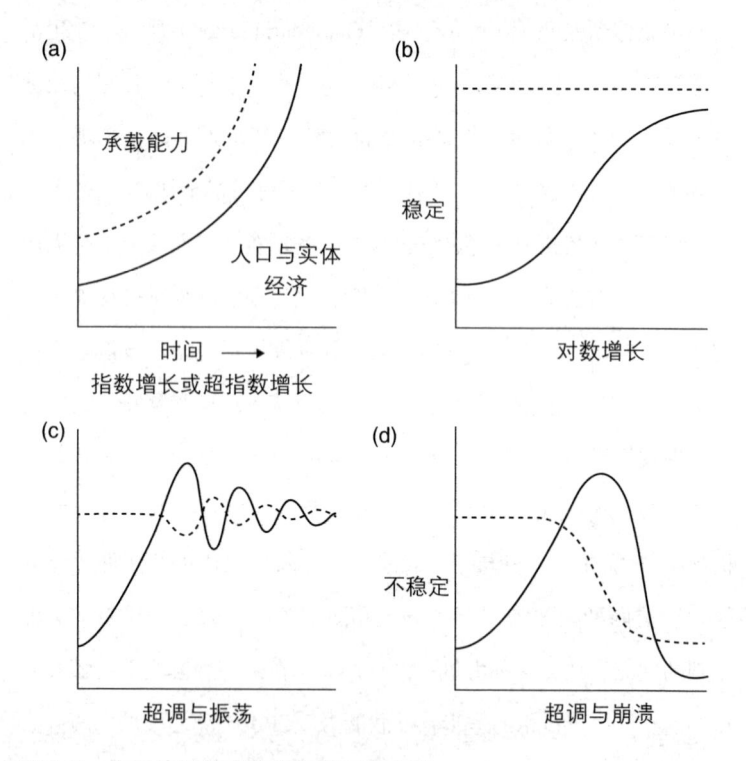

图 6-2　人口接近其承载能力的可能方式

注：横轴为时间，从左到右递增；纵轴为承载能力（虚线）、人口规模和实体经济的组合（实线），两者都向上增加。(a) 代表指数或超指数增长；(b) 代表对数增长；(c) 表示阻尼振荡；(d) 代表超调或崩溃。

资料来源：D. H. Meadows, D. L. Meadows and J. Randers, *Beyond the Limits: Global Collapse or a Sustainable Future?* (Earthscan, London, 1992), p. 108, Figure 4.2.

预估地球承载能力的尝试已有3个多世纪的历史了。这些估计基于各种标准：从无条件的绝对声明，到数学曲线的调整和推断，再到观察到的人口密度扩展到整个陆地表面。其他方法则根据有限资源的可用性和食物的供应量来计算最大可能的人口。还有一些则综合考虑几种有限的资源，例如食物和水。最复杂的方法是试图模拟各种因素之间的相互作用、各种因素的可替代性以及生活方式的调整。1995年，乔尔·科恩（Joel Cohen）批判性地回顾了所有著名的估计承载能力的尝试，[35] 从最早的荷兰人列文虎克（Leeuwenhoek）、英国人格雷戈里·金（Gregory King）和德国人彼得·斯米尔希（Peter Sussmilch）的估算（在40亿到139亿之间的相对狭窄范围内）到最近的估计。科恩讨论的93项估算中，有17项估算的承载能力低于50亿；28项介于50亿到100亿之间；16项介于100亿到150亿之间；8项介于150亿至250亿之间；13项在250亿到500亿之间；11项超过500亿。[36] 中位数约为100亿，根据本书使用的预测，到2056年世界人口可能达到这一水平。差异取决于所使用的方法和假设。但令人惊讶的是，从较早的估计数到最近的估计数，上限并没有增加。相反，估值的不确定性增加了。然而，这些数字不过是统计数据而已，虽然可以满足人们的好奇心，但对指导地球的实际承载能力并没有多大帮助。

从今天的角度出发，展望未来，最新的估计考虑了技术变革和新的生活方式，所依据的是眼下的实际情况，结果将具有更重要的意义。我们将介绍其中一些预测。1967年德威特（De Wit）的估算基于光合作用会构成限制，而水和矿物资源不会施加限制。[37] 他将世界不同气候区域每公顷可耕地的碳水化合物生产潜力的估值除以人均卡路里消耗量，得出每公顷承载力，最终得出当所有可用土地都用于耕种（减去用于居住、工作、交通、娱乐等场所的面积）时最大的人口数量。这样他得出，人均拥有750平方米的非生产性土地，最大人口数量为1 460亿，而人均拥有1 500平方米的非生产性土地时，最大人口数量为730亿。科林·克拉克（Colin Clark）则通过不同的方法获得了类似的结果：估算每个人满足基本需求所需的土地面积，假定按日本的最高消费水准（当时），最大人口数量为1 570亿，假定按北美洲的消费水准计算，最小人口数量为470亿。[38] 罗杰·雷维尔（Roger Revelle）得出了一个更低的估值，他将可用耕地面积（不包括潮湿的热带地区和非粮食生产所需的土地）乘以经过灌溉和现代先进技术可实现的生产力，得出承载能力为400亿。[39]

这些都是估算的最大人口规模，有赖于一些很难实现的假设（例如所有可用土地均采用先进技术进行耕种）。如果使用更现实的假设，这一估值将会低很多。1983年吉兰德（Gilland）采用的方法类似于雷维尔的方法，但调低了可耕种面积和生产力的估计，因此在富足的消费水平下最大人口为75亿。[40] 1983年联合国粮食及农业组织和国际应用系统分析研究所的一项联合研究采用了不同的方法，该项研究根据联合国粮食及农业组织（包括中国以外的所有发展中国家）绘制的土壤类型图，研究了与15种基本作物有关的各种气候区域，并根据3种不同的假设得出了生产潜力的估值。[41] 保守的假设假定耕种技术不变，没有化肥、农药或机械化工具，采用传统方式；而乐观的假设假定使用各种绿色革命技术，包括农药和化肥，以及完全的机械化耕种方式；中庸的假设则是更现实的假设。如果1975年某地区的人口约为20亿时，根据保守的假设，其承载能力为40亿（2010年达到该水平），根据中庸的假设为137亿，根据乐观的假设为328亿。1994年斯米尔（Smil）的一项平衡研究得出结论，认为在当前消费水平下，减少生产、分配和消费体系中的低效率、非理性和浪费，可以使最大人口数量增加25亿—30亿，而增加生产性投入（撇开生物工程的革命性发展的可能性不谈），可以再多养活20亿—25亿人。[42] 社会生物学家爱德华·O. 威尔逊（Edward O. Wilson）从另一个角度写道："如果每个人都同意成为素食主义者，只留很少的牲畜甚至不使用牲畜，那么目前14亿公顷的耕地将能够养活约100亿人口。"[43] 他据此认为地球能够在21世纪维持100亿或110亿人口。当然，还有更多的限制性假设，这些假设包含了更高的消费水平、严格的保护措施和环境管理措施，估算出的承载能力低于目前水平。但事实是，在实际价格下降而平均健康水平、预期寿命和幸福感不断提高的情况下，这些限制已经被突破，因而这些假设也值得怀疑。

关于增长的极限以及地球承载能力可容纳多少人口的问题难

以捉摸。人类的行为与外部约束以一种动态且通常是不可预测的方式相互作用，限制可松可紧。如果我们考虑更大的范围，不仅包括人均可获得的一定数量的商品，还包括生活方式、环境质量、空间的可用性以及具有历史和文化价值的事物，那么问题将会变得更加复杂。实际上，这个问题将无解，因为在那些需要大量空间、偏好安静的人与那些偏爱群体生活方式的人之间存在着合理且无法弥合的哲学鸿沟。

现在让我们回到这样一个事实：即在21世纪末，世界人口还会再增加数十亿（联合国预测将增加40亿）。接下来我们会探讨这种增长将产生怎样的影响，人类在未来几十年中必须面临哪些主要制约因素。我们将讨论三个领域，首先是在未来几十年中，人类对不可再生资源的消耗在长期中将不可持续；第二是人口增长对粮食需求的影响；第三个问题涉及空间分配的变化，特别强调脆弱的环境，人口增长将加重大气污染以及全球变暖。越来越多的人口——随之而来的更高程度的生活水平——将意味着消费增加、人类活动扩大和对环境造成更大的破坏。适应性、灵活的行为、独创性、创新，这些人类与生俱来的品质也许能够帮助我们应对未来的挑战。

不可再生资源

我们先研究一下第一点。众所周知，富裕国家的人均商品和能源消费水平是贫穷国家的数倍，根据20世纪90年代的估计，铝消耗量是20倍，铜消耗量是17倍，铁矿石消耗量是10倍，化石燃料消耗量是9倍，原木燃料消耗量是3倍。[44] 对物质资源——诸如矿石和工业矿物、燃料和能源载体、建筑矿物和生物质等——开采量（每年人均吨）的估算提供了一种综合测度。到2000年，发达国家人均开采量为20吨，是发展中国家的3倍多。[45] 富裕国家对资源枯竭承担的责任显然低了。但是，富裕国家的未来前景不像当前预测的那样黯淡，资源替代、回收和消费方式改变后，每增加1美元产量所使用的能源和商品将会下降。[46] 此外，富裕人口在未来几十年内将增长缓慢或根本没有增长。因此，富裕国家的资源消费的前景长期稳定甚至会减少资源消耗。贫穷国家的前景不同。根据世界银行2014年的估算[47]，贫穷经济体的人均国民总收入（低收入或中等收入，占世界人口的85%）为4.238美元，而富裕经济体（高收入）为38 274美元。要降低两个世界间的相对差距，贫穷经济体在未来几十年中的增长必须超过富裕经济体。在下一代中，这些经济体的人均国民总收入将必须乘以2倍、3倍或更多倍，这将意味着更多的铁和矿物用来制造工具，更多的纤维用于生产服装，更多的木材用于建造房屋，更多的食品用于提供营养，更多的生活空间和更多能源支持所有这些活动。由于贫穷人口的生活水平很低，因此每增加1美元的产量需要大量的能源、商品和空间投入。当然，这些人群需要更多的食物、工具、衣服、房屋和燃料。考虑到在接下来的两代人中，许多最贫穷国家的规模将扩大1倍到3倍，并且人均商品流也将翻倍，这种增长对于一个非常贫穷的国家来说很难持续。[48] 这就是所谓的"库兹涅茨环境曲线"的逻辑，根据该逻辑，随着收入的增加，每一单位生产所需的能源和物质增加了，但速度在下降，直到达到拐点，增加的速度变为负值，此后每增加一单位生产所需的物质下降了。因此，该曲线呈钟形。从长远来看，贫穷国家将遵循这一钟形曲线，降低生产和消费的每个单位的物质资源含量，正如高收入国家正在发生的那样（至少对某些制成品而言）。[49] 但是，这将是一个循序渐进、缓慢的过程，要经过几代人的努力，再加上稳定的世界人口，才能控制基本资源的总生产和消费。埃利希（Ehrlich）提出的一个基本恒等式证明了这一点（公式6.1）[50]：

$$I = P \times A \times T \qquad [6.1]$$

在这个公式中，对环境的影响（I）是由人口规模（P）乘以人均商品流（A）再乘以技术水平系数（T）表示的函数，其中人均商品流（A）即人均消费或收入，技术水平系数（T）由指数表示，该指数根据能源、商品、空间等物质资源的投入来衡量每一单位产量的物质资源构成。如果我们希望在富裕程度或生活水平（A）保持稳定或有所增长的情况下保持环境影响（I）稳定或下降，那么显然我们必须对人口规模（P）和技术系数（T）采取行动。这个公式假设变量之间没有相互关系（例如人口变化不会影响 A 或 T，反之亦然），而我在本书中是反对这种假设的。公式中唯一定义明确的变量是 P，我们可以精确地知道其大小，以及许多其他有趣的特征，例如区域、性别、年龄、活跃程度。我们也可以大胆预测 P 在未来的变化并有可能预测成功。但是 A 呢？增加价值 20 000 美元的摩托车，似乎比增加价值 2 000 美元的精致自行车或价值 200 美元的一双好鞋更能增加个人的财富。但是，如果骑摩托车的人被迫在危险、污染严重、交通拥挤的城市街道上行驶，骑自行车的人在铺设良好的道路交通网络上行驶；而行人在舒适和绿色的环境中行走，计算就不那么简单了。因此，我们的 A 变量（或富裕程度）不仅包括经济、物质资源和社会组织的基础，而且包括非物质生活方式，或者更重要的是生活哲学，其本质随时间和空间而变化。T 或技术也会增加复杂性：在某些假设下，富裕程度虽然可以通过货币来衡量，但没有可靠的方法来量化技术及其变化，特别是应用于不同生产过程，如食物或能源生产、各种商品的制造，以及服务的实现。

让我们以一个虚构但简单的例子来说明这个问题，有两个虚构的国家帕普里亚和蒂科尼亚。帕普里亚的人口增长率很高，从现在（2015 年）到 2050 年的 35 年中，预计平均增长率约为 2%（与联合国对非洲的预测比率相同）。另一方面，蒂科尼亚的人口将保持稳定。帕普里亚的人均收入增长率相对较高，为 5%，在考察期内，该增长速度在经济上是可持续的。蒂科尼亚的增长率要低得多，为 2%。人类对地球的物理影响是人口与经济富裕度（收入或产品）组合的函数，即埃利希方程的 $P \times A$ 的简单乘法，它告诉我们，在接下来的35年中，这样的影响（假设一切照常）在蒂科尼亚将翻倍，在帕普里亚将增加12倍以上。我们都知道，更多的技术可能使经济增长与不可持续的生产和消费方式脱钩。换句话说，利用更多的技术，每增加一单位生产或消耗中包含的能源和不可再生材料将可能降低。这在蒂科尼亚很容易发生，那里的消费可能实现非物质化（花在购买电子书、欣赏音乐会、理发上），而在帕普里亚就不可能了，那里每增加1美元消费都被用来购买汽油用于取暖、烹饪和交通，或购买金属工具、食品、鞋子，以及其他不可能或很少非物质化的基本商品。这个例子表明，在未来的几十年中，在贫穷社会中，人口和经济增长对环境的影响将是非常严重的、不可持续的。因此，我们可以确定两个一般优先项：首先是在贫穷世界中加速技术创新（来自富裕国家或自发产生技术创新），其次是降低人口增长速度。如果在接下来的35年中，生育率保持不变（当前的总生育率水平为5.1），那么撒哈拉以南非洲的人口将在2015年至2050年间增长3倍（从9.6亿增至27.5亿）。如果到2050年总生育率水平下降到2.7（根据联合国预测的中位数变量假设），那么人口将翻一番（从9.6亿增至19.2亿）。这是一个残酷的计算，但是总生育率的一个点的差异就可以减少约3.5亿人。生育率下降仍然是可持续发展讨论的核心优先项，而提高人口的人力资本（包括加强人口构成）则对应了第二个优先项——加速技术创新。

最后需要澄清的问题，是根据预期的21世纪人口增长，我们是否会面临不可再生资源日益匮乏，从而使生活水平下降或逆转？不可再生资源的稀缺是否会像罗马俱乐部在20世纪70年代预测的那样成为马尔萨斯式的制约因素？在19世纪末，经济学家杰文斯曾担心煤炭短缺会损害工业生产。有迹象表明，由于三个密切相关的原因，我们可能不会很快达到这些限制。首先，主要矿物的储量（不是潜在储量，而是可以按当前价格开采能够获利的储量）与产量之间的比率（储量与产量之比，或储量寿命指数）并未出现显著加速趋势。[51] 其次，如图6-3所示，尽管人口和产量都有所增长，但过去100年里主要资源的实际价格有所下降。第三，技术创新可以找到不可再生资源的替代资源。随着某种矿物变得稀缺，它的价格会上涨，这就鼓励我们开发新技术替代这种资源。这些一般性考虑仅在宏观层面上有效，由于发展水平、自然资源、

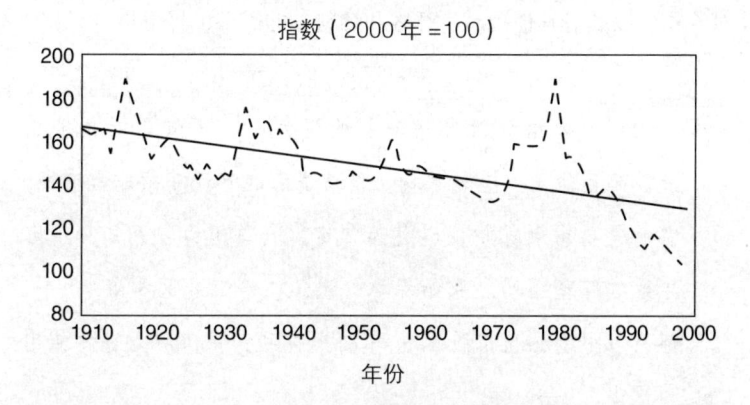

图6-3 1900—2000年不变价格下的综合资源价格指数

资料来源：UNEP，*Decoupling Natural Resource Use and Environmental Impact from Economic Growth*（UNEP，2011），Figure 2.4, p. 13.

政治制度不同，以及自然或人为灾难存在差异，我们无法在地方或区域这一级别展开讨论。

人人有饭吃

人口增长影响农业和粮食需求，也影响土地和其他自然资源的使用。这是人口与环境关系的三个关键方面中的第二个方面。在未来35年（2015—2050年）中，世界人口将增加1/3；这意味着粮食产量将至少按比例增加，但如果必须提高总体生活水平，增加粮食安全，以及减少目前的8亿营养不良人口，粮食产量需要增加更多。[52] 据联合国粮食及农业组织估计，未来几十年的粮食需求增长可能会得到满足。[53] 总消费量的4/5左右是谷物，因此对谷物（以及对其他食品、纤维和燃料）的需求也将增长。

> 将大大增加对自然资源的压力——不仅是对农业用地，而且对水、鱼和木材。自然资源的管理必须非常谨慎。它们需要得到保护，避免因贫穷、人口压力、无知和腐败导致的管理不当。原始森林、湿地、沿海地区和草地——都具有很高的生态价值——必须得到保护，防止过度使用和退化。[54]

世界银行在1992年的这一评估在今天仍然有效。过去的趋势表明了未来的选择，图6-4显示了过去50年谷物生产（增加了2倍以上）、肥料投入（增加了9倍）和耕地面积（不变）的趋势。当然，同样的选择在未来也是可行的：通过开垦新的耕地或对已耕种的土地进行集约化来实现谷物增产。这两种选择对环境都有不同的潜在影响，引用世界银行的评价：

> 同一块土地上生产更多的粮食将减轻开垦新土地的压力，并使保护原始自然区域成为可能……但集约化也会产生问题。通过增加化学物质的使用来提高产量，引更多的水用于灌溉，以及改变土地用途，都会产生其他问题。化肥和动物粪便产生的物质可能会引起藻类的大量繁殖和湖泊、沿海河口和封闭海域的富营养化。尽管这些外部因素在西欧和北美更为普遍，但农业引起的污染在东欧和其他发展中地区也日益严重；在印度的旁遮普、巴基斯坦和印度尼西亚，化学原料的使用几乎与工业地区一样多。[55]

集约化的替代方法是开垦新的种植区域（粗放化），我们无须引用马尔萨斯的结论来断定这一进程不可持续；在一些国家——例如孟加拉国，这一过程已经达到了极限。在过去20年里，生物技术已经出现，在不增加肥料投入的情况下也能进一步提高产量，从而在集约化和粗放化之外提供了新的替代方案（并非真正的新方案，因为自从农业兴起以来，人类为了提高产量和品种，已经

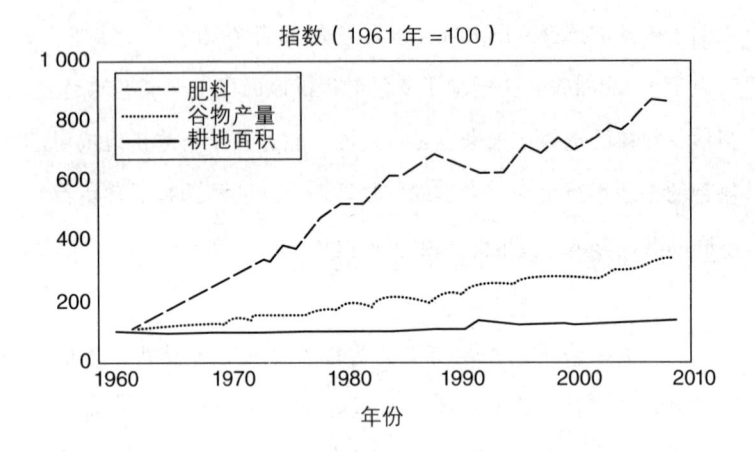

图 6-4　1960—2010 年谷物产量、肥料投入、耕地（1961 = 100）

资料来源：UNEP, *Decoupling*, Figure 2.9, p. 21。

使用了某些生物技术）。生物技术的应用具有争议，它给世界带来了希望，也带来了危险，那些坚信农业未来在于基因革命的人认为：

> 在农业和林业方面，生物技术为人类利用和提高农作物、牲畜、鱼类和树木的生物潜力提供了新方法，并改进了识别和控制损害农业的病虫害和病原体的方法。生物技术带来的危险在于这些强有力的新技术所引发的深刻伦理问题，以及它们对人类健康和环境风险的评估和管理。[56]

显然，人口增长的下降将有助于缓解这一问题，而人口增长的下降必须通过政治上的控制和管理来实现（正如目前欧盟和美国的对照所证明的那样）。

尽管世界人均热量消费量在增加，但在地区、国家和社会层面仍然存在巨大差异。在2014—2016年间，撒哈拉以南非洲地区每日的人均热量摄入为2400卡路里，北非地区为3450卡路里，中东地区为3150卡路里，印度次大陆为2500卡路里，而东亚地区是3100卡路里。[57] 令人惊讶的是，像印度这样一个经历了经济高速增长的国家，人口中的营养不良和营养不足仍然非常严重：在这个拥有先进核工业且在信息技术领域处于领先地位的国家中，48%的儿童体重不足，43%的儿童发育不良，与埃塞俄比亚处于同一水平。营养不良导致许多疾病的易感性、体能下降和学习障碍。也有许多国家有足够的热量摄入，但仍然有许多人口缺乏必需的微量元素（如铁、锌、钠，维生素）。总而言之，发展往往不能显著改善人口的营养水平。

认为未来的趋势与过去相似是有风险的，而研究人员在研究食物和人口问题时往往有这种倾向。1990年全球大约有10亿人处于饥饿状态，1/4个世纪之后，世界人口增加了20亿，饥饿人口的数量已经下降至8亿（占总人口的11%，1990—1992年为19%）。[58] 从全球层面来看，"联合国千年发展目标"第一项目标"在1990年至2015年期间将挨饿人口的比例减半"（几乎）已经实现。可以通过更复杂的方法，比如"平均膳食能量供应充足率"或当前饮食提供的能量与给定人群的饮食需求的比例，来确认这一进展。比例为 100∶1 意味着充足的食物供给只有在人与人之间完全平等的情况下才能实现,但饮食资源的分配是扭曲的,因此在 100∶1 的情况下,相当一部分人口将会挨饿。[59] 在全球范围内,这一比例从 1990—1992 年的 113∶1 上升到 2014—2016 年的 123∶1,表明取得了长足的进步。但是全球数据可能会误导我们的判断:表 6-7 估算了撒哈拉以南非洲和南亚(这两个地区的营养不足人口合起来约占全球的 2/3)等地区饥饿人口的数量和饮食充足程度。在撒哈拉以南非洲,饥荒发生率有所下降(从 33%下降到 23%)。但与此同时,人口快速增长,总量几乎翻了一番,饥饿人口的绝对数量也增加了 1/4。在南亚(印度次大陆),饥荒

表 6-7　主要地区营养不良人口及平均膳食能量供应充足率(ADESA)

地区	营养不良的人口数量(百万)			营养不良人口比例(%)		ADESA	
	1990—2000	2014—2016	变化(%)	1990—2000	2014—2016	1990—2000	2014—2016
非洲	182	233	28.0	27.6	20.0	107	117
亚洲	742	512	-31.0	23.6	12.1	107	120
拉丁美洲和加勒比海地区	66	34	-48.1	14.7	5.5	117	129
撒哈拉以南非洲	176	220	25.2	33.3	23.2	100	111
南亚	291	281	-3.4	23.9	15.7	106	110
世界	1011	795	-21.4	18.6	10.9	113	123

资料来源:On undernourishment, FAO, *The State of Food Insecurity in the World*. FAO, Rome, 2015, p.8。

ADESA:FAO, Food Security Indicators, http://www.fao.org/economic/ess/ess-fs/ess-fadata/en/#.V520JVSLTIV。

发生率从24%下降到16%，但饥饿人口总数几乎没有变化。在这些地区，饥饿远未消除。同样，代表饮食充足的指标仍然很低（110—111），改善非常缓慢。[60]

贫穷国家的粮食状况另一个令人担忧的方面是，自然灾害（例如干旱或洪水）或人为因素（例如战争、经济或社会危机）频繁地造成"营养紧急"状况。根据联合国粮食及农业组织的说法：

> 在过去的30年里，危机的类型已经从灾难性的、短期的、剧烈的和高度可见的事件，逐渐演变为更具结构性的、长期的和旷日持久的局面……换句话说，旷日持久的危机已经成为新的常态，而剧烈的、短期的危机现在则成了例外。事实上，今天更多的危机被认为将旷日持久。[61]

这种演变还需要新的外部干预和援助形式。许多粮食紧急状况会严重影响健康和寿命，例如朝鲜在过去几十年中面临的粮食危机，或者非洲之角或南苏丹发生的粮食危机，前者是人为的，后者是长期干旱和政治冲突的结果。

让我们总结一下。未来可能不是所有人都能获得充足的食物，困扰世界的许多不平等现象也不会消失——我们已经指出了其中一些。但是，情况可能会有所改善。图6-5显示了过去半个世纪以来世界粮食价格指数的趋势。今天的人口比1960年增加了40亿，因此粮食价格指数实际上已经下降了，这是世界生产体系处于严重的紧张状态时不可想象的情况。人口增长放缓证明了在全球宏观层面上对未来持乐观态度是合理的。然而，令人深感忧虑的是价格波动、气候变化、长期危机、政治冲突、持续存在的深层地理和社会不平等现象。

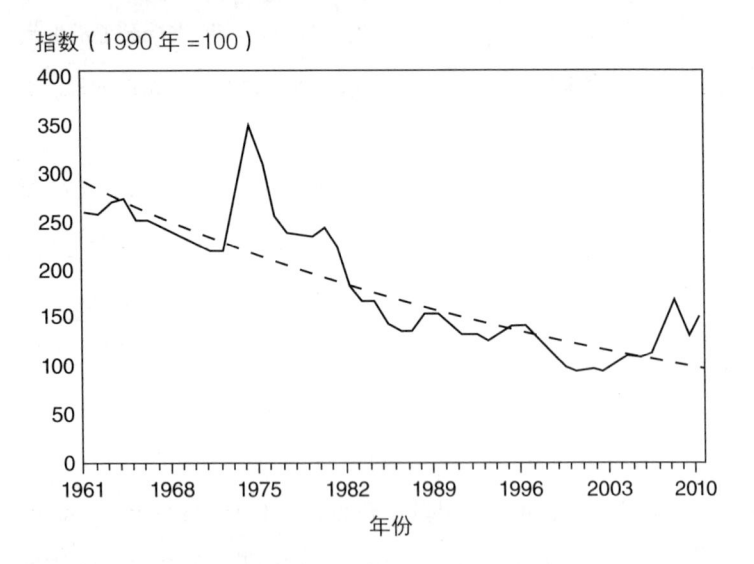

图 6-5　1961—2010 年食品价格指数（1990 年 = 100）
资料来源：粮农组织（FAO）数据。

地球是一颗小行星

让我们来谈谈关于人口、空间和环境之间关系的第三个问题。前面已经谈到了这种关系的某些方面：人类活动的加剧影响了不可再生资源和粮食需求，进而影响了土地利用和环境。对食物、纤维、木材和其他自然资源的需求增加,导致农业和其他人类活动的扩张,造成土地用途的变化,原始地区被开垦,对脆弱的环境造成压力。目前的人口是一万年前农业兴起之初的1 000倍,消耗的能源和自然资源越来越多。一万年前,每个人都拥有自己独特的空间禀赋,面积相当于巴西的费尔南多-迪诺罗尼亚岛或鲁滨逊·克鲁索岛的规模。如今,这种专属空间已缩小到足球场大小。自从中世纪以来,欧洲的面貌发生了深刻的变化,森林退化,农田取而代之。马格里布地区和中东许多地区也发生了类似的深刻变化。在美国,由于人口增长和工业化,密西西比河以东从加拿大到墨西哥湾的大片原始森林到20世纪20年代就已经消失了。19世纪初,由于欧洲市场对珍贵木材的索取、采矿业对木材的需求以及甘蔗种植园对燃料的需求,覆盖巴西沿海地区的大西洋森林几乎消失了。在印度次大陆上,大部分的森林覆盖物被用于造船、大规模铁路建设以及铁路系统所需的燃料。在全球范围内,据估计,在1700—1990年间,地球上的耕地增加了5倍多(从2.7%增加到14.7%),牧场增加了6倍(从5.2%到31.0%),而森林和林地面积从54.4%减少到41.5%,草地、大草原和苔原面积从32.1%下降到17.5%。[62]根据高分辨率卫星最近的一次调查评估(2007年)确定,地球表面有54%受到直接或间接的人类活动的影响,包括农田、牧场、人工林、建成区、城市化地区以及交通、商业和工业活动的基础设施所占用的土地。[63]还有不到一半的地球表面处于原始(或半原始)状态,其中大部分是荒无人烟的沙漠、山区和极地。

人类活动和入侵脆弱环境会严重影响世界的生物自然平衡。亚马孙流域的森林砍伐令人忧心，并引发了激烈的辩论。森林损失估计在15%—20%之间，这一现象始于20世纪40年代，原因有多种：不断增长的人口对食物的需求增加，种植农作物和饲养牲畜需要开垦土地；勘探和开采石油和矿产；基础设施建设；移民安置。在刚果盆地、印度尼西亚、巴布亚新几内亚的其他主要洪泛森林也受到人类活动的威胁。世界许多地区的森林都遭到砍伐，这对地球表面造成了严重的影响。根据联合国粮食及农业组织的估计，[64] 最近的趋势喜忧参半：在全球层面，森林砍伐率从1990—2000年的每年0.2%下降到2000—2010年的每年0.1%；然而，在非洲、拉丁美洲和加勒比海地区，森林砍伐率仍然很高，在欧洲和东亚，森林覆盖面积却在增加。在国家的总体水平上，有证据表明人口增长率与森林砍伐率之间存在着正相关的关系，[65] 但这种关系相对较弱，因为还有其他因素在起作用：集约化的有利机会、人口密度以及政府的规章制度。然而，个别国家的研究清楚地描述了在人口压力下森林砍伐的情况，如危地马拉、苏丹和泰国，[66] 菲律宾的情况有所不同，菲律宾从人口稠密的低地迁移到山区内陆砍伐了大量森林。总体来说，高人口增长、贫穷和土地退化之间存在着自我强化的联系。贫穷与高生育率有关，在没有医疗和养老金制度的情况下，子女是免于贫穷的保险。缺乏资本和基本资源，也会导致高生育率，因为子女能够提供所需的劳动力和收入。高生育率决定了人口的高增长率,这可能会进一步破坏环境资源,特别是当这些资源是共同财产时。[67]

住房、工业、商业和娱乐用地,以及用于通信和其他需求的建成区不断增长造成了土地用途转变,但是在人口变化的压力下,这种转变不可能永远持续下去。一些欧洲国家的数据显示(见图6-6),正如预期的那样,人口密度与建成区土地比例之间存在直接关系:拉脱维亚的比例最低(总土地面积的 6% 用于住宅、基础设施、商业或工业用途,人口密度为每平方公里 36 人),荷兰最高(建成区占总土地面积的 37%,人口密度每平方公里 487 人)。

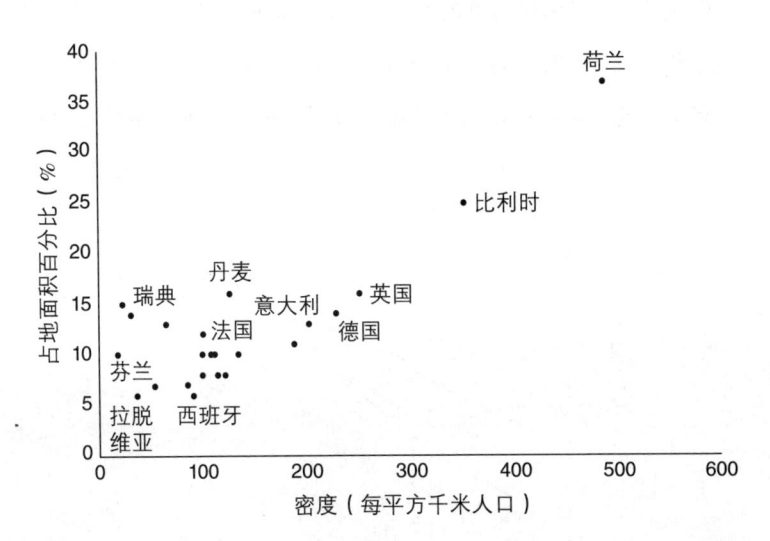

图 6-6 2009 年欧洲人口密度和用于住宅、工业和商业用途的建成区土地占比

资料来源:EUROSTAT, *Eurostat News Release*, no. 145, 2010。

城市化是建成区土地扩张的一个推动力。根据联合国的估计和预测（图6-7），城市人口从1950年占总人口的30%增长到2015年的54%。在发达国家，4/5的人口居住在城市地区，而在发展中国家，城市居民也将越来越多。城市人口生活在大型城市群中，1990年的时候，全球有10个人口超过1 000万大型城市群，2014年有28个。同一时期内，人口在500万到1 000万的城市从21个增至43个，而拥有100万到500万居民的"较小"城市从239个增至415个。[68] 人口向城市地区集中本身并不是消极现象，因为人类趋向于合群，喜欢定居在人口密集的地方。但是，现代城市化进程以及大城市群的形成，在很短的时间内将会带来仓促、无序和拥挤，对环境造成消极后果，比如水污染和空气污染，对生态系统的影响远远超出了城市的范围，还会造成空间浪费和退

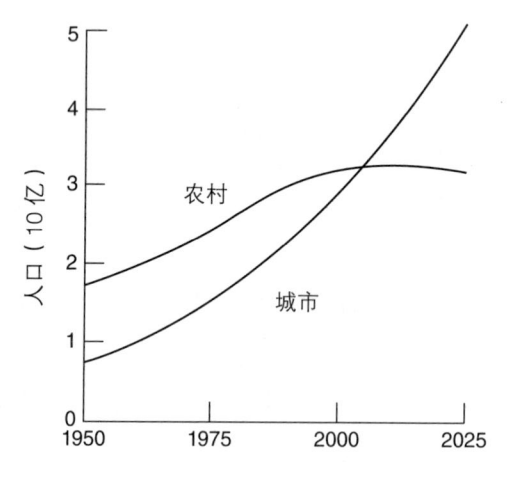

图6-7　世界农村和城市人口（1950—2025年）

化。鉴于大城市群的增长快于城市人口的增长，并且这个差距在未来还会继续扩大，因此如果没有健全合理的规划，城市的发展对生态系统的负面影响必然会扩大。

人口增长集中在沿海地区是另一个潜在问题。据估计，目前全世界约有 2/3 的人口生活在离海岸线 60 公里的范围内。在意大利，毗邻大海的社区（最小的行政单位）人口密度为每平方千米 387 人，是内陆社区人口密度的 2 倍多（每平方千米 166 人）；在美国，沿海县的人口密度（每平方千米 116 人）是整个国家人口密度的 3 倍。

随着建筑环境的不断扩张、浅海污染以及海洋渔业的耗损和枯竭，沿海土地和水域——整个沿海地区——所面临的环境压力越来越大。近年来，周期性的自然灾害（如台风、海啸等）突出了沿海地区的环境脆弱性，也影响了南亚和东南亚国家人口密集的三角洲地区，特别是孟加拉国，给环境管理带来了若干问题。[69]

2004 年海啸造成 20 多万人丧生，造成的创伤至今仍未愈合。卫星勘察确定，2000 年约有 10% 的世界人口（其中 2/3 在亚洲）生活在低海拔的沿海地区，也就是海拔高度在 10 米以下的沿海地区。由于海平面上升和高度的城市化，这些低洼地区极其脆弱。全世界生活在低海拔沿海地区的人口有 1/3 在中国和孟加拉国，更详细分析表明，1990—2000年间，这两个国家的人口增长速度是其他国家的2倍。[70]

最后，我们要简要讨论一下人口、大气污染和气候变化之间的相互作用，虽然我们不能讨论复杂的技术细节。人类活动的增加，特别对化石燃料的使用增加，导致大气中"温室气体"的浓度增加，阻挡地球表面散发的红外辐射，导致全球变暖，对环境和人类活动产生各种影响。从1951年到2010年，由于所有人类活动（能源、交通、工业、农业、商业和居住活动的生产）的共同影响，温室气体（3/4为二氧化碳）的排放量增加了80%。政府间气候变化专门委员会基于有关人口、经济增长和碳排放趋势的假设进行模拟，证实全球变暖将继续一个世纪，2081—2100年间地球的平均温度（根据各种组合的假设）会比1986—2005年间高1℃—4℃。[71]

根据埃利希的逻辑，我们可以说温室气体对环境的影响是人口、收入和技术变化共同作用的结果。邦加茨在20年前预测，1985年至2025年间，增加的温室气体中有一半左右是人口增长的结果。[72]

如果人口增长影响全球变暖，那么全球变暖又将如何影响人口？我们首先要考虑的是，自旧石器时代以来，人类已表现出对气候的显著适应性，在所有纬度和最极端的环境中都能安居，不受技术或经验的限制。今天的西伯利亚伊尔库茨克市约有100万人口，年平均气温为–1℃（1月份的平均气温为–20℃）。阿曼首都马斯喀特位于伊尔库茨克市以南29度的纬度上，每年平均气温接近30℃，人口数量与伊尔库茨克相同。有人认为一个世纪之内温度升高2℃—3℃不会产生什么后果，但是这个结论可能过于简化，掩盖了全球变暖的几个不利方面。首先，气候变化将以不同方式影响世界不同地区，对边缘地区和脆弱地区的影响更大。更具体地说，沿海地区将更容易遭受洪灾，给这些地区的人口带来负面影响，特别是沿海地区人口稠密。其次，低纬度的大片地区将变得干旱，谷物和其他农作物的生产力将下降。然后，病原体会在地理上重新分布，在气候变暖造成较大影响的地区，传染性病原体和营养不良的发生率会增加。最后，由于热浪、洪水和干旱的频率增加，生存风险也将增加。

这部分内容的讨论揭示了人口增长与环境之间的复杂关系。这种关系受到人口数量、人类活动的数量和性质的多种影响。本世纪上半叶人口增长迅速，富裕程度增加，对商品、食物和空间的需求也随之增加，于是消耗了更多的不可再生资源，对可再生能源施加的压力也越来越大。技术可以抵消许多不良影响，增加替代资源或减少污染，制度也可以规范土地使用、资源开采等；而通过改变消费模式和行为影响文化，最终人口增长的负面影响——至少在下个世纪——可能会被抵消，增长的极限也会扩张。但我们必须认识到三点：第一，人口增长不是中性的；第二，放缓人口增长能够缓解许多问题；第三，威胁地球生命系统的人类力量从未如此强大。审慎的做法是减少风险，限制人口增长将有助于实现这一目标。[73]

计算和数值

我们的讨论既不支持乐观主义者，也不支持灾难主义者。但是，我们可以尝试了解人口机制（它的功能将人口增长作为一种可感知的约束）比过去更弱还是更强。我们最后的思考有关约束，对约束的认识以及选择和调节机制的运作。

对约束要素的感知引起了复杂的问题。鉴于人口势头强劲，我们对趋势改变的察觉会大大滞后，例如生育变化。此外，某"危险"信号是逐渐被识别的，例如环境的恶化只有在造成损害后才被充分认识到。对流域内的森林缓慢砍伐将导致灾难性的河流泛滥，但这一过程需要漫长的时间才显现出来。"温室效应"是由大气中的二氧化碳和其他气体的积累造成的，整个过程可能需要几十年的时间，而最初的变暖阶段甚至可能被错误地解释为一种积极的现象。

在传统的农村社会中，对人口增长带来的问题的认识可能比在现代社会中更为直接。一个村庄、山谷或地区的人口将直接经历在人口饱和地区新建居民点所带来的负面影响，尽管人口变化的调节机制的效率低于今时今日，但它能够逐渐采取必要的调整。市场的扩大和一体化以及贸易的发展，模糊了个人对自然资源（例如土地）和消费品之间联系的认识。某个地方可以从美国或阿根廷进口农产品，而无需了解所消费的谷物或牛肉与生产它们的乡村环境之间的联系。中国饲养了数百万头猪，这些猪用来自巴西的大豆喂养，这种大豆的生长影响着巴西的环境。印度尼西亚的洪泛森林被砍伐，以便为棕榈树腾出空间，从而生产棕榈油，而棕榈油在许多国家需求旺盛。这种分离是经济发展的必然结果，但应当指出，人口选择的主角（个人）与约束力量的制造者（环境）之间的直接联系已被打破。如果有越来越多具有威信的个人、机构和政府认识到环境现象具有全球性和相互关联性，我们就能够缓慢地重建这种联系。

在更直接的经济层面上，价格波动会发出"危险"信号，宣告基本商品短缺迫在眉睫，因此有必要在无法增加供应的情况下，降低需求（从长远来看可能对人口产生影响），以便改变这种状况。但价格体系并不总能发出正确的信号，补贴政策可能会扭曲这一过程。人们经常提到贫穷国家中人口带来的不利效应，这些国家人为地压低基本食品价格，使农业利润和人口进一步向已经膨胀的城市转移。总的来说，价格中不包括由经济活动决定的负外部性（如环境恶化），这严重扭曲了价格应该发出的"信号"。

我已经详细讨论了选择机制和增长调节（见第4章和第5章），显然由于自愿生育控制，这些机制得到了极大的加强。生育调节得到迅速普及，尽管它不稳定，但使社会在面对其必须面对的约束时更加灵活。虽然现代社会在调节死亡率和生育率方面可能比过去的社会有更好的条件，但在另一种选择机制——移民——情况却不是这样。人类居住在世界各地是通过移民和定居的方式来实现的，这些迁移根据现有的或潜在的资源分配了人口。移民也一直是摆脱贫穷和极度贫困的主要途径。[74] 这种定居的"自由"促成了美洲和澳大利亚的欧洲化，但这种自由如今却遭到了严重的破坏。这主要是由于政治的考虑，各国普遍认为移民只有在相当严格的框架内和在少数情况下才能被接受。因为各国在收入和资产方面的巨大差异，在流动性上也截然不同，而且也不存在开放可用的地方可以作为人口过剩的出路，供人口定居。[75] 此外，全球经济一体化程度提高的同时，民族间的差距不断加大。新的民族国家的建立常常以非自然的边线为界，从而导致了以前混合在一起的民族或种族被重新划分在界限分明的行政区域内。在一个国家内，族群之间的隔离趋势也很常见。因此，作为"人口选择"的一个重要工具，移民的有效性与过去相比有所下降。

我们的资产负债表既有借方也有贷方，但是即便生育控制得到普及并成为控制人口增长的决定性因素，我们也不容易算出最终的盈亏。

越来越多的人认为控制人口增长已被视为一种积极的价值，因此不需要进行论证或确认。从各方面来看，这对于人口统计学家来说是一个幸运的发展，他们将不必再证实这种或那种趋势的好处。环境当然是有限的，即使它的极限可以一再扩大而不增加风险，但这种无限的增长是不可能一直持续下去的。这种观察应该足以支持这样的信念，即人类必须为人口的长期调整做好准备，在某些情况下人口可能经历倒退。

我们应该牢记的另一个因素是：人口增长超出一定的极限后会产生规模不经济，从而扭转似乎已在人类历史上占据主导地位的趋势。我们来看一看贫穷国家城市人口无限制的增长：城市人口增长造成的社会、卫生和环境问题将带来管理上的困难，并且管理困难的增加速度要大于城市人口聚集的增长速度。在贫穷、营养不良和文盲等领域也会遇到其他规模不经济现象：即使在总体经济进步的背景下，人口的快速增长也会带来不经济现象，尽管这些社会病的总体发生频率有所下降（占总人口的百分比），但贫穷、营养不良和文盲的绝对人数将增加。旨在解决人口较少问题的计划可能会遇到比比例问题更大的问题。鉴于饥饿和文盲的人数大量增加，营养不良和教育的情况相似。再或者，洪水、干旱，或2004年底摧毁印度尼西亚、印度和泰国沿海地区的海啸和2011年日本海啸，抑或是人为的灾难，这些自然灾害袭击了人口更密集的区域，我们迫切需要覆盖大量人口的救济项目，而这些项目在管理和组织上会面临许多难题。在许多情况下，随着问题规模的扩大，消除问题的难度将成比例增加。这是规模上的不经济。

因此，我们很可能正在进入一个不确定的历史时期，在此阶段，人口增长将不再产生规模经济，并很可能开始产生压倒性的不经济现象。因此，现实中确实存在着对人口增长控制的调节；随着控制成为全球生存战略中公认的基本原则，人口控制越来越不属于需要思考来决定的问题，而越来越多的是一个价值观问题。

人们普遍认为，当前的人口增长就像一辆在危险的道路上飞驰的汽车。这条道路代表着有限的资源（虽然资源有限，但也很有弹性）。其尽头有一个峡谷。汽车以惊人的速度驶过道路，逼近峡谷和灾难。有两个团队致力于解决这个问题。一个团队试图绕过峡谷或在其上架桥来改善这条道路，代表的是人类的聪明才智，试图节省所需的资源，用一种资源替代另一种资源或发明新的资源。另一个团队想要改动车辆，但意见有分歧。有些人希望降低功率和速度，以便减慢速度。还有些人则希望改进驾驶操控、制动装置和悬挂系统，以便驾驶员能够安全驾驶，根据道路特征调整、加速、减速或在需要时停车。这是最好的车辆，能够操纵和选择更安全的路线，并且配有一位负责任的驾驶员，他能够看到危险的信号。

注　释

1. 即使在20世纪也能找到例子。1932—1933年苏联因为在农村实行集体化而使情况恶化。见B. Ashton, K. Hill, A. Piazza and R. Zeitz, "Famine in China 1958—1961", *Population and Development Review* 10（1984）; A. Blum, "Redécouverte de l'Histoire de l'URSS（1930—1945）[Rediscovering the History of the USSR（1930—1945）]", *Population et Société* 253（January 1991）; A. Graziosi, ed., *Lettere da Kharkov [Letters from Kharkov]*（Einaudi, Turin, 1991）; M. Livi-Bacci, "On the Human

Costs of Collectivization in the USSR", *Population and Development Review* 19: 4（1993）; S. Adamets, "Famine in 19th and 20th Century Russia: Mortality by Cause, Age and Gender", in C. Ó Gráda and T. Dyson, eds., *Famine Demography Perspectives from Past and Present*（Oxford University Press, Oxford, 2002）。

2. National Research Council, *Beyond Six Billion: Forecasting the World Population*（National Academy Press, Washington, DC, 2000）.

3. United Nations, *World Population Prospects: The 2015 Revision*（New York, 2015）.

4. W. Lutz, WC Sanderson and S. Scherbov, *The End of World Population Growth in the 21st Century: New Challenges for Human Capital Formation and Sustainable Development*（Earthscan, London and Sterling, VA, 2004）; United Nations, *World Population in 2300*（New York, 2003）.

5. G. McNicoll, "Population Weights in the International Order", Working Paper, no. 120（Population Council, New York, 1999）; J. Goldstone, "The New Population Bomb", *Foreign Affairs* 89: 1（2010）. P. Demeny, "Geopolitical Aspects of Population in the Twenty-First Century", *Population and Development Review* 3: 4（2012）.

6. J. Bongaarts and R. Bulatao, "Completing the Demographic Transition", Working Paper, no. 125（Population Council, New York, 1999）.

7. T. J. Hatton and J. G. Williamson, *The Age of Mass Migration: Causes and Economic Impact*（Oxford University Press, Oxford, 1998）.

8. United Nations, *World Population Prospects: The 2010 Revision*. 对于国际移民的扩展调查，参见 United Nations, *World Economic and Social*

Survey 2004: International Migration（New York，2004）。

9. M. Livi-Bacci,"Riflessioni su Integrazione, Disuguaglianze e Migrazioni Internazionali [Reflections on Integration, Inequality and International Migration]", in A. Quadrio Curzio, ed., *La Globalizzazione e i Rapporti Nord–Est–Sud [Globalization and North–East–South Relations]*（Il Mulino, Bologna, 2004）; M. Livi-Bacci, *A Short History of Migration*（Polity, Cambridge, 2012）.

10. Livi-Bacci, *A Short History*; OECD, *International Migration Outlook, SOPEMI 2010*（Paris, 2010）.

11. Global Commission on International Migration, *Migration in an Interconnected World: New Directions for Action – Report of the Global Commission on International Migration*（Geneva, 2005）, p. 77.

12. J. Bhagwati, "Borders Beyond Control", *Foreign Affairs* 82: 1（2003）.

13. G. Tapinos and G. Delaunay, "Can One Really Talk of Globalization of Migration Flows?", in OECD, *Globalization, Migration and Development*（Paris, 2000）. IPCC, *Climate Change 2014: Impact, Adaptation and Vulnerability*, p. 767（www.IPCC-wg2.gov/AR5/）, 2016 年 3 月 1 日。关于这个问题，有一个相当悲观的观点，可见美国国家情报委员会的报告和 "Effects of Future Climate Change on Cross-Border Migration in North Africa and India", *Population and Development Review* 36: 2（2010）的摘录。

14. National Research Council, *Beyond Six Billion.*

15. 关于人类长寿的复杂话题可参: K. W. Wachter and C. E. Finch, eds., *Between Zeus and the Salmon: The Biodemography of Human Longevity*

(National Academy Press, Washington, DC, 1997); B. Carnes and S. J. Olshansky, "A Realistic View of Aging, Mortality and Future Longevity", *Population and Development Review* 33: 2 (2007)。

16. J. Lederberg, R. E. Shope and S. C. Oaks, eds., *Emerging Infections* (National Academy Press, Washington, DC, 1992), p. 84.

17. Lederberg et al., *Emerging Infections*; WHO, *World Health Report 1998: Life in the 21st Century* (Geneva, 1999); G. Rezza, *Epidemie: Origini ed Evoluzione* [*Epidemics: Origins and Evolutions*] (Carocci, Rome, 2010), pp. 61–82. 在2014—2015年,西非埃博拉疫情导致28 603例病例中的11 301例死亡, http://apps.who.int/ebola/sites/default/files/atoms/files//who_ebola_situation_report_03-02-2016.pdf, 于2016年2月15日访问。

18. UNAIDS, *Trends in HIV Incidence and Prevalence* (Geneva, 1999); Rezza, *Epidemie*, pp. 83–90.

19. R. C. H. Shell, "Halfway to the Holocaust: The Rapidity of the HIV/AIDS Pandemic in South Africa and its Social, Economic and Demographic Consequences", *Proceedings of the Third African Population Conference*, vol. 1 (Durban, 1999).

20. T. Dyson, "HIV/AIDS and Urbanization", *Population and Development Review* 29: 3 (2003).

21. UNAIDS, *Aids Epidemic Update. December 1999* (Geneva, 1999); UNAIDS, *Report on the Global HIV/AIDS Epidemic* (Geneva, 1998).

22. Shell, *Halfway to the Holocaust*, pp.164–165.

23. Shell, *Halfway to the Holocaust*, p. 151.

24. United Nations, *World Population Prospects: The 2015 Revision* (New

York, 2015).

25. M. V. Shkolnikov and G. A. Cornia, "Population Crisis and Rising Mortality in Transitional Russia", in G. A. Cornia and R. Paniccià, eds., *The Mortality Crises in Transitional Economies* (Oxford University Press, Oxford, 2000); G. A. Cornia and R. Paniccià, "The Transition's Population Crisis: Nuptiality, Fertility and Mortality Changes in Severely Distressed Economies", in M. Livi-Bacci and G. De Santis, eds., *Population and Poverty in Developing Countries* (Oxford University Press, Oxford, 2000); A. Andreev, "Réaction d'une Population Hétérogène à une Perturbation: Un Modèle d'Interprétation des Evolutions de Mortalité en Russie [Reaction of a Heterogeneous Population to Shocks: A Paradigm for the Interpretation of Mortality Change in Russia]", *Population* 1 (January–February 1997).

26. Cornia and Paniccià, *Mortality Crises*; United Nations, *World Population Monitoring 1998: Health and Mortality. Selected Aspects* (UN, New York, 2000), pp. 16–17.

27. N. G. Bennett and S. J. Olshansky, "Forecasting US Age Structure and the Future of Social Security", *Population and Development Review* 22: 4 (1996), p. 708. J. Bongaarts, "Trends in Causes of Death in Low-mortality Countries: Implications for Mortality Projections", *Population and Development Review* 40: 2 (2014).

28. 卫生支出的增加（占 GDP 的百分比）可能决定了支出从公共部门向私营部门的转移，加剧了获得卫生设施和护理的不平等现象。这可能对生存产生负面影响。

29. OECD, *Health at a Glance 2015*, Paris, 2015, p. 216.

30. J. Dupâquier, ed., *L'Espérance de Vie sans Incapacité* [*Life Expectancy without Disability*] (PUF, Paris, 1997); V. Egidi, "Health Status of Older People", *Genus* 59: 1 (2003).

31. 许多作者认为，预期寿命在未来将继续增长，到21世纪末将达到100岁；这一乐观态度是作者不赞同的。

32. 对"承载能力"一词中隐含的定义和概念的详尽概述，可以参阅J. E. Cohen, *How Many People Can the Earth Support?* (Norton, New York, 1995), pp. 419–425。实际上，整本书都致力于分析和剖析该概念。

33. G. Ortes, "Riflessioni sulla Popolazione delle Nazioni per Rapporto all'Economia Nazionale [Reflections on the Population of Nations in Relation to the National Economy]" (1790), in *Scrittori Classici Italiani di Economia Politica* [*Classic Writings of Italian Political Economists*] (G. G. Destefanis, Milan, 1804), vol. 24, p. 28.

34. D. H. Meadows, D. L. Meadows and J. Randers, *Beyond the Limits: Global Collapse or a Sustainable Future?* (Earthscan, London, 1992)。关于这一辩论的调查见 V. Smil, "Limits to Growth Revisited: A Review Essay", *Population and Development Review* 31: 1 (2005)。

35. Cohen, *How Many People*, pp. 216–221.

36. Cohen, *How Many People*, pp. 402–425.

37. C. T. De Wit, "Photosynthesis: Its Relation to Overpopulation", in A. San Pietro, F. A. Greer and T. J. Army, eds., *Harvesting the Sun: Photosynthesis in Plant Life* (Academic Press, New York, 1967), pp. 315–320.

38. C. Clark, *Population Growth and Land Use* (Macmillan, London,

1977）。

39. R. Revelle,"The Resources Available for Agriculture", *Scientific American*（September 1976）, pp. 164–179.

40. B. Gilland,"Considerations on World Population and Food Supply", *Population and Development Review* 9：2（1983）.同一作者最近的观点可见"World Population and Food Supply: Can Food Production Keep Pace with Population Growth in the Next Half Century?", *Food Policy* 27（2002）, pp. 47–63。B. Gilland, *Population and Overpopulation*（Copenhagen, 2011）.

41. FAO 即联合国粮食及农业组织；IIASA 即国际应用系统分析研究所。Cohen, *How Many People*, pp. 196–209。

42. V. Smil,"How Many People can the Earth Feed?", *Population and Development Review* 20：2（1994）；FAO, *World Agriculture Towards 2015—2030*（Rome, 2002）.

43. Edward O. Wilson, *The Future of Life*（New York, Knopf, 2002）.

44. World Resources Institute, *World Resources*, pp. 8–11.

45. UNEP, *Decoupling Natural Resources and Environmental Impacts from Economic Growth*（UNEP, 2011）. Table 2.1.

46. World Resources Institute, *World Resources*, p. 6.

47. World Bank, http://databank.worldbank.org/data/download/GNIPC.pdf, 2016 年 2 月 17 日访问。

48. P. Demeny,"Population and Development",在国际人口科学研究联合会中，人口与发展系列杰出讲座（1994 年开罗人口与发展会议）。

49. I. Stern,"The Environmental Kuznets Curve", *International Encyclopaedia of Ecological Economics*（June 2003）.该曲线模拟了排放模式，

该模式是物质输入的一个函数。

50. P. R. Ehrlich and J. P. Holdren, "Impact of Population Growth", *Science* 171（1971）, pp. 1, 212–217.

51. 已探明的储量与产量比率或储量寿命指数是一个非常原始的指标。对于铜，从1950年到现在，它已经变化了40年左右（http://copperalliance.org/wordpress/wp-content/uploads/2013/06/ica-long-term-availability-1303-A4-lr.pdf）。从1980年到2012年，石油和天然气的使用年限分别从28年增加到47年和从49年增加到59年（https://books.google.it/books?id=LekDAAAAQBAJ&pg=PA102&dq=iron+ore+reserve+to+production+ratio&hl=it&sa=X&ved=_wQ6AEIPTAD#v=onepage&q=iron%20ore%20reserve%20to%20production%20ratio&f=false）。在世界银行于2001年至2010—2011年间考虑的9种矿物质中，镍、铜和银的比率增加了，金、铅和锌的比率大致保持稳定，锡、铁矿石和铝土矿（铝）的比率下降了。请参阅World Bank, *Global Economic Prospects*, vol. 7, June 2013, p. 102。有一个非常有趣的关于环保主义者及其批评者之间辩论的叙述，请参阅 P. Sabin, *The Bet: Paul Ehrlich, Julian Simon, and Our Gamble over the Earth's Future*（New Haven, Yale University Press, 2013）。

52. FAO, *The State of Food Insecurity in the World. 2015*, FAO, Rome, 2015, p. 8. N. Alexandratos, "Governments, Markets, and the Ending of Hunger: A Review Essay", *Population and Development Review*, 41: 4（2015）.

53. Piero Conforti, ed., *Looking Ahead in World and Food and Agriculture: Perspectives to 2050*, Rome, FAO, 2015; B. Gardner, *Global Food Futures: Feeding the World in 2050*（London, Bloomsbury, 2013）.

54. The World Bank, *World Development Report 1992: Population and Environment* (Oxford University Press, Oxford, 1992), p. 134.

55. World Bank, *World Development Report 1992*.

56. I. Serageldin and G. J. Persley, *Promethean Science: Agricultural Biotechnology, the Environment and the Poor* (CGIAR, Washington, DC, 2000).

57. FAO, Food Security Indicators, http://www.fao.org/economic/ess/ess-fs/ess-fadata/en/#.V520JVSLTIV.

58. 当前使用的饥饿是一个相当模糊的概念,通常用"营养不足"一词代替。联合国粮食及农业组织(FAO)对饥饿人口的衡量标准是指那些饮食能量摄入低于一定标准的人口。此标准是特定国家和地区内的标准,并根据进行不运动或轻度活动所需的卡路里数来衡量。 营养不足也被称为粮食匮乏。(http://www.fao.org/docrep/013/al936e/al936e00.pdf)

59. 该指标表示膳食能源供应量(DES,全国平均能量供应量,以每日人均卡路里表示)相对于平均膳食能量需求量(ADER,其表示人口中足够的营养)的百分比。 每个国家或地区用于食物消费的平均卡路里供应量均根据依其人口估计的平均饮食能量需求量进行标准化,以卡路里为单位的食物充足供应的指数。

60. 鉴于人口中食物分配不均,低于155—120 的 ADESA 指数表明存在严重的饥饿问题。

61. FAO, *The State of Food Insecurity*, cit., p. 38.

62. Klein Goldenwijk and Navin Ramankutty, "Land use Changes during the Past 300 years", in *Encyclopedia of Life Support Systems* (*EOLSS*), vol. 1 (UNESCO, Paris, 2005).

63. Roger Leb Hooke, José F. Martín-Duque, Javier Pedraza, "Land Transformation by Humans: A Review", *GSA Today*, December 2012.

64. FAO, *State of the World's Forests* (FAO, Rome, 2011).

65. S. H. Preston, "Population and Environment from Rio to Cairo", 在国际人口科学研究联合会中, 人口与发展系列杰出讲座 (1994年开罗人口与发展会议), 第8页; R. E. Bilsborrow, "Population, Development and Deforestation: Some Recent Evidence", in *Population, Environment and Development* (UN, New York, 1994)。

66. Bilsborrow, "Population, Development and Deforestation", pp. 129–131.

67. N. Cuffaro, "Population Growth and Agriculture in Poor Countries: A Review of Theoretical Issues and Empirical Evidence", *World Development* 25: 7 (1997), p. 1, 158; P. Dasgupta, *An Inquiry into Well-Being and Destitution* (Clarendon Press, Oxford, 1993).

68. United Nations, *World Urbanization Prospects: The 2014 Revision* (UN, New York, 2014).

69. B. Zaba and J. I. Clarke, "Introduction: Current Directions in Population-Environment Research", in B. Zaba and J. I. Clarke, eds., *Environment and Population Change* (Ordina, Liège, n.d. [1994]), p. 24.

70. Gordon McGranahan, Deborah Balk, and Bridget Anderson, "The rising tide: assessing the risks of climate change and human settlements in low elevation coastal zones", *Environment & Urbanization*, 19: 1 (2007); World Bank, *Climate Risks and Adaptation in Asian Coastal Megacities*, Washington, 2010.

71. International Panel on Climate Change, IPCC, *Climate Change 2014, Synthesis Report: Summary for Policymakers*, https://www.ipcc.ch/pdf/assessment-report/ar5/syr/AR5_SYR_FINAL_SPM.pdf accessed February 24, 2016.

72. J. Bongaarts, "Population Growth and Global Warming", Working Paper, no. 37 (Population Council, New York, 1992).

73. 请参阅国家研究委员会相对乐观的看法, *Our Common Journey: A Transition towards Sustainability* (National Academy Press, Washington, DC, 1999), p. 160: "在今后两代人中可以转向可持续发展, 并且无需奇迹般的技术或人类社会的剧烈变革就可以实现这种过渡。"

74. J. K. Galbraith, *The Nature of Mass Poverty* (Penguin, Harmondsworth, 1980).

75. A. W. Crosby, *Ecological Imperialism: The Biological Expansion of Europe, 900—1900* (Cambridge University Press, London, 1986).

想了解更多人口方面的知识，可以阅读以下期刊：

Ageing & Society
http://journals.cambridge.org/action/displayJournal?jid=ASO

Demographic Research
www.demographic-research.org

Demography
http://muse.jhu.edu/journals/dem/

European Journal of Population
www.springer.com/social+sciences/demography/journal/10680

Genus
http://utenti.lycos.it/genusjournal/

International Migration
http://www.blackwellpublishing.com/journal.asp?ref=0020-7985

International Migration Review
http://www.wiley.com/bw/journal.asp?ref=0197-9183

Journal of Population Economics
http://www.popecon.org/index.php

Journal of Population Research
http://www.springer.com/social+sciences/population+studies/journal/12546?detailsPage=editorialBoard

Population
http://www.ined.fr/en/resources_documentation/publications/population/

Population and Development Review
http://www.wiley.com/bw/journal.asp?ref=0098-7921

Population studies
http://www.springerlink.com/content/0168-6577

A Concise History of World Population, Sixth Edition. Massimo Livi-Bacci.
© 2017 John Wiley & Sons, Ltd. Published 2017 by John Wiley & Sons, Ltd.

图书在版编目（CIP）数据

世界人口简史 /（意）马西莫·利维-巴奇著 ; 王帅，束田，毕天宇译 . -- 北京 : 中国友谊出版公司 , 2022.2
书名原文 : A Concise History of World Population
ISBN 978-7-5057-5260-3

Ⅰ . ①世… Ⅱ . ①马… ②王… ③束… ④毕… Ⅲ . ①人口—历史—世界 Ⅳ . ① C924.1

中国版本图书馆 CIP 数据核字 (2021) 第 138669 号

著作权合同登记号　图字 : 01-2021-4693

A Concise History of World Population
Copyright © 2017 by Massimo Livi-Bacci
All rights reserved.

本中文简体版版权归属于银杏树下（北京）图书有限责任公司。

书名	世界人口简史
作者	［意］马西莫·利维-巴奇
译者	王帅　束田　毕天宇
出版	中国友谊出版公司
发行	中国友谊出版公司
经销	新华书店
印刷	北京天宇万达印刷有限公司
规格	889×1194 毫米　32 开
	12.25 印张　247 千字
版次	2022 年 2 月第 1 版
印次	2022 年 2 月第 1 次印刷
书号	ISBN 978-7-5057-5260-3
定价	62.00 元
地址	北京市朝阳区西坝河南里 17 号楼
邮编	100028
电话	（010）64678009